Ekkehard Kaier

Turbo Pascal 5.0 – Wegweiser
Kompaktkurs

Mikrocomputer sind Vielzweck-Computer (General Purpose Computer) mit vielfältigen Anwendungsmöglichkeiten wie Textverarbeitung, Datei/Datenbank, Tabellenverarbeitung. Grafik und Musik. Gerade für den Anfänger ist diese Vielfalt häufig verwirrend. Hier bieten die Wegweiser-Bücher eine klare und leicht verständliche Orientierungshilfe.

Jedes Wegweiser-Buch wendet sich an Benutzer eines bestimmten Mikrocomputers bzw. Programmiersystems mit dem Ziel, Wege zu den grundlegenden Anwendungsmöglichkeiten und damit zum erfolgreichen Einsatz des jeweiligen Computers zu weisen.

Bereits erschienen:

BASIC-Wegweiser
- für den Apple II e/c
- für den IBM Personal Computer und Kompatible
- für den Commodore 64
- für den Commodore 16, 116 und plus/4
- für den Commodore 128
- für Commodore Amiga
- für MSX-Computer
- für Schneider CPC
- GFA-Basic Wegweiser Komplettkurs

MBASIC-Wegweiser
- für Mikrocomputer unter CP/M und MS-DOS

Turbo-Basic-Wegweiser
- Grundkurs

Turbo-C-Wegweiser
- Grundkurs

Quick C-Wegweiser
- Grundkurs

Turbo Pascal-Wegweiser
- Grundkurs
- Aufbaukurs
- Übungen zum Grundkurs
- Kompaktkurs

Festplatten-Wegweiser
- für IBM PC und Kompatible unter MS-DOS

MS-DOS-Wegweiser
- Grundkurs
- Festplattenverwaltung

Multiplan-Wegweiser
- Kompaktkurs

In Vorbereitung:
- SQL-Wegweiser
- dBASE-Wegweiser, Grundkurs
- Word-Wegweiser, Grundkurs

Zu allen Wegweisern sind die entsprechenden Disketten lieferbar.
(Bestellkarten jeweils beigeheftet)

Ekkehard Kaier

Turbo Pascal 5.0-Wegweiser Kompaktkurs

Mit 89 Programmen, 60 Abbildungen,
21 Struktogrammen und 42 Aufgaben mit Lösungen

Friedr. Vieweg & Sohn   Braunschweig / Wiesbaden

CIP-Titelaufnahme der Deutschen Bibliothek

Kaier, Ekkehard:
[Turbo-Pascal-fünf-null-Wegweiser, Kompaktkurs]
Turbo-Pascal-5.0-Wegweiser, Kompaktkurs /
Ekkehard Kaier. – Braunschweig; Wiesbaden:
Vieweg, 1989
   ISBN 3-528-04656-2

Der Verlag Vieweg ist ein Unternehmen der Verlagsgruppe Bertelsmann

Umschlaggestaltung: Peter Lenz, Wiesbaden
Druck und buchbinderische Verarbeitung: Lengericher Handelsdruckerei, Lengerich

ISBN-13: 978-3-528-04656-9   e-ISBN-13: 978-3-322-89431-1
DOI: 10.1007/978-3-322-89431-1

Vorwort

"Je kürzer ein Programmierkurs ist, umso ausführlicher müssen die Nachschlagemöglich-
keiten sein." Dieser Leitidee entspricht das vorliegende Wegweiser-Buch: Es umfaßt einen
straffen Programmierkurs in Turbo Pascal 5.0 und ausgedehnte Möglichkeiten zum geziel-
ten Nachschlagen.

Programmierkurs in kurzer und gestraffter Form:

Der Abschnitt 3 enthält einen Kurs zur Einführung in die Programmentwicklung mit
Turbo Pascal. Der Kurs orientiert sich an der in der Informatik bewährten Gliederungs-
folge:
- Einführung der grundlegenden Programmstrukturen Folge, Auswahl, Wieder-
  holung und Unterprogramm.
- Darauf aufbauende Behandlung der grundlegenden Datenstrukturen String,
  Array, Record und File, der Verwaltung dynamischer Datenstrukturen über
  Zeiger und der modularisierten Programmentwicklung über Units und Overlays.
- Am Ende eines Lernabschnittes werden Aufgaben zum Anwenden und Vertiefen
  gestellt; die kompletten Lösungen sind am Schluß des Buches zusammengefaßt.

Ausführliche Möglichkeiten zum Nachschlagen:

In Abschnitt 1 werden die allgemeinen Grundlagen und Hilfsmittel der Softwareentwick-
lung geschrieben: Datenstrukturen, Programmstrukturen, Schrittplan sowie Formen der
Darstellung von Algorithmen.

In Abschnitt 2 werden die Sprachdefinitionen des Programmentwicklungssystems Turbo
Pascal 5.0 komplett geschrieben:
- Beschreibung der Bedienung des Systems, einschließlich Menübefehle.
- Grundlegende Vereinbarungen, einschließlich Datentypen und Datenstrukturen,
  reservierte Wörter und Bezeichner.
- Alle Anweisungen in allgemeiner Form und mit Beispielen.
- Alle vordefinierten Prozeduren und Funktionen in allgemeiner Form und mit
  Beispielen.
- Darstellung der Abweichungen zu Turbo Pascal 4.0 und 3.0.

Ein detailliertes Sachwortverzeichnis erleichtert das gezielte Suchen.

Der vorliegende Kompaktkurs wurde mehrfach getestet und erprobt. Für Verbesserungs-
vorschläge ist der Autor dankbar.

Heidelberg, November 1988   Dr. Ekkehard Kaier

Inhaltsverzeichnis

1 Softwareentwicklung

1.1 Daten- und Programmstrukturen als Software-Bausteine

Datenstrukturen geben Antwort auf die Frage *"Was wird verarbeitet?"*. Pascal stellt dazu einfache Datentypen und strukturierte Datentypen bereit.

Programm- bzw. Ablaufstrukturen beantworten die Frage *"Wie ist zu verarbeiten?"*. Pascal stellt dazu Kontrollanweisungen bereit. Es gibt Anweisungen zur Kontrolle von Folge-, Auswahl-, Wiederholungs- und Unterprogrammstrukturen.

Software-Bausteine: Die Daten- und Programmstrukturen können insofern als Software-Bausteine aufgefaßt werden, als aus ihnen bausteinartig die zur Lösung eines Problems erforderlichen Abläufe gebildet werden.

Einfache Datenstrukturen:
- *Boolean*   für Wahrheitswert bzw. Logische Daten
- *Char*   für einzelnes Zeichen
- *Integer*   für ganze Zahl (*Byte, LongInt, ShortInt, Word*)
- *Real*   für Dezimalzahl (*Single, Double, Comp, Extended*)

Strukturierte Datentypen (=Datenstrukturen):
- *ARRAY*   für Feld bzw. Bereich
- *FILE*   für Datei (*FILE, FILE OF, TEXT*)
- *RECORD*   für Verbund bzw. Datensatz
- *SET*   für Menge
- *STRING*   für Text bzw. Zeichenkette

S O F T W A R E - B A U S T E I N E

Programmstrukturen bzw. Ablaufstrukturen:
- Folge   für linearen Ablauf (Geradeaus-Ablauf)
- Auswahl   für verzweigenden Ablauf
- Wiederholung   für schleifenförmigen Ablauf
- Unterprogramm als Prozedur oder Funktion

Daten- und Programmstrukturen als Software-Bausteine

Reihung und Schachtelung: Programme umfassen mehrere Programmstrukturen. Diese können gereiht oder aber geschachtelt angeordnet sein.
- *Reihung:* Mit der jeweils folgenden Programmstruktur wird erst begonnen, nachdem die auszuführende Struktur beendet wurde.
- *Schachtelung:* Mit der äußeren Struktur kann erst fortgefahren werden, nachdem die innere Struktur vollständig ausgeführt worden ist.

1

Softwareentwicklung

1.2 Programmentwicklung in Schritten

Die Programmentwicklung wird als Teil der DV-Systementwicklung vorgenommen und vollzieht sich wie diese in Teilschritten. Mag die Terminologie auch unterschiedlich sein, die Programmentwicklung wird stets in der folgenden Schrittfolge durchgeführt:

> *A. AUFGABENBESCHREIBUNG*
> *B. ABLAUFBESCHREIBUNG*
>   *- Problemanalyse*
>   *- Entwicklung des Algorithmus*
>   *- Programmierung im engeren Sinne*
>   *- Dokumentation*

A. Aufgabenbeschreibung

   1. Beschreibung der Problemstellung
   2. Strukturbaum mit Ebenengliederung, Teilproblem-Abgrenzung

B. Ablaufbeschreibung

   3. Problemanaylse
      - AEV-Analyse (Ausgabe-Eingabe-Verarbeitung)
      - Variablenliste

   4. Entwicklung und Darstellung des Algorithmus
      - Struktogramm nach DIN 66161 und 66162
      - Programmablaufplan (PAP)
      - Schrittplan
      - Halbformale Beschreibung: Pseudocode, Entwurfsprache
      - Codierung in einer Programmiersprache

   5. Programmierung im engeren Sinne
      - Eingabe und Speicherung der Codierung (Quelltext PAS)
      - Übersetzung von Quelltext in Objektcode (EXE, COM)
      - Schreibtischtest
      - Computertest: Ausführung von Objektcode, Korrektur

   6. Dokumentation für Anwendung und Wartung

Programmentwicklung in sechs Teilschritten

1.2.1 Sinnbilder für Datenflußpläne

Im Datenflußplan werden die Datenträger bzw. Geräte, die Arten zur Bearbeitung und der Datenfluß zwischen den Datenträgern grafisch festgehalten. Der Datenflußplan ist somit hardwareorientiert.

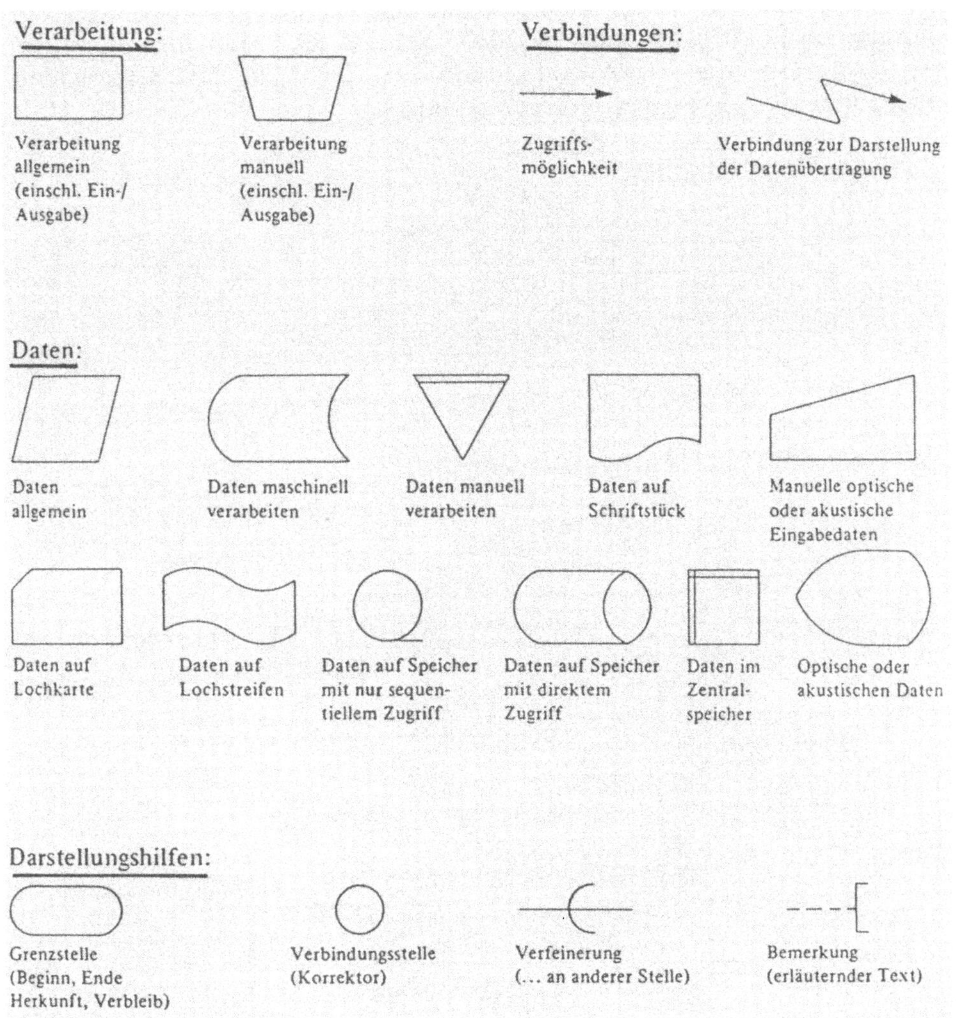

Sinnbilder für Datenflußpläne nach DIN 66001

1.2.2 Sinnbilder für Programmablaufpläne (PAPs)

Der Datenflußplan bezieht sich mehr auf die Hardware, während der Programmablaufplan (PAP) mit der zeichnerischen Darstellung des geplanten Programmablaufes eindeutig softwarebezogen ist. Die Sinnbilder für den PAP sind ebenfalls nach DIN 66001 genormt. Im Datenflußplan wie im PAP gleichbedeutend sind die Sinnbilder für Anschlußpunkt und Bemerkung. Eine im PAP etwas andere Bedeutung hat das Rechteck (Wertzuweisung sowie Eingabe und Ausgabe). Neu im PAP sind die Sinnbilder der Raute (für die Verzweigung) und des Rechtecks mit senkrechten Doppellinien (Aufruf eines Unterprogramms).

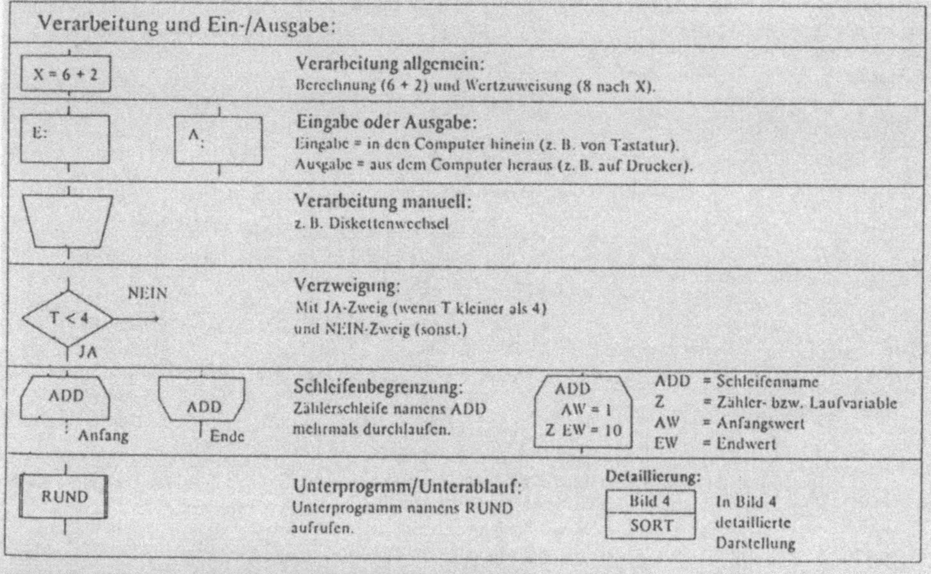

1.2.3 Sinnbilder für Struktogramme

Darstellung zeichnerisch:
- Datenflußlan (primär Datenträger, Geräte)
- Programmablaufplan (PAP)
- Struktogramm

Darstellung verbal:
- Entwurfsprache, algorithmischer Entwurf bzw. Pseudocode

Darstellung computerverständlich:
- Programmiersprache (z.B. Pascal-Quelltext, Basic-Quelltext)

Formen zur Darstellung eines Ablaufes

Neben dem PAP wird ein weiteres Hilfsmittel zur zeichnerischen Darstellung von Programmabläufen verwendet: das Struktogramm, auch *Strukturdiagramm* und *Nassi-Shneiderman-Diagramm* genannt.

Mehrere Programmstrukturen im Struktogramm: Programmstrukturen können hintereinander oder geschachtelt angeordnet sein. Zwei Beispiele:
- Struktogramm links: Eine abweisende Schleife (Wiederholungsstruktur) schachtelt eine einseitige Auswahl (Auswahlstruktur) ein.
- Struktogramm rechts: Eine nicht-abweisende Schleife und eine zweiseitige Auswahl sind hintereinander angeordnet.

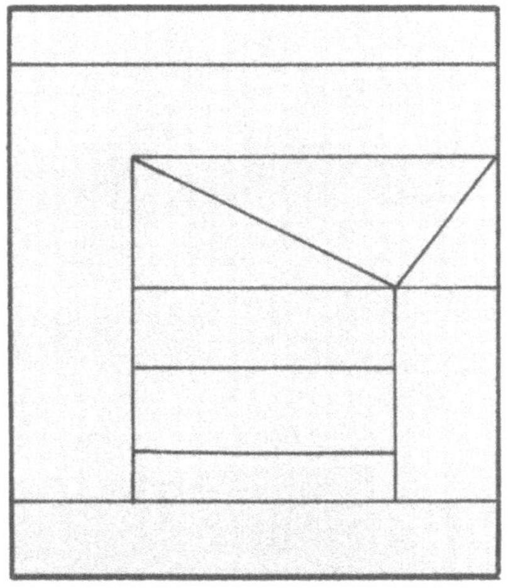

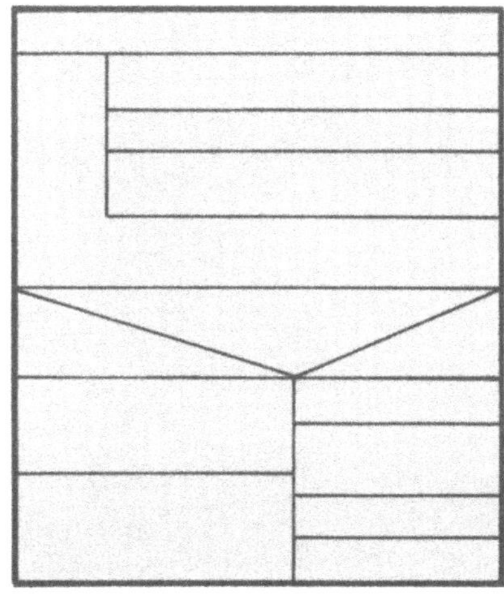

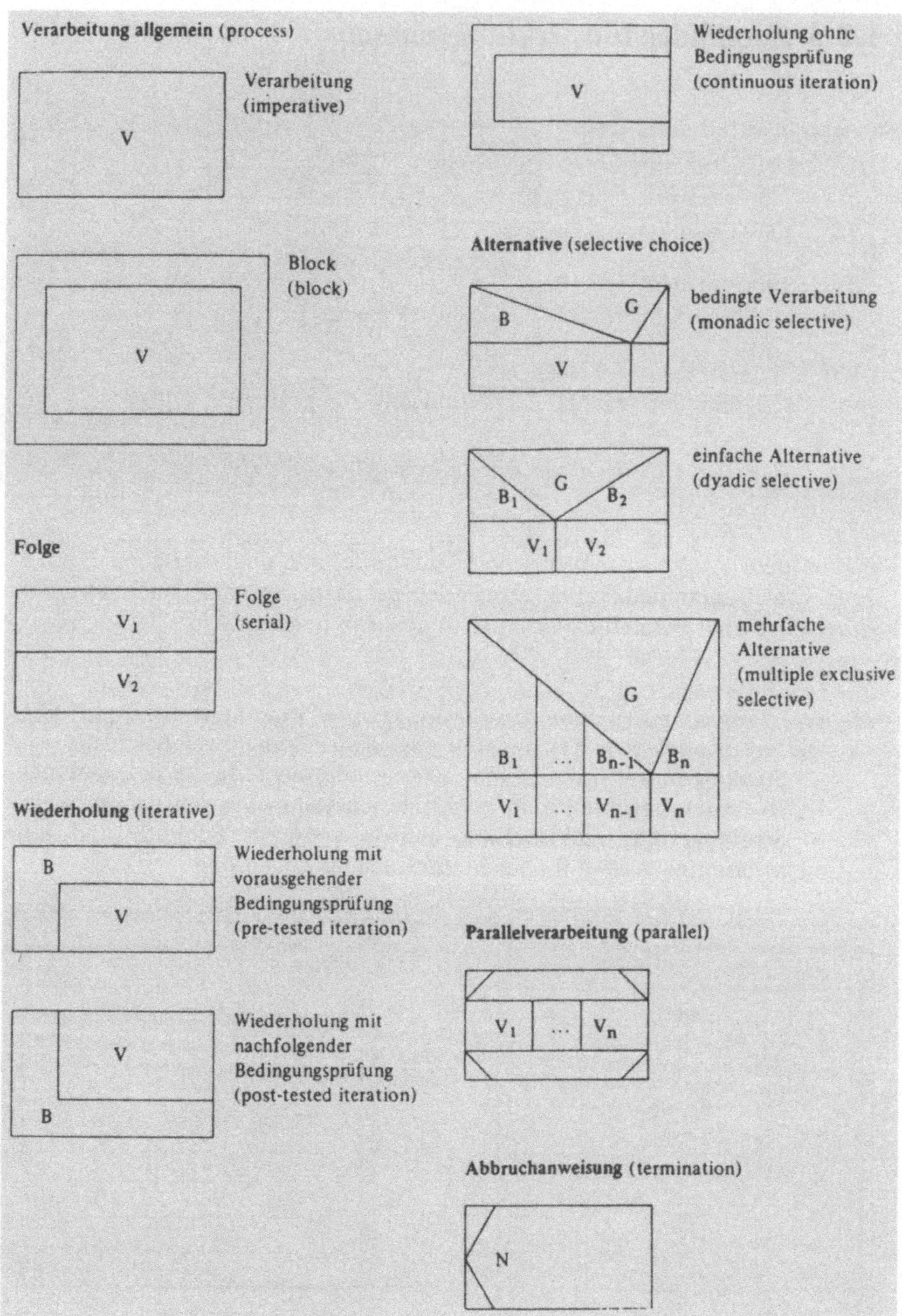

Sinnbilder für Struktogramme nach DIN 66261

1.2.4 Entwurfsprache bzw. Pseudocode

Neben den grafischen Darstellungsmöglichkeiten des Lösungsablaufes verwendet man oft eine Entwurfsprache als Pseudocode, um den Programmentwurf umgangssprachlich darzustellen. Dabei rückt man jeweils um zwei Stellen ein. Im folgenden ist eine Schleife zum Aufsummieren als *algorithmischer Entwurf* und eines Struktogramms dargestellt:

```
Setze Summe auf Null und Zahl auf 999
Solange Zahl ungleich Null ist
   Gib eine Zahl über Tastatur ein
   Summiere Summe := Summe + Zahl
Ende-solange

Gib die Summe als Ergebnis aus
```

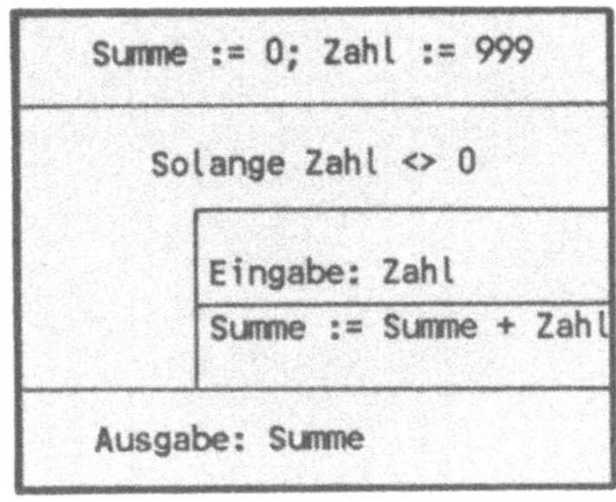

1.2.5 Programmierung im engeren Sinne

Programmieren heißt, den zeichnerisch und/oder verbal dargestellten Algorithmus in eine Programmiersprache umzusetzen und auszutesten. Dabei werden die Schritte *Codierung, Eingabe, Übersetzung* und *Testen* zumeist wiederholt durchlaufen. Der Übersetzungslauf als gesonderter Schritt ist bei Sprachen mit Compiler (wie Pascal), nicht aber bei solchen mit Interpreter (wie GwBasic) erforderlich. Das Austesten erfolgt als Computertest sowie Schreibtischtest. In Form eines Struktogramms läßt sich das Vorgehen beim Programmieren wie folgt darstellen:

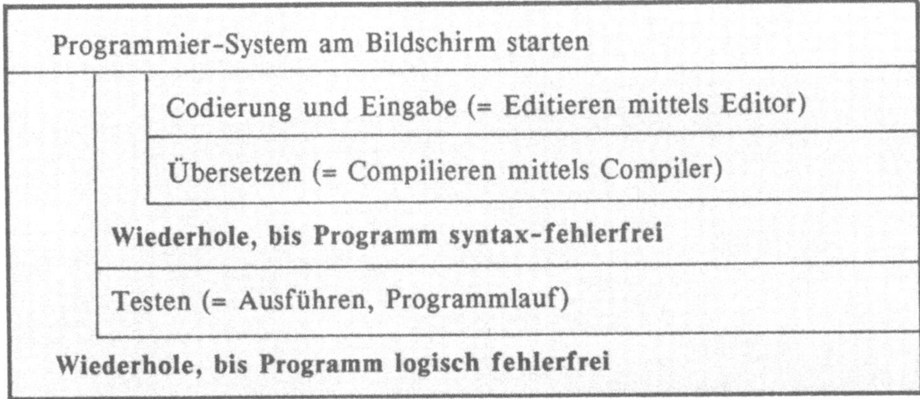

"Programmieren im engeren Sinne" als Struktogramm dargestellt

2
Bedienung und Referenz des Turbo Pascal-Systems

2.1.1   Arbeiten unter Turbo Pascal 5.0

2.1.1.1   Turbo Pascal von der Betriebssystem-Ebene starten

Bei PCs mit zwei Diskettenlaufwerken legt man die Systemdiskette in Laufwerk A: und die Anwenderdiskette in B: ein. Anschließend wird durch Eingabe von *turbo* das Pascal-System geladen.

Bei PCs mit Festplatte legt man die Anwenderdiskette in das Disketten- laufwerk A: ein und gibt dann *turbo* am Bereitschaftszeichen "C>" ein. Anstelle des Bereitschaftszeichens "A>" von MS-DOS erscheint am oberen Bildschirmrand die Befehlszeile des Pascal-Systems.

```
File    Edit    Run    Compile    Options    Debug    Break/watch
```

Befehlszeile nach dem Systemstart von Turbo Pascal 5.0

2.1.1.2   Das erste Programm eingeben

In der Befehlszeile werden die Befehle *File*, *Edit*, *Run*, *Compile*, *Options*, *Debug* und *Break/Watch* angeboten. Ein Befehl wird durch Eintippen des jeweiligen Anfangsbuchstabens F, E, R, C, O, D bzw. B oder durch Mar- kieren des Befehlsfehles über die Cursortasten mit abschließendem Drük- ken der Return-Taste aufgerufen. Für das erste Arbeiten werden zunächst nur die drei Befehle *E (Edit)*, *R (Run)* und *F (File)* benötigt.

Schritt 1: Befehl E zum Eingeben des Pascal-Programmtextes
E steht für *Edit*. Der Befehl *Edit* ruft den eingebauten Editor auf, der das Eintippen und Bearbeiten von Programmtext kontrolliert. Als Beispiel sol- len die folgenden vier Zeilen als Quelltext eines Programms mit Namen ErstProg eingegeben werden:

```
PROGRAM ErstProg;
BEGIN
   WriteLn('Zeile mit 30 Zeichen ausgeben.')
END.
```

Am Ende jeder Zeile wird die Return-Tastae gedrückt. Hinter dem "." von END wird die Taste *Strg-KD* oder die Funktionstaste *F10* gedrückt, um den Editor zu verlassen und zur Befehlszeile von Turbo Pascal zu- rückzukehren.

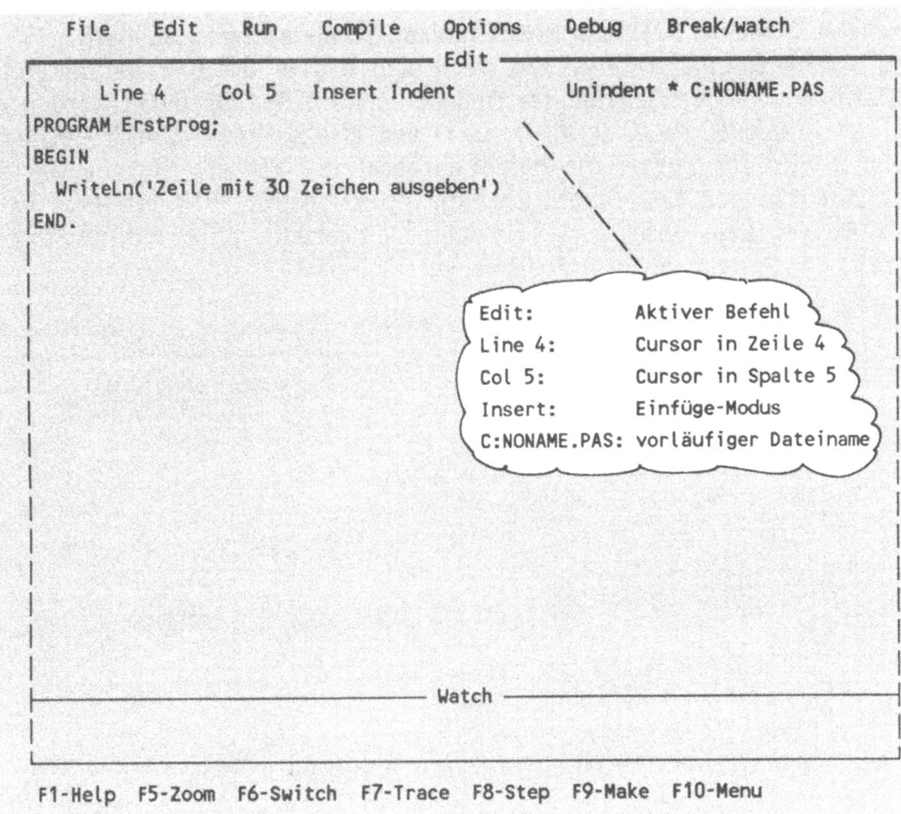

Zu Schritt 1: Pascal-Quelltext zu Programm ErstProg wird editiert

Schritt 2: Befehl R/R zum Ausführen des Programms

R steht für *Run*. Im *Run*-Menü werden ab Version 5.0 sechs Unterbefehle angeboten. Durch *Run/Run* bzw. *R/R* wird der erste Unterbefehl aufgerufen; dieser übersetzt (man sagt auch: compiliert) den Quelltext des im Hauptspeicher befindlichen Programms und führt das übersetzte Programm sofort aus. Mit *Alt-F5* aktivieren wir den DOS-Bildschirm und es erscheint die folgende Ausgabezeile:

Durch Drücken der Return-Taste wechselt man vom DOS-Bildschirm wieder zum Pascal-Bildschirm zurück.

Die Anweisung *WriteLn* (Write Line für "schreibe eine Zeile auf den Bildschirm") wurde ausgeführt und hat die Textzeile ausgegeben. Nach dem Drücken einer beliebigen Taste erscheint wieder die Befehlszeile von Turbo Pascal am oberen Bildschirmrand.

Schritt 3: Befehl F/C zum Einstellen von B: als aktives Laufwerk
F/C steht für *File-Change dir*. Nach dem Aufruf des *File*-Befehls durch
Eintippen von *F* erscheint das Rolladenmenü von *File*; darin werden die
Unterbefehle *L, P, N, S, W, D, C, O und Q* angeboten. Durch Eintippen
von *C* wird der *Change dir*-Befehl aufgerufen. Nach der Eingabe von "B:"
verläßt man den *File*-Befehl über die Funktionstaste F10. Ab jetzt ist B:
als aktives Laufwerk bzw. Verzeichnis eingestellt; ohne nähere Angabe
greift das System immer auf dieses Verzeichnis zu.

```
  File      Edit     Run    Compile    Options    Debug     Break/watch
 ┌─┌────────────────────┐──────────── Edit ─────────────────────────────┐
 |  | Load       F3 |ol 45  Insert Indent           Unindent * C:NONAME.PAS  |
 |PR| Pick   Alt-F3 |                                                         |
 |BE| New           |                                                         |
 |  | Save       F2 |it 30 Zeichen ausgeben.');                               |
 |EN| Write to      |                                                         |
 |  | Directory     |                                                         |
 |  | Change dir    |                                                         |
 |  | OS shell      |         Rolladen-Menü des Befehls File                  |
 |  | Quit    Alt-X |                                                         |
 |  └───────────────┘                                                        |
 |                                                                           |
```

Schritt 3: File/Change dir-Befehl soll aufgerufen werden

Schritt 4: Befehl F/S zum Speichern des Programmtextes
F/S steht für den Befehl *File/Save*. Nach dem Drücken der Tasten S
und F tippt man *erstprog* als Programmnamen ein. Das System speichert
daraufhin den im RAM befindlichen Programmtext nun unter dem Namen ERSTPROG.PAS auf die in Laufwerk B: einliegende Diskette ab.

```
  File      Edit     Run    Compile    Options    Debug     Break/watch
 ┌─┌────────────────────┐──────────── Edit ─────────────────────────────┐
 |  | Load       F3 |ol 45  Insert Indent           Unindent * C:NONAME.PAS  |
 |PR| Pi┌──────────── Rename NONAME ────────────┐                            |
 |BE| Ne| erstprog                              |                            |
 |  | Sa└───────────────────────────────────────┘                            |
 |EN| Write to      |                                                         |
 |  | Directory     |                                                         |
 |  | Change dir    |                                                         |
 |  | OS shell      |                                                         |
 |  | Quit    Alt-X |                                                         |
 |  └───────────────┘                                                        |
```

Zu Schritt 4: Befehl File-Save wird gerade eingegeben

Nach Ausführung des *Save*-Befehls als Unterbefehl von *File* meldet der Editor B:ERSTPROG.PAS anstelle von C:NONAME.PAS. Man sagt auch: der Arbeitsbereich (Workfile) hat den Namen ERSTPROG.PAS erhalten.

2.1.1.3 Pascal-Ebene verlassen

Nach der Eingabe des Befehls *F/Q* (zuerst den *File*-Befehl und dann *Quit* als dessen Unterbefehl aufrufen) wird die Steuerung vom Pascal-System wieder an das MS-DOS-System übergeben. Anstelle der Befehlszeile von Turbo Pascal 4.0 erscheint wieder das Promptzeichen des Betriebssystems.

2.1.1.4 Programmtext auf Diskette compilieren

Der Befehl *Run* hat den Pascal-Quelltext ERSTPROG.PAS automatisch in den Hauptspeicher (Memory) übersetzt (compiliert) und sofort ausgeführt. Nun soll das übersetzte Programm unter dem Namen ERSTPROG.EXE auf die Diskette in B: abgelegt werden. Vorteil: ERSTPROG.EXE muß nicht wiederholt neu übersetzt werden; außerdem kann es jederzeit von der Betriebssystem-Ebene aus gestartet werden, ohne vorher Turbo Pascal aktivieren zu müssen.

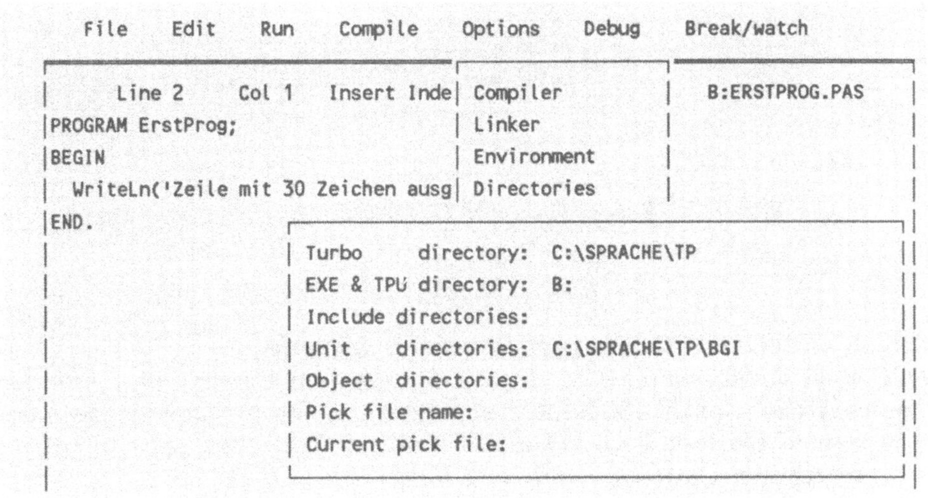

```
   File    Edit     Run    Compile    Options    Debug     Break/watch

 ┌─────────────────────────────────────────┐ ┌──────────────────────────┐
 |     Line 2      Col 1    Insert Inde| Compiler      |  B:ERSTPROG.PAS    |
 |PROGRAM ErstProg;                     | Linker        |                    |
 |BEGIN                                 | Environment   |                    |
 |  WriteLn('Zeile mit 30 Zeichen ausg| Directories    |                    |
 |END.                                  └──────────────────────────────────┐
 |                        | Turbo      directory:   C:\SPRACHE\TP        ||
 |                        | EXE & TPU directory:    B:                   ||
 |                        | Include directories:                        ||
 |                        | Unit      directories:  C:\SPRACHE\TP\BGI    ||
 |                        | Object    directories:                      ||
 |                        | Pick file name:                             ||
 |                        | Current pick file:                          ||
 |                        └──────────────────────────────────────────────┘|
```

Zu Schritt 2: Befehl Options-Directories-EXE & TPU directory aufrufen

Schritt 1: Pascal-Quelltext ErstProg.PAS laden
Nach dem Starten von Turbo Pascal wird über den *F/L*-Befehl (*File/-Load*) das Programm ErstProg.PAS von der Diskette in den Hauptspeicher geladen bzw. kopiert.

Schritt 2: Befehl O/D/E zum Einstellen des Directories
O/D/E steht für *Options/Directories/EXE & TPU directory*. Über diese Befehlsfolge tippt man "B:" als Laufwerksbezeichnung ein, damit das ausführbare Programm ERSTPROG.EXE später automatisch in B: abgelegt wird.

Schritt 3: Befehl C/D zum Umschalten auf Diskette
C/D steht für *Compile/Destination*. *Destination* wirkt wie ein Schalter; nach dem Eintippen von "D" (anschließend die Return-Taste) wird von *Memory* auf *Disk* umgeschaltet. Ab jetzt wird nicht mehr in den Hauptspeicher (*Memory*), sondern auf Diskette (*Disk*) compiliert.

```
   File     Edit     Run    Compile    Options    Debug    Break/watch

 |    Line 6      Col 1 | Compile   Alt-F9              |:ERSTPROG.PAS     |
 |PROGRAM ErstProg;     | Make         F9              |                  |
 |BEGIN                 | Build                        |                  |
 |   WriteLn('Zeile mit 30 Z| Destination      Disk    |                  |
 |END.                  | Find error                   |                  |
 |                      | Primary file:                |                  |
 |                      | Get info                     |      Schalter    |
 |                                                     |      auf         |
 |                                                     |      Disk        |
```

Zu Schritt 3: Befehl Compile-Destination aufrufen und den
Destination-Schalter von Memory auf Disk stellen

Schritt 4: Befehl C/C zum Compilieren auf Diskette
C/C steht für *Compile/Compile*: Der Unterbefehl *Compile* übersetzt den Quelltext bzw. Inhalt des Editors und speichert ihn als Objektcode unter dem Namen ErstProg.EXE auf die Diskette in B: ab. Der umseitige Bildschirm zeigt die Fenster *Compile* und *Compiling to Disk*.

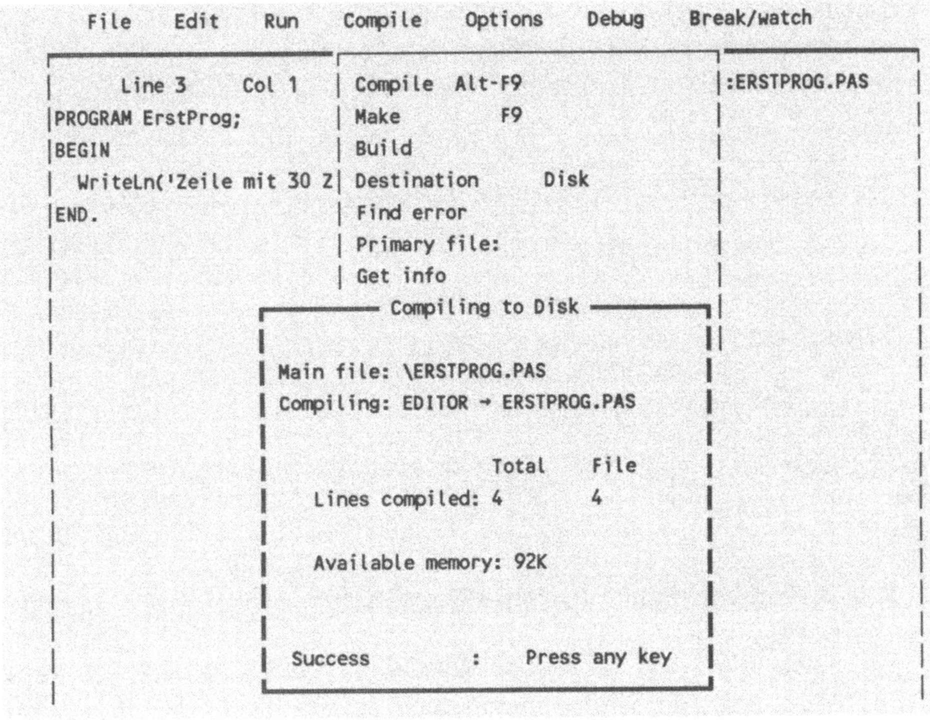

*Zu Schritt 4: Quelltext ErstProg.PAS compilieren und als ausführbaren
Objektcode ErstProg.EXE auf Diskette speichern*

Schritt 5: Übersetztes Programm in der Betriebssystem-Ebene ausführen
Über *File/Quit* kehrt man zur MS-DOS-Ebene zurück. Nun kann das
Programm ErstProg.EXE durch Eintippen von ERSTPROG beliebig oft
zur Ausführung gebracht werden.


```
B:\>erstprog
 Zeile mit 30 Zeichen ausgeben.
 B:\>
```

Zu Schritt 5: Objektcode in Betriebssystem-Ebene ausführen

Schritt 6: PAS-Quelltext und EXE-Objektcode gegenüberstellen
Nach Eingabe von DIR wird gemeldet, daß die EXE-Datei mit 1984
Bytes viel größer ist als die PAS-Datei mit nur 80 Bytes. Grund: Die
EXE-Datei enthält neben dem reinen Objektcode noch diejenigen Teile

der *Laufzeit-Bibliothek von Turbo Pascal*, die zur Programmausführung erforderlich sind. Bei einem großen Programm hingegen wird der Objektcode immer wesentlich kompakter sein als der zugehörige Quelltext.

```
B:\>dir b:erstprog.*

 Diskette/Platte, Laufwerk B:, hat keinen Namen
 Verzeichnis von B:\


ERSTPROG PAS        80  16.06.88   0.22
ERSTPROG EXE      1984  16.06.88   0.44
        2 Datei(en)      340992 Byte frei
```

Zu Schritt 5: PAS-Datei und EXE-Datei zu Programm ErstProg

2.1.3 Arbeiten unter Turbo Pascal 4.0

Unter Turbo 4.0 kann im Prinzip genauso gearbeitet werden wie unter Turbo Pascal 5.0. Der einzige Unterschied besteht darin, daß in der Befehlszeile von Turbo Pascal 4.0 die Befehle *Debug* und *Break/Watch* fehlen.

```
 File    Edit    Run    Compile    Options    Debug    Break/watch


 File       Edit       Run       Compile       Options
```

Befehlszeilen von Turbo Pascal 5.0 (oben) und Turbo Pascal 4.0 (unten)

2.1.2 Arbeiten unter Turbo Pascal 3.0

Schritt 1: Turbo Pascal von der Betriebssystem-Ebene aus starten
- Bei PCs mit zwei Diskettenlaufwerken in A: die Systemdiskette und in B: die Anwenderdiskette einlegen. Anschließend durch Eingabe von *turbo* das Pascal-System laden. Anstelle des Bereitschaftszeichens "A>" von MS-DOS erscheint das Bereitschaftszeichen ">" von Turbo Pascal. Darüber steht das Hauptmenü .
- Bei PCs mit Festplatte die Anwenderdiskette in das Diskettenlaufwerk A: einlegen und *turbo* am Bereitschaftszeichen "C>" eingeben.

```
Logged drive: B
Active directory: \


Work file: B:\ERSTPROG.PAS        ─ ─ ─ ─ ─ ─
Main file:


Edit    Compile  Run   Save


Dir     Quit  compiler Options


Text:   77 bytes
Free:   63408 bytes
```


Hauptmenü von Turbo 3.0 nach Bearbeiten des Programms ErstProg

Schritt 2: In der Pascal-Ebene arbeiten

Im Hauptmenü werden die Befehle L, A, W, M, E, C, R, S, D, Q und O angeboten. Ein Befehl wird durch Eintippen des entsprechenden Buchstabens aufgerufen.

1. *Befehl L* zum Einstellen von B: als aktives Laufwerk, wenn auf die in B: einliegende Anwenderdiskette gespeichert werden soll.
2. *Befehl W*, um der (noch leeren) Arbeitsdatei z.B. den Namen ErstProg zu geben. Dies ist der Name des ersten Programms.
3. *Befehl E* ruft den eingebauten Editor auf, um den Quelltext des Programms einzutippen und zu bearbeiten. Als Beispiel werden die folgenden vier Zeilen eingetippt.

```
PROGRAM ErstProg;
BEGIN
   WriteLn('Zeile mit 30 Zeichen ausgeben.');
END.
```

   Mit der Tasteneingabe Strg-KD verläßt man den Editor wieder.
4. *Befehl R* übersetzt das Programm und führt es aus. Bildschirm:

```
Zeile mit 30 Zeichen ausgeben.
```

5. *Befehl S* speichert das Programm unter dem Namen ErstProg.PAS auf die in Laufwerk B: einliegende Diskette ab.

Schritt 3: Die Pascal-Ebene verlassen

Nach der Eingabe des Befehls *Q* für *Quit* wird die Steuerung vom Pascal-System (Bereitschaftszeichen >) wieder an das MS-DOS-System (Bereitschaftszeichen B>) übergeben.

2.1.4 Turbo Pascal 5.0 installieren

Turbo Pascal 5.0 wird auf vier Disketten geliefert:

Diskette 1: System/Installation, Diskette 2: Help-Datei englisch, Diskette 3: Zusätze,
Diskette 4: Hilfe-Datei deutsch.

Booten Sie Ihren PC, legen Sie die Diskette 1 in das Laufwerk A: und rufen Sie mit *install* das Installationsprogramm auf. Die Installation wird - wie von Ihnen angegeben - vorgenommen.

Installation auf Diskettenlaufwerke: Das Programm kopiert die Entwicklungsumgebung und erstellt die Konfigurationsdatei TURBO.TP.

Installation auf Festplatte: Hier hat INSTALL folgende Verzeichnisse im Directory C:\SPRACHE\TP (vgl. Abschnitt 2.1.1.4) bzw. C:\TURBO (von INSTALL angebotener Verzeichnisname) eingerichtet:

```
C:\SPRACHE\TP       Compiler, Zusatzprogramme und Laufzeitbibliothek
        BGI         Grafiktreiber und GRAPH.TPU
        DOC         Dokumentation der Units
        DEMOS       Demonstrationsprogramme als Quelltext
        TURBO3      Units zu Kompatibilität bzw. Upgrade
```

Ergänzend zu den von INSTALL eingerichteten Verzeichnissen müssen Sie noch folgende Eingaben vornehmen:

1. INSTALL hat die englischen Help-Meldungen von Diskette 2 kopiert. Legen Sie die Diskette 4 in Laufwerk A: und kopieren Sie die deutschen Hilfe-Meldungen z.B. mit COPY A:*.* C:\TURBO.

2. Starten Sie Turbo Pascal und geben Sie im Menü *Options/Directories/Turbo directory* (Tastenfolge F10/O/D/T) den Suchweg ein:

```
C:\SPRACHE\TURBO        Falls C:\SPRACHE\TP als Directory gewählt
C:\TURBO                Falls C:\TURBO gewählt
```

3. Geben Sie im Menü *Options/Directories/Unit directories* für die Units den Suchweg ein:

```
C:\SPRACHE\TP\BGI       Falls C:\SPRACHE\TP als Directory gewählt
C:\TURBO\BGI            Falls C:\TURBO gewählt
```

4. Geben Sie im Menü Options/Save options den Namen

```
TURBO.TP
```

ein, um die Einstellungen in der Konfigurationsdatei TURBO.TP zu sichern. TURBO.TP wird nun beim Starten von Turbo Pascal 5.0 automatisch geladen und mit den entsprechenden Einstellungen aktiviert.

2
Bedienung und Referenz des Turbo Pascal-Systems

Die folgende Beschreibung bezieht sich auf die Version 5.0 des Programmentwicklungssystems Turbo Pascal. Wichtige Abweichungen zu Turbo Pascal 4.0 und 3.0 sind jeweils gekennzeichnet.

Schreibweise der Sprachmittel:
1. Erste Zeile mit Wort (links) und zugehörigem Anwendungsgebiet (rechts). Zwei Beispiele:
   "LongInt Standard-Datentyp, 4" bedeutet, daß dieser Datentyp nur unter Turbo Pascal 4.0 vordefiniert ist.
   "ReadKey E/A-Funktion, Crt, 4" bedeutet, daß die Funktion ReadKey in der Standard-Unit Crt verfügbar ist.
2. Allgemeines Format für den Aufruf *(kursiv)*.
3. Beschreibung zum allgemeinen Format.
4. Anwendungsbeispiel(e) in dieser Schrift.
5. Allgemeines Format für die Vereinbarung.

2.2.1 Menü-Befehle von Turbo Pascal 5.0

Compile
Menübefehl, um einen Pascal-Quelltext durch Direktaufruf des Compilers oder über MAKE bzw. BUILD zu übersetzen (vgl. Abschnitt 2.1.1.4). *Compile* ist bei Turbo Pascal 4.0 und 5.0 identisch.

```
   File    Edit    Run    Compile    Options    Debug    Break/watch

        Line 1    Col 1    | Compile  Alt-F9            :NONAME.PAS
                           | Make          F9
                           | Build
                           | Destination      Memory
                           | Find error
                           | Primary file:
                           | Get info
```

Hauptmenü von Compile

Edit
Über den Befehl Edit wird der Editor aufgerufen und über F10 (nicht bei Pascal 3.0) oder Strg-KD verlassen.
   - *Drei neue Funktionen ab Version 5.0: Fill* für "Leerzeichen zwecks Quelltextkomprimierung in optimale Folge von Tabs und Leerzeichen verwandeln" (mit Strg-OF umschalten). Unindent für "Re-

turn-Taste umgekehrt zur automatischen Tabulierung verwenden"
(mit Strg-OU umschalten). * für "Text wurde neu editiert und ist
noch nicht gespeichert worden".
- *Wichtige Block-Operationen:* Blockanfang Strg-KB, Blockende
  Strg-KK, Kopieren Strg-KC, Verschieben Strg-KV, Löschen
  Strg-KY, Einlesen Strg-KR, Schreiben Strg-KW, Verdecken-/An-
  zeigen Strg-KH, Drucken Strg-KP und Unterbrechen Strg-U.
- *Neue Block-Operationen ab Version 5.0:* Strg-KI verschiebt den
  markierten Block um eine Spalte nach rechts; Strg-KU verschiebt
  um eine Spalte nach links.
- *Wichtige Hot-Keys in der unteren Bildschirmzeile:* F1=Hilfe,
  F2=Edit-Fenster vergrößern, F6=Fenster Output und Watch aktivieren, F7=einen neuen Programmschritt ausführen, F8=wie F7,
  aber in einem Schritt, F9=*Compile/Make* aufrufen bzw. übersetzen
  und F10=zurück zum Haupmenü.

```
  File    Edit    Run   Compile   Options   Debug   Break/watch
┌──────────────────────────────── Edit ──────────────────────────────┐
│     Line 3     Col 5  Insert Indent Tab Fill Unindent * C:NONAME.PAS │
│PROGRAM Test4;                                                        │
│ VAR                                                                  │
│                                                                      │
│  ......                                                              │
│                                                                      │
│                                                                      │
└─────────────────────────────────────────────────────────────────────┘

 F1-Help  F5-Zoom  F6-Switch  F7-Trace  F8-Step  F9-Make  F10-Menu
```

Menü Edit

File

Der Befehl *File* stellt über ein Rolladenmenü alle Befehle zum Zugriff
auf Festplatte bzw. Diskette zur Verfügung (bei 5.0 und 4.0 unverändert).
- *Load-Befehl* zum Laden bzw. Erzeugen einer Datei.
- *Pick-Befehl* zum Auswählen der maximal acht zuletzt bearbeiteten
  Dateien.
- *New-Befehl* zum Löschen der aktiven Datei im Edit-Fenster.
- *Save-Befehl* zum Speichern der aktiven Datei im Edit-Fenster auf
  Diskette oder Festplatte.
- *Write to-Befehl* zum Speichern wie mit Save, jedoch unter einem
  anderen Dateinamen.
- *Directory-Befehl* zum Anzeigen des Inhaltsverzeichnisses von Dis-
  kette bzw. Festplatte (Dateigruppenzeichen "*" und "?" möglich).
- *Change dir-Befehl* zum Einstellen eines neuen Suchweges.

- *OS shell-Befehl* zum Wechseln in die Betriebssystem-Ebene von MS-DOS (Rückkehr mittels Exit).
- *Quit-Befehl* zum Verlassen der Turbo Pascal-Ebene.

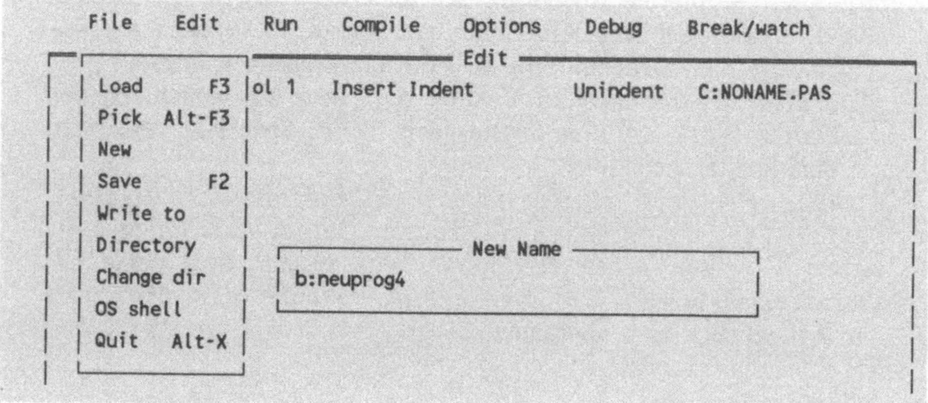

Hauptmenü von File (es wird gerade New aufgerufen)

Options

Das Rolladenmenü Options stellt die Unterbefehle Compiler, Environment, Directories, Parameters, Load options und Save options zur Verfügung. Über den Befehl Directories sind die Suchwege für TURBO.HLP, TURBO.TP, EXE-Dateien, Include-Dateien und für Units anzugeben.

Menü von Options (es wird gerade Retrieve options aufgerufen)

Run

Der *Run*-Befehl von Turbo Pascal 4.0 wurde in der Version 5.0 zu einem *Run*-Menü erweitert. *Run/Run* entspricht *Run* in Pascal 4.0 und übernimmt füf Aufgaben:

1. *Make* aufrufen und prüfen, ob eine am Programm beteiligte Unit neu zu compilieren ist (wenn ja: Compiler aufrufen). Dann wird das Programm selbst übersetzt.
2. Den Linker aufrufen, um alle Module zu einem lauffähigen Programm zu binden.
3. Den Quelltext bzw. Inhalt des Edit-Fensters sichern (falls *Options/E/Auto Save Edit* auf ON gesetzt ist)
4. Den Bildschirm löschen und das Programm ausführen.
5. Nach Beenden der Programmausführung am Bildschirm den Text "Press any key to return to Turbo Pascal" zeigen.

Weitere Menüpunkte von Run:

- *Program reset* bzw. Strg-F2 beendet eine Fehlersuche über den Debugger.
- *Go to Cursor* führt ein Programm bis zur Cursorposition aus.
- *Trace into* führt den nächsten Programmschritt aus, wobei Unterprogrammaufrufe verfolgt werden..
- *Step over* führt den nächsten Programmschritt aus.
- *User screen* schaltet auf den Bildschirm von MS-DOS um.

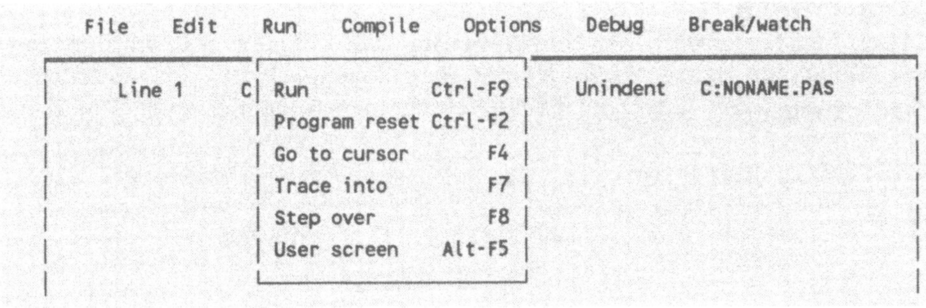

Menü von Run

Debug

In diesem Fenster werden die Funktionen des integrierten Debuggers bereitgestellt:

- *Evaluate:* Pascal-Ausdrücke berechnen bzw. verändern (Strg-F4).
- *Call stack:* Return-Stack des Programms in einem Fenster zeigen (Strg-F3).
- *Find procedure:* Die angegebene Prozedur im laufenden Programm suchen und den 1. Befehl im Edit-Fenster zeigen.
- *Integrated debugging:* "Rettungsanker" bei ggf. zu kleinem RAM.

- *Standalone debugging:* Information zur Fehlersuche in EXE-Datei speichern oder nicht.
- *Display swapping:* Bildschirm ggf. (Smart), nie (None) bzw. immer umschalten.
- *Refresh display:* Bildschirm neu aufbauen.

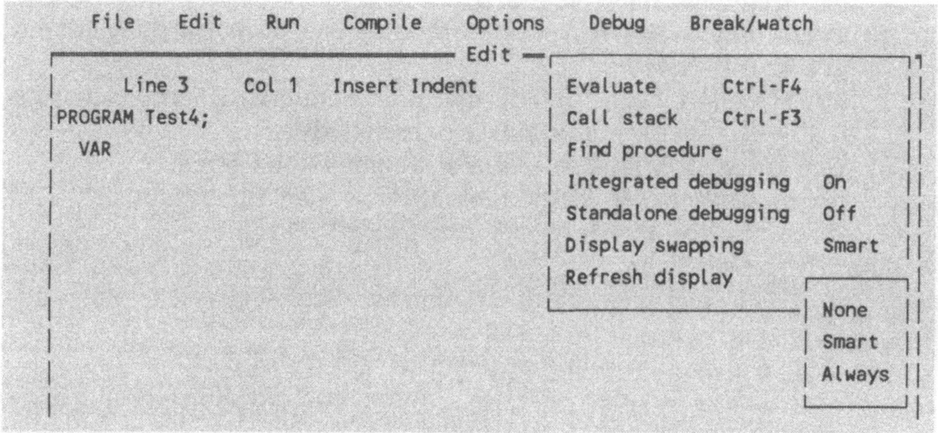

Menü von Debug (Display swapping wurde gerade eingegeben)

Break/watch

Dieses Fenster ersetzt das *Output*-Fenster von Version 4.0; in ihm zeigt der Debugger seine nach jedem Ausführungsschritt neu ermittelten *Watch*-Ausdrücke. Unter am Fenster erscheinen folgende neuen Hot Keys:

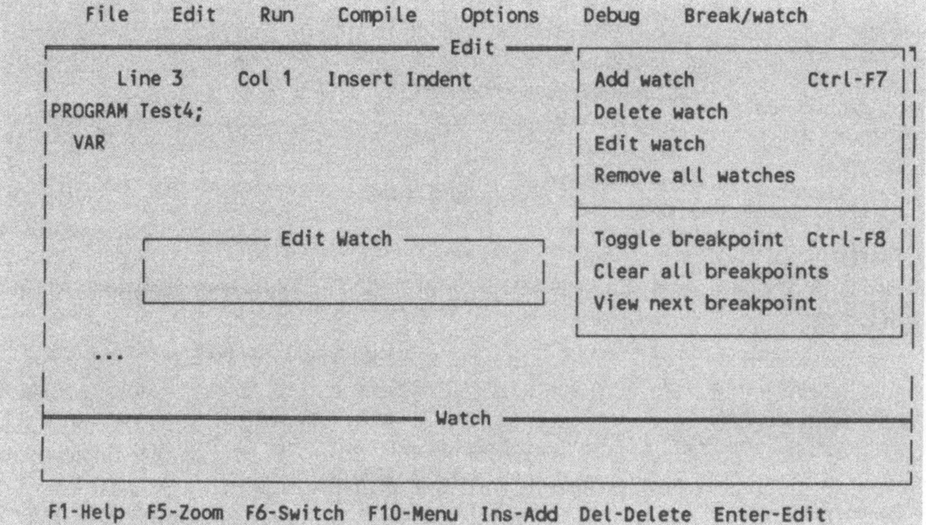

- F6=Switch: zu Edit zurückschalten
- Ins-Add: Fenster zur Eingabe eines zusätzlichen Watch-Ausdrucks öffnen.
- Del-Delete: Den vom Cursor markierten Watch-Ausdruck löschen (wie Strg-Y).
- Enter-Edit: Ein Fenster zur Veränderung des markierten Watch-Ausdrucks öffnen.

- *Add watch, Delete watch* bzw. *Edit watch* öffnen ein Fenster, um einen Watch-Ausdruck einzugeben, zu löschen bzw. zu ändern.
- *Remove all watches* löscht alle Ausdrücke nach abgeschlossener Fehlersuche.
- *Toggle breakpoint* setzt einen Abbruchpunkt.
- *Clear all breaktpoints* setzt alle Abbruchpunkte zurück.
- *View next breakpoint* bewegt den Cursor zu der Zeile, in der der nächste Abbruchpunkt gesetzt ist.

Hilfe (F1)
Über F1 werden Hilfestellungen bereitgestellt, die sich auf die aktuelle Cursorposition beziehen.

```
     File    Edit    Run    Compile    Options    Debug    Break/watch
  ┌──┌──────────────────────────────── Edit ════════════════════════════┐
  │  │ Load       F3 │ol 1   Insert Indent        Unindent   B:ERSTPROG.PAS  │
  │PR│ Pick   Alt-F3 │                                                       │
  │BE│ New           │                                                       │
  │  │ Save          ┌──────────────── Help ───────────────────┐            │
  │EN│ Write to      │    * Wahlpunkt File/Pick (Alt-F3) *      │            │
  │  │ Directory     │                                          │            │
  │  │ Change dir│   Turbo Pascal speichert die Namen der zuletzt  │         │
  │  │ OS shell  │   in den Editor geladenen Dateien in einer Pick-│         │
  │  │ Quit   Alt│   Liste, die maximal 9 Einträge aufnehmen kann. │         │
  │  └───────────┘   Diese Liste vereinfacht die Arbeit mit mehre-│          │
  │              │   ren Quelltexten - über sie können die Dateien │         │
  │              │   erneut geladen werden.                        │         │
  │              │   Die Datei, die sich im Editor befindet, belegt│         │
  │              │   immer den ersten Eintrag der Liste.           │         │
  │              │   Die mit den Pfeiltasten und RETURN aus der    │         │
  │              │   Liste ausgewählte Datei wird in den Editor    │         │
  │              │   geladen (wobei Sie wie bei Load eventuell     │         │
  │              │   erst eine Rückfrage und die Möglichkeit zur   │         │
  │              │   Speicherung des vorherigen Textes erhalten).  │         │
  ├──────────────└────────────────────────────────────────PgDn─┘───────────┤
```

Hilfe zu File/Pick (1. Hilfeseite)

2.2.2 Reservierte Wörter

Reservierte Wörter werden durch Großschreibung gekennzeichnet. Zu jedem Sprachmittel werden das allgemeine Format *(kursiv)*, eine Erläuterung und Anwendungsbeispiel(e) (klein) angegeben. Reservierte Wörter, die Anweisungen darstellen, werden in Abschnitt 3.9.2 beschrieben.

ABSOLUTE   Reserviertes Wort
VAR Variablenname: Datentyp ABSOLUTE Adressangabe;
Mit ABSOLUTE kann man dem Compiler vorschreiben, an welcher absoluten Adresse eine Variable abzulegen ist. Über ABSOLUTE Variablen kann man mit MS-DOS kommunizieren und nicht-typisierte Parameter nutzen. Adreßangabe stets im Format Segmentwert:Offsetwert.
Variable i1 an Adresse $0000:$00EE ablegen:

```
VAR i1: Integer ABSOLUTE $0000:$00EE;
```

Die Variable b2 an die Adresse von c2 speichern, um die Bindung der Variablen an den Datentyp zu umgehen:

```
PROCEDURE GleicheAdresse;
VAR
  c2: Char; b2: Byte ABSOLUTE c2;
BEGIN
  b2 := 69; WriteLn(c2)
END;
```

AND   Arithmetischer Operator
i := IntegerAusdruck AND IntegerAusdruck;
Ausdrücke bitweise so verknüpfen, daß für "1 UND 1" ein Bit gesetzt und andernfalls gelöscht wird. Anwendung: Bit-Filter, gezieltes Löschen einzelner Bits.
0 nach i1 zuweisen, da 00111 AND 10000 verknüpft:

```
i1 := 7 AND 16;
```

6 nach i2 zuweisen, da 00111 AND 10110 verknüpft:

```
i2 := 7 AND 22;
```

AND   Logischer Operator
b := BoolescherAusdruck AND BoolescherAusdruck;
Ausdrücke mit Variablen bzw. Konstanten vom Boolean-Typ und mit Vergleichen über "logisch UND" verknüpfen:

```
    True AND True   ergibt True
    True AND False  ergibt False
```

      False AND True ergibt False
      False AND False ergibt False
True, wenn Anzahl größer 9 und die Variable Gefunden True ist:

```
Ergebnis := (Anzahl>9) AND Gefunden;
```

CONST   Reserviertes Wort

CONST Konstantenname = konstanter Wert;
Auf eine Konstante wird später nur lesend zugegriffen. Anstelle der Zahlen 14 und 3.5 werden Namen verwendet:

```
CONST Mehrwertsteuersatz = 14; TreueRabatt = 3.5;
```

Konstante Ausdrücke (ab Version 5.0): An jeder Stelle, an der eine Konstante stehen darf, kann ein Ausdruck angegeben werden. Beispiele:

```
CONST Proz = 14/100; Preiserhoehung = 10+2.5;
```

CONST Typkonstantenname: Typ = Anfangswert;
Eine Typkonstante (typed constant) wird als initialisierte Variable verwendet. In der CONST-Vereinbarung ordnet man jedem Namen einen Datentyp und Anfangswert zu, um später lesend wie schreibend zuzugreifen. Bezeichnung als eine Variable, die später änderbar ist:

```
CONST Bezeichnung: STRING[30] = 'Clematis';
```

DIV   Arithmetischer Operator

i := IntegerAusdruck DIV IntegerAusdruck;
Zwei Integerzahlen ganzzahlig dividieren. Siehe MOD. Ausgabe von 2:

```
WriteLn(20 DIV 7);
```

DO   Reserviertes Wort

DO Anweisung
Die auf DO folgende Anweisung (ggf. ein BEGIN-END-Verbund) ausführen (siehe FOR, WHILE und WITH).

DOWNTO   Reserviertes Wort

FOR ... DOWNTO ...
Zähler um jeweils 1 vermindern. Siehe FOR-Schleife (Abschnitt 2.1.4).

ELSE   Reserviertes Wort

Zweiseitige Auswahl. Siehe Anweisung IF-THEN-ELSE (Abschnitt 2.1.4).

END   Reserviertes Wort

Eine mit PROGRAM, PROCEDURE, RECORD, UNTIL, CASE bzw. BEGIN (Block, Verbund) eingeleitete Struktur beenden.

EXTERNAL   Reserviertes Wort

PROCEDURE Name(Parameterliste); EXTERNAL;
Ein in Maschinensprache geschriebener Unterablauf (FUNCTION, PROCEDURE) kann getrennt compiliert und dann über EXTERNAL in das Programm eingebunden (gelinkt) werden. EXTERNAL eignet sich

zum Einbinden von umfangreichem Maschinencode, INLINE hingegen für kleinere Routinen.

FORWARD   Reserviertes Wort

PROCEDURE Prozedurkopf; FORWARD;

Das Wort FORWARD schreibt man anstelle des Prozedurblocks, um eine Prozedur aufzurufen, bevor ihr Anweisungsblock vereinbart worden ist. Für Demo wird zuerst nur der Prozedurkopf vereinbart:

```
PROCEDURE Demo(VAR r:Real); FORWARD;
```

Später folgt der Anweisungsblock (die Parameterliste wird weggelassen):

```
PROCEDURE Demo; BEGIN ... END;
```

FUNCTION   Reserviertes Wort

FUNCTION Funktionsname /(Parameterliste)/: Typname;
/Vereinbarungen/
BEGIN
*   ...*
END;

Mit dem Wort FUNCTION wird die Vereinbarung einer Funktion eingeleitet, die (wie die Prozedur) durch ihren Namen aufgerufen wird und (anders als die Prozedur) einen Wert als Funktionsergebnis zurückgibt. Aus diesem Grunde kann eine Funktion nur in einem Ausdruck aufgerufen werden. Dem Funktionsnamen muß in der Funktion ein Wert zugewiesen werden. Vereinbarung einer Boolean-Funktion namens GrosseZahl:

```
FUNCTION GrosseZahl(Wert:Real): Boolean;
  CONST ObereGrenze = 20000.0;
  BEGIN
    GrosseZahl := Wert>ObereGrenze
  END
```

Beispiel für einen Aufruf der Funktion GrosseZahl:

```
IF GrosseZahl(Betrag) THEN Write('... bitte zahlen.')
```

Externe Funktion über EXTERNAL:

```
FUNCTION AusgStart:Boolean; EXTERNAL 'IO'
```

FORWARD-Vereinbarung wie bei PROCEDURE:

```
FUNCTION Fe(VAR r:Real): Boolean; FORWARD
```

IMPLEMENTATION   Reserviertes Wort, 4

Zwischen INTERFACE (Schnittstelle) und INITIALISIERUNG (Hauptprogramm) stehender dritter Bestandteil einer Unit. Die IMPLEMENTATION umfaßt den Programmcode (siehe UNIT).

IN   Arithmetischer Operator

b := Ausdruck IN Menge;

Prüfen, ob der im Ausdruck angegebene Wert (einfacher Datentyp) als Element in der Menge enthalten ist. True, da 2 Element der Menge ist:

```
    Enthalten := 2 IN [0..50];
```
Eingabeschleife ohne Echo:
```
    REPEAT
      Write('Antwort? '); Antwort := ReadKey
    UNTIL UpCase(Antwort) IN ['R','S','T','U'];
```
Prüfen, ob die Tastatureingabe Element in einer durch SET definierten Menge von vier Zeichen ist:
```
    CONST GuteEingabe: SET OF Char=['j','J','n','N'];
    VAR Taste: Char;
    BEGIN ...; IF Taste IN GuteEingabe THEN ...;
```

INTERFACE
Reserviertes Wort, 4

Bestandteil von Units zur Definition der Schnittstelle.

INTERRUPT
Reserviertes Wort, 4

PROCEDURE Name(Parameterliste): INTERRUPT;
INTERRUPT-Prozeduren werden über Interrupt-Vektoren aufgerufen, nicht aber über den Prozedurnamen.

LABEL
Reserviertes Wort

LABEL Sprungmarke /,Sprungmarke/;
In der LABEL-Vereinbarung werden hinter dem Wort LABEL die verwendeten Markennamen angegeben, zu denen mit der GOTO-Anweisung verzweigt wird. GOTO und Markenname müssen im gleichen Block liegen. Drei Marken vereinbaren (GOTO Fehler verzweigt):
```
    LABEL Fehler, 7777, Ende;
```
Im Anweisungsteil werden Marke und Anweisung durch das Zeichen ":" getrennt:
```
    Fehler: WriteLn('Beginn Fehlerbehandlung:'); ...;
```

MOD
Arithmetischer Operator

IntegerAusdruck MOD IntegerAusdruck;
Den Rest bei ganzzahliger Division (Modulus) angeben (siehe DIV-Operator). Restwert 6 anzeigen:
```
    WriteLn(20 MOD 7);
```

NOT
Arithmetischer Operator

i := NOT IntegerAusdruck;
Jedes im IntegerAusdruck gesetzte Bit löschen und jedes gelöschte Bit setzen (Bitbelegung umkehren, invertieren).
-10, $DCBA und 0 durch bitweise Verneinung ausgeben:
```
    WriteLn((NOT 9), (NOT $2345), (NOT -1));
```

NOT
Logischer Operator

b := NOT BooleanAusdruck;

Den logischen Wert des genannten Ausdrucks negieren bzw. umkehren:
NOT True ergibt False, NOT False ergibt True. Schleife wiederholen, solange Gefunden nicht True ist:

```
WHILE NOT Gefunden DO ...;
```

OF   Reserviertes Wort
Siehe Anweisung CASE-OF zur Fallabfrage.

OR   Arithmetischer Operator
i := IntegerAusdruck OR IntegerAusdruck
Bits setzen, wenn sie mindestens in einem der beiden Ausdrücke gesetzt
sind. Anwendung: Gezieltes Setzen einzelner Bits. 15 anzeigen, da OR
0111 und 1000 zu 1111 verknüpft:

```
WriteLn(7 OR 8)
```

OR   Logischer Operator
b := BooleanAusdruck OR BooleanAusdruck;
Zwei Ausdrücke durch "logisch ODER" verknüpfen:
   True OR True ergibt True
   True OR False ergibt True
   False OR True ergibt True
   False OR False ergibt False
Werte einer Boolean-Variablen und eines Vergleichausdrucks ermitteln
und dann mit OR verknüpfen:

```
IF Gefunden OR (Nummer=77) THEN ...;
```

PROCEDURE   Reserviertes Wort
PROCEDURE Prozedurname /(Parameterliste)/;
    /USES/   /VAR/ ... BEGIN ... END;
Eine Prozedur wird vereinbart, um sie später über die Prozeduranweisung
aufzurufen. Der Aufbau einer PROCEDURE entspricht dem eines PRO-
GRAMs (Prozedurkopf und -block). Der Geltungsbereich einer Prozedur
erstreckt sich auf den Block ihrer Vereinbarung und auf alle unter-
geordneten Blöcke.
Prozedurkopf mit zwei VARiablenparametern als Ein/-Ausgabeparameter
(durch das Wort VAR gekennzeichnet):

```
PROCEDURE Tausch1(VAR Zahl1,Zahl2: Integer);
```

Prozedurkopf mit zusätzlich einem Konstantenparameter als Eingabeparameter (Übergabe nur in die Prozedur hinein):

```
PROCEDURE MinMax(Wahl:Char; VAR s1,s2: Stri30);
```

Das reservierte Wort EXTERNAL ersetzt den Anweisungsblock, um den
Namen einer Datei in Maschinencode anzugeben (externe Prozedur):

```
PROCEDURE AusgabeStart; EXTERNAL 'StartIO';
```

Das reservierte Wort FORWARD ersetzt den Anweisungsblock, um die
Prozedur aufzurufen, bevor sie komplett vereinbart wurde.

```
PROCEDURE Eingabe(VAR Zei: Char); FORWARD;
```

PROGRAM   Reserviertes Wort

PROGRAM Programmname /(Parameterliste)/;
/USES/   {ab Pascal 4.0}
/LABEL/
/CONST/
/TYPE/   Vereinbarungen
/VAR/
/PROCEDURE/
/FUNCTION/

BEGIN
    ...   Anweisungen
END.

Das Wort PROGRAM leitet den Quelltext eines Pascal-Programmes ein,
das aus dem Programmkopf (Name und optionaler Parameterliste) und
dem Programmblock (Vereinbarungsteil und Anweisungsteil) besteht.
Das einfachste Programm ist parameterlos und hat keinen Vereinbarungsteil:

```
PROGRAM Einfach;
BEGIN
  WriteLn('Diese Zeile wird am Bildschirm gezeigt.')
END.
```

SHL   Logischer Operator

i := IntegerAusdruck SHL BitAnzahl;

Die Bits im Ausdruck um die angegebene Bitanzahl nach links verschieben (SHL = SHift Left). 256 nach i1 zuordnen (000001000 zu 100000000):

```
i1 := 8 SHL 5;
```

Da sich die Stellenwerte einer Binärzahl bei jedem Schritt nach links verdoppeln, entspricht "Zahl4 SHL 1" der Operation "Zahl4*2" (Vorteil: Ver-
schiebeoperationen sind viel schneller als Multiplikationsoperationen).

```
Write('Verdopplung von Zahl4: ',Zahl4 SHL 1);
```

THEN   Reserviertes Wort

Den Ja-Zweig bei der Kontrollanweisung IF-THEN-ELSE einleiten.

TO   Reserviertes Wort

Den Endwert bei der Zählerschleife FOR-TO-DO begrenzen.

TYPE   Reserviertes Wort

TYPE Datentypname = Datentyp;

Ergänzend zu den vordefinierten Standard-Datentypen Byte, Boolean,
Char, Integer (ShortInt, LongInt, Word) und Real (Single, Double,

Extended, Comp) werden über TYPE eigene Datentypen vereinbart (benutzerdefinierte Typen). Dem Wort TYPE folgen die durch ";" getrennten Typzuweisungen. Den vordefinierten Datentyp Integer umbenennen:

```
TYPE GanzeZahl = Integer;
```

Einen Umsatztyp und drei Variablen dieses Typs vereinbaren:

```
TYPE Umsatztyp = ARRAY[1..31] OF Real;

VAR USued, UNord, UWest: Umsatztyp;
```

Einen zusätzlichen Datentyp durch *Aufzählung* definieren:

```
TYPE Tag = (Mo,Di,Mi,Don,Fr,Sa,So);
```

Einen zusätzlichen Datentyp durch *Teilbereichsangabe*:

```
TYPE Artikelnummer = 1000..1700;
```

UNIT   Reserviertes Wort, 4

Das Wort PROGRAM markiert den Anfang eines Programms als Folge von Anweisungen. Das Wort UNIT markiert den Anfang einer Unit als besondere Programmform. *Eine Unit ist eine Bibliothek von Vereinbarungen*, die getrennt compiliert ist und bei Bedarf in ein Programm aufgenommen und benutzt werden kann. Es gibt zwei Typen von Units: Standard-Units, die in der Datei TURBO.TPL bereitgestellt werden, und benutzerdefinierte Units. Beide Typen sind identisch aufgebaut. Eine Unit besteht aus den drei Teilen Interface, Implementation und Initialisierung:

```
UNIT NameDerUnit;
INTERFACE
  USES Liste der benutzten Units; {optional}
  {öffentliche Vereinbarungen}
IMPLEMENTATION
  {nicht-öffentliche Vereinbarungen}
BEGIN
  {Initialisierung}
END.
```

Vereinbarung einer benutzerdefinierten Unit DemoLib:

```
UNIT DemoLib:
INTERFACE
  PROCEDURE Zweifach(VAR Zahl: Integer);
  FUNCTION Kleiner(z:Integer): Integer;
IMPLEMENTATION
  PROCEDURE Zweifach;
  BEGIN Zahl := Zahl * 2;
    WriteLn('Zweifach: ',Zahl)
  END;
  FUNCTION Dreifach;
  CONST d = 3;
  BEGIN Dreifach := z * d
  END;
```

```
{Initialisierungs-Teil ist leer}
END
```
Benutzung der in Unit DemoLib vereinbarten Routinen:
```
PROGRAM Zahlen1;
USES DemoLib;
VAR x: Integer;
BEGIN
  Write('Eine Zahl? '); ReadLn(x);
  Zweifach(x);
  WriteLn('... und nun verdreifacht: ',Dreifach(x))
END.
```

UNTIL   Reserviertes Wort
REPEAT ... UNTIL ...;
Anweisungsblock der Schleife REPEAT-UNTIL beenden.

VAR   Reserviertes Wort
VAR Variablenname: Datentypname;
Mit VAR wird der Vereinbarungsteil für Variablen eingeleitet. Wie jede
Vereinbarung kann auch VAR mehrmals im Quelltext vorkommen. Die
Reihenfolge der Vereinbarungen VAR, LABEL, CONST, TYPE, PROCE-
DURE und FUNCTION ist beliebig.
Das Zeichen ":" trennt Variablennamen und Datentypen:
```
VAR
  Endbetrag: Real;
  ZwischensummeDerRechnungen: Real;
  Name: STRING[20];
```
Variablen gleicher Typen in einer Zeile aufzählen:
```
VAR
  Endbetrag, ZwischensummeDerRechnungen: Real;
```

XOR   Arithmetischer Operator
i := IntegerAusdruck XOR IntegerAusdruck;
Ganzzahlige Ausdrücke mit "exklusiv ODER" bitweise so verknüpfen, daß
nur bei gleichen Bits das Ergebnisbit gelöscht wird.
Zahl 8 nach i7 zuweisen (1110 XOR 0110 ergibt 1000):
```
i7 := 14 XOR 6;
```

XOR   Logischer Operator
b := BooleanAusdruck XOR BooleanAusdruck;
Boolesche Ausdrücke mit "exklusiv ODER" verknüpfen:
True XOR True	ergibt False
True XOR False	ergibt True
False XOR True	ergibt True
False XOR False	ergibt False

Fehlerhinweis nur bei verschiedenen Vergleichsergebnissen:

```
IF (Wahl>5) XOR (B<1000) THEN Write('Fehler.');
```

@   Adreß-Operator, 4

Zeigervariable := @Bezeichner;

Die Adresse einer Variablen oder Routine (Funktion, Prozedur) bestimmen und einem Zeiger zuweisen.

Einen Zeiger auf den Operanden Zahl als seine Adresse liefern:

```
ZahlPtr := @Zahl;
```

2.2.3 Datentypen und Datenstrukturen

ARRAY   Datenstruktur

ARRAY [Indextyp] OF Elementtyp;

Die Datenstruktur Array ist eine Folge von Elementen mit jeweils gleichen Datentypen. Der Indextyp muß abzählbar sein (Integer, Byte, Char, Boolean, Aufzähltyp, Unterbereichstyp). Der Elementtyp kann einfach oder strukturiert sein. Für [ ] kann man auch (. .) schreiben.

10-Elemente-Integer-Array Umsatz mit impliziter Typvereinbarung:

```
VAR Umsatz: ARRAY[0..9] OF Integer;
```

Explizite Typvereinbarung als Voraussetzung zur Übergabe einer Arrayvariablen als Prozedurparameter:

```
TYPE
  Indextyp = 0..9; Elementtyp = 500..2000;
  Umsatztyp = ARRAY[Indextyp] OF Elementtyp;
VAR Umsatz: Umsatztyp;
```

Boolean   Standard-Datentyp

VAR Variablenname: Boolean;

Vordefinierter Datentyp für Wahrheitswerte True (wahr) und False (unwahr). Eine Variable namens Ende belegt ein Byte Speicherplatz:

```
VAR Ende: Boolean;
```

Ende wird jeweils True gesetzt, wenn man 'ja' eintippt:

```
Ende := Tastatureingabe = 'ja';
```

TYPE Boolean = (True,False);

Byte   Standard-Datentyp

VAR Variablenname: Byte;

Vordefinierter Datentyp für ganze Zahlen zwischen 0 und 255. Der Byte-Typ ist zu den anderen Integer-Typen (Integer, LongInt, ShortInt und Word) kompatibel. Eine Byte-Variable belegt nur ein Byte Speicherplatz:

```
    VAR Nummer: Byte;
```
TYPE Byte = 0..255;

Char   Standard-Datentyp

VAR Variablenname: Char;
Vordefinierter Datentyp für 256 Zeichen gemäß ASCII-Code (Char für
Character bzw. Zeichen). Die Variable Zeichen belegt ein Byte:
```
    VAR Zeichen: Char;
```
Char-Konstanten werden durch ' ' dargestellt:
```
    WriteLn('d','?','$',' ');
```
Kontrollcode mit Caret ($\wedge$7 = Bell, $\wedge$J = LF, $\wedge$M = CR):
```
    Write(^7,^7,^J,^M,^7);
```
Gleichen Kontrollcode mit # und ASCII-Nr ausgeben:
```
    WriteLn(#7, #7, #10, #13, #7);
```
Gleichen Kontrollcode mit $ und Hex-Werten ausgeben:
```
    WriteLn(#$07, #$07, #$0A, #$0D, #$07);
```

Comp   Standard-Datentyp, 4

VAR Variablenname: Comp:
Real-Typ mit einem Wertebereich von (-2 hoch 63) bis (2 hoch 63 - 1)
bzw. (-9.2*10 hoch 18) bis (9.2*10 hoch 18), der einen numerischen Coprozessor voraussetzt.

Double   Standard-Datentyp, 4

VAR Variablenname: Double;
Real-Datentyp mit einem Wertebereich von 5.0*E-324 bis 1.7*10E+308
und einer Genauigkeit von 15-16 Stellen. Es wird ein numerischer Coprozessor vorausgesetzt.

Extended   Standard-Datentyp, 4

Var Dateiname: Extended;
Real-Datentyp mit einem Wertebereich von 1.9*E-4951 bis 1.1*E+4932
und einer Genauigkeit von 19-20 Stellen. Es wird ein numerischer Coprozessor vorausgesetzt.

Integer   Standard-Datentyp

VAR Variablenname: Integer;
Vordefinierter Datentyp für die ganzen Zahlen zwischen -32768 und
+32767. In der Standard-Variablen MaxInt wird 32767 als größte Integer-
Zahl bereitgestellt. Neben Integer sind ab Pascal 4.0 die ganzzahligen
Typen Byte, LongInt, ShortInt und Word verfügbar. Anzahl belegt intern
```
    VAR Anzahl: Integer;
```
zwei Bytes.
TYPE Integer = -32768..32767;

FILE   Datenstruktur

VAR Dateiname: FILE;
Durch FILE wird eine nichttypisierte Datei vereinbart, die unstrukturiert
ist, d.h. weder in Textzeilen (Dateityp TEXT) noch in gleichlange Datensätze (Dateityp FILE OF) unterteilt ist. Eine FILE-Datei benötigt auch
keinen Pufferspeicher. Prozeduren Assign, Reset, Rewrite und Close zum
Öffnen bzw. Schließen. Prozeduren BlockRead und BlockWrite zum
blockweisen Zugriff. Dateivariable SehrGrosseDatei unstrukturiert:

```
VAR SehrGrosseDatei: FILE;
```

FILE OF   Datenstruktur

VAR Dateiname: FILE OF Komponententyp;
Eine durch FILE OF vereinbarte typisierte Datei besteht aus Komponen-
ten bzw. Datensätzen, die alle den gleichen Typ und damit die gleiche
Länge aufweisen. In der kaufmännischen DV überwiegen Datensätze aus
Record-Typen.
Prozeduren zur Dateibearbeitung: Assign, Reset, Rewrite, Read, Flush,
Seek, Write und Close.
Funktionen zur Dateibearbeitung: EoF, FilePos, FileSize und IOResult.
Artikeldatei mit Sätzen vom Record-Typ Artikelsatz:

```
VAR Artikeldatei: FILE OF Artikelsatz
```

PACKED ARRAY   Datenstruktur

Aus Gründen der Kompatibilität ist das Wort PACKED zur Kennzeich-
nung gepackter Arrays in Turbo Pascal verwendbar; es wird aber vom
Compiler ignoriert.

LongInt   Standard-Datentyp, 4

VAR Variablenname: LongInt;
LongInt umfaßt einen Wertebereich von -2147483648 bis 2147483647 und
belegt 32 Bits bzw. 4 Bytes. Arithmetische Operationen mit Variablen
vom LongInt-Typ erzeugen demnach Ergebnisse, die 32 Bits belegen. Bei
der Verknüpfung zweier unterschiedlicher Datentypen gilt stets das
"größere" Format: das gemeinsame Ergebnisformat von Byte und LongInt
ist somit LongInt.

Real   Standard-Datentyp

VAR Variablenname: Real;
Datentyp Real für reelle Zahlen zwischen -2.9*1E-39 und 1.7*1E+38 mit
einer Genauigkeit von 11-12 Stellen. Pascal 4.0 kennt neben Real die
Real-Typen Single, Double, Extended und Comp.
Die Variable Betrag belegt 6 Bytes an Speicherplatz:

```
VAR Betrag: Real;
```

Gleitkomma-Zuweisung erlaubt (lies: 6 mal 10 hoch 13):

```
Betrag := 6E+13
```

Formatierte Bildschirmausgabe (8 Stellen gesamt, 2 Dezimalstellen, eine
Stelle für ".", maximal 99999.99):

```
WriteLn('Endbetrag: ',Betrag:8:2,' DM.')
```

RECORD   Datenstruktur

RECORD Feld1:Typ1; Feld2:Typ2; ...; Feldn:Typn END;
Die Datenstruktur Record dient als Verbund von Komponenten (Daten-
feldern), die verschiedene Typen haben können.
Record-Variable ArtRec mit impliziter Typvereinbarung:

```
VAR
   ArtRec: RECORD
              Bezeichnung: STRING[35];
              Lagerwert: Real
           END;
```

Variable ArtRec mit expliziter Typvereinbarung (Vorteil: der Record
kann als Prozedur- bzw. Funktionsparameter übergeben werden):

```
TYPE
   Artikelsatz = RECORD
                    Bezeichnung: STRING[35];
                    Lagerwert: Real
                 END;
VAR
   ArtRec: Artikelsatz;
```

SET OF   Datenstruktur

SET OF Grundmengentyp;
Das reservierte Wort SET bezeichnet eine Untermenge. Als Grundmengentyp sind Integer, ShortInt, LongInt, Word, Byte, Boolean, Char, Auf-
zähl- und Teilbereichstypen zugelassen. Maximal 256 Elemente für den
Grundmengentyp (SET OF Integer falsch, SET OF Byte gut). Mengenvariable m mit impliziter Typvereinbarung:

```
VAR m: SET OF 1..3;
```

Mengenvariable m mit expliziter Typvereinbarung:

```
TYPE
   Mengentyp = SET OF 1..3;
VAR
   m: Mengentyp;
```

ShortInt   Standard-Datentyp, 4

VAR Variablenname: ShortInt
Ab Pascal 4.0 sind die Integer-Typen ShortInt, Integer, LongInt, Byte und
Word vordefiniert. ShortInt umfaßt den Wertebereich -128..127 (8-Bit-
Zahlen mit Vorzeichen).

Single
Standard-Datentyp, 4

Ab Pascal 4.0 sind die Real-Typen Real, Single, Double, Extended und Comp vordefiniert. Single umfaßt den Bereich von 1.5*E-45 bis 3.4*E38 (Genauigkeit 7-8 Stellen) und setzt einen numerischen Coprozessor voraus.

STRING
Datenstruktur

STRING[Maximallänge] bzw. *STRING:*
Die Datenstruktur String als Zeichenkette (Ziffern, Buchstaben, Sonderzeichen vom Char-Typ) ist mit einer Maximallänge von bis zu 255 Zeichen vereinbar. Bei Fehlen der Längenangabe wird 255 als Standardlänge eingestellt (nicht in Pascal 3.0). Stringvariable s für maximal 50 Zeichen:

```
VAR s: STRING[50];
```

Datentyp Stri50 zuerst explizit vereinbaren:

```
TYPE Stri50 = STRING[50];
VAR s: Stri50;;
```

Direktzugriff auf 6. Zeichen über Indexvariable i:

```
i := 6; WriteLn(s[i]);
```

Nur ab Pascal 4.0 erlaubt (in Pascal 3.0 explizit zu vereinbaren):

```
PROCEDURE Demo(T4:STRING);
```

Text
Datenstruktur

VAR Dateiname: Text;
Der Standard-Dateityp Text kennzeichnet eine Datei mit zeilenweise angeordneten Strings (siehe auch Dateitypen FILE und FILE OF). Die Textzeile als Dateikomponente wird durch Return, ASCII-Code 13, ASCII-Code 10 bzw. eine CRLF-Sequenz abgeschlossen. Standard-Prozeduren sind Append, Assign, Flush, Read, ReadLn, Reset, Rewrite, SetTextBuf, Write und WriteLn. Standard-Funktionen sind EoF, EoLn, SeekEoF und SeekEoLn.

Word
Standard-Datentyp, 4

Neben ShortInt, Integer, LongInt und Byte zählt Word zu den Integer-Typen (Wertebereich 0..65535, 16-Bit-Format ohne Vorzeichen).

2.2.4 Standard-Units von Turbo Pascal 5.0

Crt
Standard-Unit

Die Unit *Crt* erweitert das DOS-Gerät Con und ermöglicht dem Benutzer die vollständige Kontrolle aller Ein- und Ausgaben. Wie alle Standard-Units ist auch *Crt* Bestandteil der Datei TURBO.TPL, die beim Systemstart automatisch geladen wird. Die Unit *Crt* umfaßt folgende Sprachmittel zur Unterstützung der Ein-/Ausgabe auf niedriger Ebene:

- *Konstanten für TextMode:* BW40=0 (sw 20*25), C40=1 (farbig 40*25), BW80=2 (sw 80*25), C80 (farbig 80*25), Mono=7 (sw 80*25, monochrom).
- *Konstanten für Vorder- und Hintergrundfarben:* Black=0, Blue=1, Green=2, Cyan=3, Red=4, Magenta=5, Brown=6 und LightGray=7.
- *Konstanten für Vordergrundfarbe:* DarkGrey=8, LightBlue=9, LightGreen=10, LightCyan=11, LightRed=12, LightMagenta=13, Yellow=14, White=15 und Blink=128.
- *Variablen:* CheckBreak, CheckEoF, CheckSnow, DirectVideo, LastMode, TextAttr, WindMax und WindMin.
- *Prozeduren:* AssignCrt, ClrEoL, ClrScr, Delay, DelLine, GotoXY, HighVideo, InsLine, LowVideo, NormVideo, NoSound, ReadKey, RestoreCrt, Sound, TextColor, TextMode und Window.
- *Funktionen:* KeyPressed, WhereX und WhereY.

In der Version 3 werden die meisten Möglichkeiten der Unit Crt standardmäßig bereitgestellt.

Die Unit *Crt* soll im Programm Demo1 benutzt werden:

```
PROGRAM Demo1;

  USES Crt;

  VAR ...
```

Dos   Standard-Unit, ab 4

Die Unit *Dos* stellt die Schnittstelle zum Betriebssystem dar. In dieser Unit sind alle DOS-bezogenen Sprachmittel zusammengefaßt.

- Flag-Konstanten: FCarry = $0001, FParity = $0004, FAuxiliary = $0010, FZero = $0040, DSign = $0080, FOverflow = $0800.
- Konstanten zum Öffnen und Schließen von Dateien: fmClosed = $d7b0, fmInput = $d7B1, fmOutput = $D7B2, fmInOut = $D7B3.
- Record-Typen FileRec und TextRec sowie Arraytyp TextBuf zur Speicherung von Dateivariablen.
- Dateiattribut-Konstanten: ReadOnly = $01, Hidden = $02, SysFile = $04, VolumeID = $08, Directory = $10, Archive = $20, AnyFile = $3F.
- TYPE Registers = RECORD CASE Integer OF
    0: (AX,BX,CX,DX,BP,SI,DI,DS,ES,Flags: Word);
    1: (AL,AH,BL,BH,CL,CH,DL,DH: Byte) END.
- TYPE DateTime = RECORD
            Year,Month,Day,Hour,Min,Sec: Integer END.
- TYPE SearchRec = RECORD Fill: ARRAY[1..2] OF Byte;
          Attr:Byte; Time,Size:LongInt; Name:STRING[12] END.
- VAR DosError: Integer.
- Interrupt-Prozeduren: GetIntVec, Intr, MSDos, SetIntVec.

- Datum-Prozeduren: GetDate, GetFTime, GetTime, PackTime, Set-
  Date, SetFTime, SetTime, UnpackTime.
- Plattenstatus-Funktionen: DiskFree, DiskSize.
- Dateieintrag-Funktionen: FindFirst, FindNext, GetFAttr, SetFAttr.
- Prozeß-Funktion: DosExitCode.
- Prozeß-Prozeduren: Exec, Keep.
- Neue Prozeduren ab Version 5.0: FSplit, GetCBreak, GetVerify,
  SetCBreak, SetVerify, SwapVectors.
- Neue Funktionen ab Version 5.0: DosVersion, EnvCount, EnvStr,
  FExpand, FSearch, GetEnv.

Graph   Standard-Unit

Die Unit *Graph* stellt ein Grafikpaket mit folgenden Konstanten, Typen,
Variablen, Prozeduren und Funktionen bereit:
- Grafiktreiber-Konstanten zum Laden eines Grafiktreibers durch
  InitGraph: Detect = 0 (automatische Erkennung), CGA = 1,
  MCGA = 2, EGA = 3, EGA64 = 4, EGAMono = 5, Reserved = 6,
  HercMono = 7, ATT400 = 8, VGA = 9, PC3270 = 10.
- Grafikmodus-Konstanten, die durch InitGraph gesetzt werden:
  CGAC1 = 0, CGAC2 = 1, CGAHi = 2, MCGAC1 = 0, MCGAC2 =
  1, MCGAMed = 2, MCGAHi = 3, EGALo = 0, EGAHi = 1,
  EGA64Lo = 1, EGA64Hi = 1, EGAMonoHi = 3, HercMonoHi = 0,
  ATT400C1 = 0, ATT400C2 = 1, ATT400Med = 2, Att400Hi = 3,
  VGALo = 0, VGAMed = 1, VGAHi = 2, VGAHi2 = 3, PC3270Hi
  = 0.
- Ergebniscode-Konstanten von GraphResult: grOK = 0, grNoInit-
  Graph = -1, grNotDetected = -2, grFileNotFound = -3, grInvalid-
  Driver = -4, grNoLoadMem = -5, grNoScanMem = -6, grNo-
  FloodMem = -8, grNoFontMem = -9, grInvalidMode = -10, grEr-
  ror = -11, grIOError = -12, grInvalidFont = -13, grInvalidFont-
  Num = -14, grInvaligDeviceNum = -15.
- Farbe-Konstanten für SetPalette und SetAllPalette: Black = 0, Blue
  = 1, Green = 2, Cyan = 3, Red = 4, Magenta = 5, Brown = 6,
  LightGray = 7, DarkGray = 8, LightBlue = 9, LightGreen = 10,
  LightCyan = 11, LightRed = 12, LightMagenta = 13, Yellow = 15,
  While = 15.
- Farbanzahl-Konstante: MaxColors = 15.
- Linien-Konstanten für Get/SetLineStyle: SolidLn = 0, DottedLine
  = 1, CenterLn = 2, DashedLn = 3, UserBitLn = 4.
- Linienbreite-Konstanten: NormWidth=1, ThickWidth=3.
- Text-Konstanten für Set/GetTextStyle: DefaultFont = 0, Triplex-
  Font = 1, SmallFont = 2, SansSerifFont = 3, GothicFont = 4, Ho-
  rizDir = 0, VertDir = 1, NormSize = 1.

- Clipping-Konstanten (Linien abschneiden): ClipOn = True, Clip-Off = False.
- Konstanten für Bar3D: TopOn = True, TopOff = False.
- Füllmuster-Konstanten für Get/SetFillStyle: EmptyFill = 0, Solid-Fill = 1, LineFill = 2, LtSlashFill = 3 {///}, SlashFill = 4, BkSlash-Fill = 5 {\\\}, LtBkSlashFill = 6, HatchFill = 7, XHatchFill = 8, InterleaveFill = 9, WideDotFill = 10, CloseDotFill = 11, UserFill = 12.
- Bit-Block-Tranfer-Konstanten für PutImage: NormalPut = 0 {MOV}, XORPut = 1, OrPut = 2, AndPut = 3, NotPut = 4.
- Justierungs-Konstanten für SetTextJustify: LeftText = 0, Center-Text = 1, RightText = 2, BottomText = 0, CenterText = 1, Top-Text = 2.
- Acht definierte Typen:
  PaletteType = Record Size: Byte; Colors: ARRAY[0..MaxColors] OF ShortInt END.
  LineSettingsType = RECORD LineStyle, Pattern, Thickness: Word End.
  TextSettingsType = RECORD Font, Direction, CharSize, Horiz, Vert: Word END.
  FillSettingsType = RECORD Pattern, Color: Word End.
  FillPatternType = ARRAY[1..8] OF Byte {Muster benutzerdef.}.
  PointType = RECORD X,Y: Word END.
- ViewPortType = RECORD x1,y1,x2,y2:Word; Clip:Boolean END.
- ArcCoordsType = RECORD X,Y,Xs,Ys,Xend,Yend: Word END.
- Zeigervariablen GraphGetMemPtr (zeigt auf GraphGetMem) und GraphFreeMemPtr (zeigt auf GraphFreeMem).
- Prozeduren: Arc, Bar, Bar3D, Circle, ClearDevice, ClearViewPort, CloseGraph, DetectGraph, DrawPoly, Ellipse, FillPoly, FloodFill, GetArcCoords, GetAspectRatio, GetFillSettings, GetImage, Get-LineSettings, GetPalette, GetTextSettings, GetViewSettings, GraphGetMem, GraphFreeMem, InitGraph, Line, LineRel, Line-To, MoveRel, MoveTo, OutText, OutTextXY, PieSlice, PutImage, PutPixel, Rectangle, RestoreCrt, RestoreCrtMode, SetActivePage, SetAllPalette, SetBkColor, SetColor, SetFillPattern, SetFillStyle, SetGraphMode, SetLineStyle, SetPalette, SetTextJustify, SetText-Style, SetViewPort, SetVisualPage.
- *Neue Prozeduren ab Version 5.0:* FillEllipse, GetDefaultPalette, Sector, SetAspectRatio, SetRGBPalette, SetUserCharSize, SetWrite-Mode.
- Funktionen: GetBkColor, GetColor, GetGraphMode, GetMaxX, GetMaxY, GetPixel, GetX, GetY, GraphErrorMsg, GraphResult, ImageSize, TextHeight, TextWidth.
- *Neue Funktionen ab Version 5.0:* GetDriverName, GetMaxMode, GetModeName, GetPaletteSize, InstallUserDriver, InstallUserFont.

Graph3   Standard-Unit

Die Unit *Graph3* umfaßt die Prozeduren und Funktionen der Normal-
und Turtle-Grafik von Turbo Pascal 3.0.
- Aktivierung in Pascal 3.0: {$I GRAPH.P} und {$I GRAPH.BIN}.
- Aktivierung in Pascal 4.0: USES Crt, Graph3.

Printer   Standard-Unit, ab 4

Die Unit *Printer* unterstützt die Druckausgabe; sie vereinbart eine
Textdateivariable Lst und ordnet sie der Geräteeinheit Lpt1 zu. Vor dem
Drucken ist die Unit mit dem Befehl USES anzusprechen:

```
PROGRAM DruckDemo
USES Printer;
BEGIN WriteLn(Lst,'... dies wird gedruckt.') END.
```


Overlay   Standard-Unit, 5

Die *Unit Overlay* stellt Funktionen, Prozeduren und Konstanten zur Overlay-Verwaltung bereit. Unter Overlays versteht man Programme, die zu
verschiedenen Zeitpunkten den gleichen Bereich im RAM belegen.
Die vordefinierte Statusvariable *OvrResult* wird von allen Overlay-Routinen vor dem Rücksprung mit einem Statuscode belegt:
- VAR OvrResult: Integer;

Fünf Overlay-Routinen (vgl. Abschnitt 2.4):
- OvrInit, OvrInitEMS, OvrSetBuf, OvrGetBuf und OvrClearBuf.

Vordefinierte Konstanten mit möglichen Statuscodes für *OvrResult*:

- ovrOk	0	Fehlerfreie Ausführung
- ovrError	-1	Fehlermeldung der Overlays
- ovrNotFound	-2	OVR-Datei nicht gefunden
- ovrNoMemory	-3	Overlay-Puffer nicht vergrößerbar
- ovrIOError	-4	I/O-Fehler bei OVR-Dateizugriff
- ovrNoEMSDRIVER	-5	EMS-Treiber nicht installiert
- ovrNoEMSMemory	-6	EMS-Karte ist zu klein

System   Standard-Unit, 4

Sämtliche Standardprozeduren und Standardfunktionen sind in der Unit
System vereinbart. Diese Unit wird automatisch als äußerster Block in das
Programm aufgenommen. Eine Anweisung wie "USES *System*" ist weder

erforderlich noch zulässig. Die übrigen Standard-Units *Crt, Dos, Graph3, Printer, Turbo3* und *Graph* hingegen müssen - bei Bedarf - jeweils mit USES aktiviert werden.
Ab Version 5.0 sind in der Unit *System* zusätzlich folgende globalen Variablen für Overlays und den 8087-Emulator verfügbar.

- OvrCodeList: Word=0	CSeg-Liste der Overlay-Verwaltung
- OvrHeapSize: Word=0	Größe des Overlay-Puffers
- OvrDebugPtr: Pointer=nil	Anfangspunkt für den Debugger
- OvrHeapOrg: Word=0	Startadresse des Overlay-Puffers
- OvrHeapPtr: Word=0	Aktuelle Spitze des Overlay-Puffers
- OvrHeapEnd: Word=0	Obergrenze des Puffers
- OvrLoadList: Word=0	Liste der geladenen Segmente
- OvrDosHandle: Word=0	Handle der OVR-Datei
- OvrEMSHandle: Word=0	Handle für OvrInitEMS

Variablen zur Verwaltung des Heaps:

- HeapOrg: Pointer=nil	Start des regulären Heaps (OvrSetBuf schiebt)
- HeapPtr: Pointer=nil	Aktuelle Spitze des Heaps
- FreePtr: Pointer=nil	Start der Fragmentliste
- FreeMin: Word=0	Minimale Größe der Fragmentliste
- HeapError: Pointer=nil	Zur Benutzer-Fehlerbehandlung

Variablen zur Definition eigener Exit-Prozeduren:

- PrefixSeg: Word=0	Programmsegmentpräfix-Segmentadresse
- StackLimit: Word=0	Untergrenze des Stack
- InOutRes: Integer=0	Status für IOResult (ab Version 5.0)

Verschiedene Variablen:

- RandSeed: LongInt = 0	Startwert für Zufallszahlengenerator
- FileMode: Byte=2	Startmodus zum Öffnen von dateien
- Test8087: Byte=0	Prüfergebnis "mit {$N+} compiliert"

Automatisch geöffnete Standarddateien:

- INPUT: Text	Standardeingabe für die Tastatur
- OUTPUT: Text	Standardausgabe für den Bildschirm

Variablen zum Speichern der Interruptvektoren:

- SaveInt00: Pointer	Vektor $00 - Division durch 0
- SaveInt02: Pointer	Vektor $02 - NMI
- SaveInt1B: Pointer	Vektor $1B - Strg-Break
- SaveInt23: Pointer	Vektor $23 - Strg-C
- SaveInt24: Pointer	Vektor $24 - Critical Error
- SaveInt75: Pointer	Vektor $75 - Gleitkommafehler

Vektoren, die beim Compilieren mit {$N+} neu gespeichert werden:

- SaveInt36, SaveInt37, SaveInt38, SaveInt39, SaveInt3A, SaveInt3B, SaveInt3C, SaveInt3D, SaveInt3E, : Pointer

Turbo3   Standard-Unit, ab 4

In dieser Unit sind Routinen zusammengefaßt, die die Abwärtskompatibilität von Pascal 5.0 und 4.0 zu Pasacl 3.0 herstellen.

2.2.5 Compiler-Befehle

{$B+} oder {$B-}   Schalter (lokal)
Boolesche Ausdrücke auswerten.
Die Code-Erzeugung bei der Auswertung zusammengesetzter Ausdrücke mit den Operatoren AND und OR kontrollieren. {$B+} zur Komplettauswertung logischer Ausdrücke. {$B-} zum Kurzschlußverfahren. Beispiel: sobald ein Teil einer AND-Operation den Wert False ergibt, wird der Ausdruck nicht weiter ausgewertet.
{$B-} als Voreinstellung.
Menübefehl: Options/Compiler/Boolean evalutation

{$D+} oder {$D-}   Schalter (global)
Zusatzinformation zur Fehlersuche erzeugen.
Beim Compilieren einer Unit wird die Information in der TPU-Datei abgelegt. Beim Compilieren eines Programms wird die Information im RAM (Compile to Memory) bzw. in einer TPM-Datei (Compile to EXE-File bei gesetztem Schalter {$T+}) abgelegt.
{$D+} als Voreinstellung.
Menübefehl: Options/Compiler/Debug Information

{$E+} oder {$E-}   Schalter (global, ab 5.0))
Emulator für den mathematischen Coprozessor 8087.
Die Routinen festlegen, die zur Steuerung des Coprozessors in ein Programm einzubinden sind. Mit {$E+} als Voreinstellung wird der komplette Emulator aufgenommen.
Menübefehl: Options/Compiler/Emulation

{$F+} oder {$F-}   Schalter (lokal)
FAR-Aufrufe erzwingen.
Mit {$F-} werden Prozeduren und Funktionen als NEAR aufgerufen, sofern sie nicht im Interface-Teil einer Unit stehen. Mit {$F+} wird immer

mit FAR-Aufrufen gearbeitet. Ab Version 5.0: Jedem mit Overlays arbeitenden Programm bzw. Unit sollte {$F+} vorangestellt sein.
{$F-} als Voreinstellung
Menübefehl: Options/Compiler/Force far calls

{$I Name}   Parameter (lokal)
Include-Datei einfügen.
Beispiel: Mit {$I Zins1.Pas} fügt der Compiler die Datei Zins1.PAS genau an die Stelle des Quelltextes ein, an der der Befehl {$I Zins1.PAS} steht.
Menübefehl: Options/Directories/Include directories

{$I+} oder {$I-}   Schalter (lokal)
I/O-Fehler automatisch prüfen.
Mit {$I+} liefert der Compiler nach jedem Ein-/Ausgabebefehl einen Prüfcode, um das Programm ggf. mit einer Fehlermeldung abzubrechen.
Mit {$I-} wird die Fehlerbehandlung vom Programmierer übernommen (siehe Funktion IOResult).
{$I+} als Voreinstellung.
Menübefehl: Options/Compiler/I/O checking

{$IF Bedingung}   Bedingung
Quelltext bedingt compilieren.
Mit zwei Konstrukten können Teile des Quelltextes von der Compilierung ausgeschlossen bzw. in die Compilierung einbezogen werden (bedingte Compilierung): Den Quelltext Text1 nur dann compilieren, wenn die Bedingung Bed wahr ist:

```
{$IF Bed} Text1 {$ENDIF}
```

Entweder den Pascaltext Text1 oder Text2 compilieren.

```
{$IF Bed} Text1 {$ELSE} Text2 {$ENDIF}
```

Bedingte Compiler-Befehle:

{$DEFINE Symbolname}	*definiert das Symbol.*
{$ELSE}	*beginnt einen ELSE-Teil.*
{$ENDIF}	*beendet das letzte {$IF....}.*
{$IFDEF Symbolname}	*erfaßt definierten Text.*
{$IFNDEF Symbolname}	*erfaßt undefinierten Text.*
{$IFOPT Schalter}	*compiliert je nach Schalter.*
{$UNDEF Symbolname}	*löscht das Symbol.*

{$L Dateiname}   Parameter (lokal)
Objekt-Datei einbinden.
Mit {$L Zins6.OBJ} nimmt der Linker die im Intel-Object-Format mit einem Assembler erzeugte Objekt-Datei Zins6.OBJ in das Programm auf.
Menübefehl: Options/Directories/Object directories

{$L+} oder {$L-}   Schalter (global, Version 5.0))

Lokale Symbole.
In der Voreinstellung {$L+} berücksichtigt der Compiler neben den lokalen Variablen, Konstanten und Datentypen des jeweiligen Modusl auch die im Unit-Implementationsteil deklarierten Namen.
Menübefehl: Options/Compiler/Local symbols

{$L+} oder {$L-}   Schalter (global, Version 4.0))
Link-Puffer bereitstellen.
Mit {$L+} werden die beim Linken erzeugten temporären Tabellen und Daten im RAM zwischengespeichert. Mit {$L-} wird auf der Diskette zwischengespeichert. Bei der Version 5.0 wird diese Aufgabe durch den Parameter /L (Linker-Option) übernommen.
{$L+} als Voreinstellung.
Menübefehl: Options/Compiler/Link buffer

{$M S,Hmin,Hmax}   Parameter (global)
Größe von Stack und Heap einstellen.
Mit S (Stack size) Platz für den Stack reservieren (zwischen 1024 und 65520). Mit Hmin (Low Heap Limit) und Hmax (High Heap Limit) einstellen, wieviel Platz minimal bzw. maximal für den Heap belegt werden soll.
{$M 16384, 0, 655360} als Voreinstellung.
Menübefehl: Options/Compiler/Memory sizes

{$N+} oder {$N-}   Schalter (global)
Numerische Datentypen bereitstellen.
Mit {$N+} werden durch Ansteuerung eines Coprozessors die zusätzlichen Real-Typen Single, Double, Extended und Comp bereitgestellt. Mit {$N-} steht nur der Datentyp Real zur Verfügung. Ab Version 5.0 der Befehl auch ohne Coprozessor möglich (Voraussetzung: {$E+}).
{$N-} als Voreinstellung.
Menübefehl: Options/Compiler/Numeric processing

{$O+} oder {$O-}   Schalter (lokal, ab Version 5.0)
Overlay-Prüfung vornehmen.
Mit der Einstellung {$O+} macht der Compiler Units Overlay-fähig, d. h. er prüft (und speichert) die Übergabe von String- und set-Konstanten.
Menübefehl: Options/Compiler/Overlays allowed

{$O Unitname}   Parameter (lokal, ab Version 5.0)
Overlay-Deklarationen durchführen.
Mit der Vereinbarung eines Overlays wird der Linker angewiesen, den Code nicht in das Programm, sondern in eine OVR-Datei zu speichern. Der *Unitname* muß zuvor mit USES benannt und mit {$O+} compiliert worden sein.

{$R+} oder {$R-}   Schalter (lokal)
Indexbereichsgrenzen überprüfen.
Mit {$R+} wird bei jeder Zuweisung an Array-, Set-, Aufzähl- und Unterbereichstypen die Gültigkeit geprüft und **ggf.** mit Laufzeitfehlerangabe unterbrochen. Mit {$R-} wird kein Prüfcode erzeugt.
{$R-} als Voreinstellung.
Menübefehl: Options/Compiler/Range Checking

{$S+} oder {$S-}   Schalter (lokal)
Stack-Speicherplatz überprüfen.
Mit {$S+} wird vor jedem Unterprogrammaufruf geprüft, ob genügend Platz auf dem Stack vorhanden ist. Mit {$S-} wird ohne Prüfung auf den Stack zugegriffen.
{$S+} als Voreinstellung.
Menübefehl: Options/Compiler/Stack checking

{$T+} oder {$T-}   Schalter (global)
TPM-Datei erzeugen.
Mit {$T+} wird beim Compilieren eine TPM-Datei erzeugt, die später über das Programm TPMAP.EXE gelesen werden kann, um eine MAP-Datei bereitzustellen. Dabei muß {$D+} eingestellt worden sein.
{$T-} als Voreinstellung.
Menübefehl: Options/Compiler/Turbo pascal map file

{$U Dateiname}   Parameter (lokal)
Unit-Dateiname angeben.
Mit diesem Befehl können Units auch dann verwendet werden, wenn der Unitname und der Name der Unit-Datei nicht übereinstimmen. Der {$U}-Befehl muß der entsprechenden USES-Anweisung unmittelbar vorangehen.
Menübefehl: Options/Directories/Unit directories

{$V+} oder {$V-}   Schalter (lokal)
Stringlänge überprüfen.
Mit {$V+} wird beim Prozeduraufruf die Stringlänge der aktuellen Parameter mit der Länge der formalen Parameter verglichen und ggf. ein Fehler gemeldet (strict). Mit {$V-} muß die Länge der als VAR-Parameter übergebenen Strings nicht gleich sein (relaxed).
{$V+} als Voreinstellung
Menübefehl: Options/Compiler/Var-string checking

Strg-F7   Schalter/Parameter
Aktive Befehle einfügen.

Mit Strg-F7 (bzw. Ctrl-F7) werden alle über Menübefehle aktivierten
Schalter und Parameter an die Stelle des Cursors in den Quelltext
eingefügt.
{$R+, S+, I+, D+, T+, F-, V+, B-, N+, L+, M 16384, 0, 655360} als Vor-
einstellung.

2.2.6 Vordefinierte Bezeichner
bei Turbo Pascal 5.0, 4.0 und 3.0

Die folgenden Wörter dürfen vom Benutzer nicht als Bezeichner verwendet werden, da sie als reservierte Wörter bzw. Schlüsselwörter vordefiniert
sind:

```
ABSOLUTE 3.0       FILE                NIL                SET
AND                FOR                 NOT                SHL 3.0
ARRAY              IMPLEMENTATION 4.0  OVERLAY 3.0        SHR
BEGIN              INTERRUPT 4.0       OF                 STRING
CASE               FORWARD             OR                 THEN
CONST              FUNCTION            PACKED             TYPE
DIV                GOTO                PROCEDURE          TO
DO                 IF                  INTERFACE 4.0      UNTIL
DOWNTO             IN                  UNIT 4.0           VAR
ELSE               INLINE 3.0          PROGRAM            WHILE
END                LABEL               RECORD             WITH
EXTERNAL 4.0       MOD                 REPEAT             XOR
                                                          USES 4.0

(3.0 = zusätzlich in Turbo Pascal 3.0;  4.0 = zusätzlich in Turbo Pascal 4.0)
```

Reservierte Wörter in Turbo Pascal 5.0, 4.0 und 3.0


```
DosVersion         GetDefaultPalette   InstallUserFont    SetArpectRatio
EnvCount           GetDriverName       OvrClearBuf        SetCBreak
EnvStr             GetEnv              OvrGetBuf          SetRGBPalette
FExpand            GetMaxMode          OvrInit            SetUserCharSize
FillEllipse        GetModeName         OvrInitEMD         SetVerify
FSeach             GetPaletteSize      OvrSetBuf          SetWriteMode
FSplit             GertVerify          RunError
GetCBreak          InstallUserDriver   Sector
```

Neue Routinen ab Turbo Pascal 5.0

Die folgenden Bezeichner sind (zusätzlich oder aber neu vordefiniert) erst
ab Turbo Pascal 4.0 verfügbar:

AssignCtr	GetAspectRatio	GraphResult	SetActivePage
Bar3D	GetBkColor	HighVideo	SetDate
Bar	GetDate	ImageSize	SetFAttr
ClearDevice	GetFAttr	Inc	SetFillStyle
ClearViewPort	GetFillSettings	InitGraph	SetFTime
CLoseGraph	GetFTime	Keep	SetIntVec
Dec	GetGraphMode	LineRel	SetLineStyle
DetectGraph	GetImage	LineTo	SetPalette
DiskFree	GetIntVec	MoveRel	SetTextBuf
DiskSize	GetLineSettings	MoveTo	SetTextJustify
DosExitCode	GetMaxX	OutText	SetTextStyle
DrawPoly	GetMaxY	OutTextXY	SetTime
Ellipse	GetPalette	PackTime	SetViewPort
Exec	GetTextSettings	PieSlice	SetVisualPage
FillPoly	GetTime	PutImage	SPtr
FindFirst	GetViewSettings	ReadKey	TextHeight
FindNext	GetX	Rectangle	TextWidth
FloodFill	GetY	RestoreCrt	Truncate
GetArcCoord	GraphErrorMsg	RestoreCrtMode	UnpackTime

Vordefinierte Routinen ab Turbo Pascal 4.0

Arc G	GetDriverName 5	InstallUserDriver 5
Circle G	GetMaxMode 5	InstallUserFont 5
ColorTable G	GetModeName 5	Palette G
Draw G	GetPaletteSize 5	Pattern G
FillEllipse 5	GetPic G	Plot G
FillPattern G	GetPoint G	PutPic G
FillScreen G	GraphBackground G	Sektor 5
FillShape G	GraphColorMode G	SetAspectRatio 5
FSearch 5	GraphMode G	SetRGBPalette 5
FSplit 5	HiRes G	SetUserCharSize 5
GetDefaultPalette 5	HiResColor G	SetWriteMode 5
GetDotColor G		

G = Grafik-Karte in Turbo Pascal 3.0 erforderlich   5 = ab Turbo Pascal 5.0

Vordefinierte Grafik-Routinen bei Turbo Pascal 5.0, 4.0 und 3.0

Die folgenden Bezeichner sind für Turbo Pascal 5.0, 4.0 und 3.0 gleich gültig. Für die Version 3.0 ist zum Teil eine Grafik-Karte erforderlich:

Abs	EoLn	Move	Str
Addr	Erase	MsDos	Succ
Append	Execute	New	Swap
ArcTan	Exit	NormVideo	TextBackground
Assign	Exp	NoSound	TextColor
Aux	False	Odd	TextMode
AuxInPtr	FilePos	Ofs	Trm
AuxOutPtr	FileSize	Ord	True
Bdos	FillChar	Output	Trunc
Bios	Flush	OvrDrive	Truncate
BiosHL	Frac	OvrPath	Upcase
BlockRead	FreeMem	ParamCount	Usr
BlockWrite	GetDir	ParamStr	UsrInPtr
Boolean	GetMem	Pi	UsrOutPtr
BufLen	GotoXY	Port	Val
Byte	Halt	Pos	WhereX
Chain	HeapPtr	Pred	WhereY
Char	Hi	Ptr	Window
ChDir	Input	Random	Wrap
Chr	Insert	Randomize	Write
Close	InsLine	Read	WriteLn
ClrEol	Int	ReadLn	
ClrScr	Integer	Real	
Con	Intr	Release	
Concat	IOResult	Rename	
ConInPtr	Kbd	Reset	
ConOutPtr	KeyPressed	ReWrite	
ConstPtr	Length	RmDir	
Copy	Ln	Round	
Cos	Lo	Seek	
CrtExit	LowVideo	SeekEoF	
CrtInit	Lst	SeekEoKn	
CSeg	LstOutPtr	Seg	
Delay	Mark	Sin	
Delete	MaxAvail	SizeOf	
DelLine	MaxInt	Sound	
Dispose	Mem	Sqr	
DSeg	MemAvail	Sqrt	
EoF	MkDir	SSeg	

Vordefinierte Routinen (ohne Grafik) bei Turbo Pascal 5.0, 4.0 und 3.0

2
Bedienung und Referenz des Turbo Pascal-Systems

BEGIN-END   Anweisung

BEGIN Anweisung(en) END

Klammerung zusammengehörender Anweisungen zu einem Block als Anweisungseinheit. Ein Block (Verbund) wird wie eine Anweisung behandelt. Turbo Pascal umfaßt einfache und strukturierte Anweisungen:
  - Drei einfache Anweisungen: Zuweisung ":=", Prozeduranweisung (für Aufruf) und Sprunganweisung (GOTO).
  - Zwei strukturierte Anweisungstypen: Eine Blockanweisung BEGIN-END (Verbund) und fünf Kontrollanweisungen (IF, CASE, WHILE, REPEAT und FOR).

Mehrere Anweisungen als Block hinter THEN ausführen:

```
IF NOT Verheimlichen THEN
    BEGIN                  (*Blockanfang*)
      WriteLn('Zwei Anweisungen');
      WriteLn('bilden einen Block.')
    END                    (*Blockende*)
```

CASE-OF-ELSE-END   Anweisung

CASE SkalarAusdruck OF
  Wert1: Anweisung1;
  Wert2: Anweisung2;

  ...

  /ELSE Anweisung/
*END (*von CASE*)*

Eine mehrseitige Auswahlstruktur kontrollieren: Die Anweisung ausführen, deren Wert mit dem Inhalt des Ausdruckes übereinstimmt. Der Ausdruck muß skalar bzw. abzählbar sein (Real nicht erlaubt).
Ja/Nein-Entscheidung mittels CASE abfragen:

```
CASE TastaturEingabe OF
  'j','J': WriteLn('Ja wurde gewählt.');
  'n','N': BEGIN Write('nein'); Proz1 END
  ELSE WriteLn('bitte nochmals')
END
```

Exit   Anweisung

Exit

Den aktuellen Anweisungsblock verlassen. Verwendung zur Ausnahmefallbehandlung. REPEAT als "Endlosschleife" über Exit verlassen:

```
REPEAT
    ...
    IF SchleifeBeenden THEN Exit;
    ...
```

```
UNTIL False
```
PROCEDURE Exit

FOR-DO   Anweisung
FOR Zähler := Anf TO/DOWNTO Ende DO Anweisung
Eine Zählerschleife kontrollieren: Anweisung(sblock) hinter DO wiederholen, bis der Endwert der Zählervariablen erreicht ist. Die Zählervariable wird jeweils um 1 erhöht (TO) oder vermindert (DOWNTO). Die Zählervariable und die Ausdrücke für Anfangs- und Endwert müssen vom gleichen ordinalen Datentyp sein (Real nicht erlaubt). Der Zählervariablen darf im Anweisungsblock kein Wert zugewiesen werden.
Neun Elemente von Array MessDaten ausgeben:
```
FOR Index := 1 TO 9 DO WriteLn(MessDaten[Index])
```
Diese Schleife wird kein einziges Mal durchlaufen:
```
FOR i := 77 TO 0 DO BEGIN s:=s+2; a:=a-3 END
```
Variable Tag vom Aufzähltyp (Mo,Di,Mi,Don,Fr,Sa):
```
FOR Tag := Fr DOWNTO Mo DO BEGIN ... END
```

GOTO   Anweisung
GOTO Marke
Die Programmausführung ab der angegebenen Marke (Sprungmarke) fortsetzen. Marke und GOTO müssen im gleichen Block sein. Die Kontrollstrukturen und die Exit-Prozedur machen GOTO überflüssig. Siehe LABEL-Vereinbarung. Zur Fehlerbehandlungsroutine ab *Fehler:* springen.
```
GOTO Fehler;
...
Fehler: Anweisung
```

Halt   "Anweisung"
Halt /(Fehlercode)/
Die Programmausführung beenden und zur MS-DOS-Ebene zurückkehren. Wahlweise wird ein Fehlercode übergeben, der mit DosExitCode im rufenden Programm bzw. mit ErrorLevel in der Batch-Datei ermittelt werden kann (in Pascal 3.0 tritt Integer an die Stelle von Word).
PROCEDURE Halt/(VAR Fehl: Word)/

IF-THEN-ELSE   Anweisung
IF BooleanAusdruck THEN Anweisung
/ELSE Anweisung/
Eine einseitige Auswahlstruktur (ohne ELSE-Teil) bzw. eine zweiseitige Auswahlstruktur (mit ELSE-Teil) kontrollieren: Ergibt der Boolesche Ausdruck den Wert True, wird der THEN-Anweisungsblock ausgeführt.
Einseitige Auswahl in Abhängigkeit der Boolean-Variablen Gefunden:
```
IF Gefunden THEN WriteLn('Satz gefunden.')
```
Einseitige Auswahl mit Blockanweisung BEGIN-END:

```
   IF Antwort = 'j' THEN
     BEGIN
       WerteEingeben; MessDatenAnalysieren
     END (*von THEN*)
```

Zweiseitige Auswahl (vor ELSE steht nie ein ";"):

```
   IF IOResult<>0
     THEN BEGIN Fehlerroutine; Fortsetzung END
     ELSE WriteLn('... Eingabe ok.')
```

INLINE   Anweisung

INLINE(Maschinencode)
Kurze Befehlsfolgen in Maschinencode unmittelbar in den Quelltext einfügen. Die einzelnen Befehlsbytes bzw. Maschinencodebefehle werden
durch "/" getrennt angegeben. Beispiel:

```
   INLINE($06/$FB/$5F)
```

REPEAT   Anweisung

REPEAT Anweisung UNTIL BooleanAusdruck
Nicht-abweisende Schleife als Wiederholungsstruktur kontrollieren:
Anweisungsblock zwischen REPEAT und UNTIL ausführen, bis die Auswertung des Booleschen Ausdrucks den Wert True ergibt. Im Gegensatz
zur WHILE-Schleife wird die REPEAT-Schleife stets mindestens einmal
ausgeführt. Schleife mit Eingabekontrolle bzw. Eingabezwang:

```
   REPEAT
     Write('Ihre Wahl? '); ReadLn(Wahl)
   UNTIL Wahl IN ['A','B','C','e','E']
```

USES   Anweisung, 4

USES UnitName1 /,UnitName2/
Eine oder mehrere Units in einem Programm benutzen. Wird keine USES-
Anweisung angegeben, so wird nur die Unit System in das Programm eingebunden. Benutzt eine Unit andere Units, so ist sie nach diesen Units
anzugeben:

```
   USES Crt, Turbo3
```

Bei mehrfach vereinbarten Bezeichnern (z.B. KeyPressed) werden diese
durch Voranstellen des Unitnamens mit "." qualifiziert:

```
   KeyPressed     {Prozedur einer Benutzer-Unit}

   Turbo3.KeyPressed   {Prozedur der Unit Turbo3}
```

WHILE-DO   Anweisung

WHILE BooleanAusdruck DO Anweisung
Eine abweisende Wiederholungsstruktur kontrollieren: Die Anweisung
(ggf. Block) ausführen, solange die Auswertung des Booleschen Ausdrucks
den Wert True ergibt. Ist der Ausdruck beim Schleifeneintritt False, wird
der Anweisungsblock nie ausgeführt (kopfgesteuerte Schleife).

Die Zahlen 1,2,...,50 aufsummieren:

```
Summe := 0; i := 0;
WHILE i < 50 DO
BEGIN
  i := i + 1; Summe := Summe + i
END
```

:=   Anweisung

x := Ausdruck

Zuweisungsanweisung durch den ":="-Operator in zwei Schritten ausführen: 1. Den Wert des rechts von ":=" angegebenen Ausdruck ermitteln. 2. Diesen Wert der links von ":=" angegebenen Variablen zuweisen, wobei ihr bisheriger Inhalt überschrieben wird. Summenvariable initialisieren:

```
Summe := 0
```

Wert der Summenvariablen um einen Betrag erhöhen:

```
Summe := Summe + MessWert
```

Zwei Strings verketten:

```
CAD := 'Computer Aided ' + 'Design.'
```

{ }   "Anweisung"

{ Kommentar }

Kommentar als Zeichenkette, die mit "{" beginnt und mit "}" endet, ist eine "Anweisung", die vom Compiler übergangen wird. (* *) als Ersatzdarstellung für { } verwenden:

```
{Kommentierung so ...}  (*oder aber so... *)
```

Kommentarbegrenzer in Strings werden übergangen:

```
WriteLn('Mein Name {... so Hase} ist Hase.')
```

2
Bedienung und Referenz des Turbo Pascal-Systems

Abs
Arithmetische Funktion

x := Abs(IntegerAusdruck / RealAusdruck);
Den Absolutwert (Betrag) des Ausdrucks (Konstante, Variable oder
Funktionsergebnis) bilden. Der Argumenttyp bestimmt den Ergebnistyp.
2.111 vom Real-Typ und 3000 vom Integer-Typ ausgeben:
```
i := -3002; WriteLn(Abs(-2.111), Abs(i+2));
```
FUNCTION Abs(r: Real): Real;
FUNCTION Abs(i: Integer): Integer;

Addr
Speicher-Funktion

x := Addr(Ausdruck);
Die absolute Adresse der im Ausdruck genannten Variablen, Funktion
bzw. Prozedur angeben. Adresse als Integer-Wert (8-Bit-PC) oder als 32-
Bit-Zeiger auf das Segment und den Offset (16-Bit-PC) angeben.
Die Adresse läßt sich einer Zeigervariablen zuweisen:
```
p1 := Addr(Wahl);
p2 := Addr(Reihe[8]);
p3 := Addr(TelRec.Name);
```
FUNCTION Addr(VAR Variable): Pointer;

Append
Datei-Prozedur

Append(Dateivariable);
Den Dateizeiger hinter den letzten Datensatz positionieren, um an-
schließend mit Write zu schreiben (anzuhängen). Beispiel Telefondatei:
```
Assign(TelFil,'B:Telefon1.DAT');
Append(TelFil);
```
PROCEDURE Append(VAR f: Text);

ArcTan
Arithmetische Funktion

r := ArcTan(IntegerAusdruck oder RealAusdruck);
Winkelfunktion Arcus Tangens. Für die angegebene Tangente den Winkel
im Bogenmaß (zwischen -pi/2 und pi/2) angeben. Ausgabe von 0.124355:
```
WriteLn(ArcTan(0.125));
```
FUNCTION ArcTan(r:Real): Real;
FUNCTION ArcTan(i:Integer): Integer;

Assign
Datei-Prozedur

Assign(Dateivariable,'Laufwerk:Diskettendateiname');
Die Verbindung zwischen dem physischen Namen einer Datei auf Diskette und dem logischen Dateinamen, mit dem die Datei innerhalb des Programmes angesprochen wird, herstellen (anders ausgedrückt: den Dateinamen einer Dateivariablen zuordnen.
Die Datei Telefon1.DAT der Dateivariablen TelFil zuordnen:
```
Assign(TelFil,'B:Telefon1.DAT');
Write('Welcher Dateiname? '); ReadLn(Dateiname);
```

```
   Assign(TelFil,Dateiname);
```
PROCEDURE Assign(VAR f: File; Dateiname: String);

BlockRead   Datei-Prozedur
BlockRead(Dateivariable,Puffer,Blockanzahl/,Meldung/);
Beliebige Anzahl von Blöcken aus der nicht-typisierten Dateivariablen in
einen internen Pufferspeicher lesen. Dateivariable vom FILE-Typ (nicht-
typisierte Datei). Puffer als Variable beliebigen Typs zur Aufnahme der
gelesenen Blöcke im RAM (ist Puffer zu klein, wird der auf Puffer folgende Speicherbereich überschrieben. Achtung!). Blockanzahl gibt die
Anzahl der 128-Bytes-Blöcke an. In Meldung wird die Anzahl der tat-
sächlich gelesenen Blöcke bereitgestellt. Abweichung in Version 3.0:
Word-Typ durch Integer-Typ ersetzt. Mit nicht-typisierten Dateien wird
die schnellste Möglichkeit zum Kopieren von Diskettendateien angeboten:
BlockRead(VAR f:File; VAR Puffer:Type; n/,m/:Word);

BlockWrite   Datei-Prozedur
BlockWrite(Dateivariable,Puffer,Blockanzahl/,Meldung/);
Einen Block zu 128 Bytes aus dem Puffer im RAM auf eine nicht-typi-
sierte Datei speichern. Parameter siehe Prozedur BlockRead als Gegen-
stück. Bei zu kleinem Puffer wird der auf den Pufferspeicher folgende
RAM-Inhalt auf die Datei geschrieben. Beispiel siehe BlockRead. Abwei-
chung in Version 3.0: Word-Typ durch Integer-Typ ersetzt.
BlockWrite(VAR f:File; VAR Puffer:Type; n/,m/:Word);

BufLen   Standard-Variable
BufLen := AnzahlZeichen;
Maximalanzahl von Zeichen festlegen, die bei der nächsten Benutzerein-
gabe angenommen wird. Nach jeder Eingabe wird wieder BufLen:=127
gesetzt. Bei der nächsten Eingabe sollen maximal 50 Zeichen getippt werden können:
```
   BufLen := 50;
   ReadLn(Eingabe);
```
CONST BufLen: Integer = 127;

ChDir   Datei-Prozedur
ChDir(Pfadname);
Vom aktuellen in das genannte Unterverzeichnis wechseln (Change Direc-
tory). Identisch zu DOS-Befehl CD (siehe GetDir, MkDir und RmDir).
Unterverzeichnis \Anwend1 von Laufwerk B: aktivieren.
```
   ChDir(b:\Anwend1);
```
PROCEDURE ChDir(VAR Pfadname: String);

Chr   Transfer-Funktion
c := Chr(ASCII-Codenummer);

Für eine ASCII-Codenummer zwischen 0 und 255 (Integer- bzw. Byte-Typ) das zugehörige Zeichen (Char-Typ) angeben. Zeichen 'B' ausgeben:
```
WriteLn(Chr(66));
```
CRLF-Signal (Carriage Return und Line Feed) speichern:
```
Zeilenschaltung := Chr(13) + Chr(10);
```
FUNCTION Chr(I: Integer): Char;

Close   Datei-Prozedur
Close(Dateivariable);
Eine durch die Dateivariable benannte Diskettendatei schließen. Close übernimmt zwei Aufgaben: 1. Dateipuffer leeren, d.h. auf die Datei schreiben. 2. Disketteninhaltsverzeichnis aktualisieren.
```
Close(TelFil);
```
PROCEDURE Close(VAR f:File);

ClrEol   E/A-Prozedur, Crt
ClrEol;
Daten von der Cursorposition bis zum Zeilenende löschen (Clear End Of Line für "Leer bis Zeilenende"). ClrEol arbeitet relativ zu einem mit Window gegebenen Fenster. Am Bildschirm steht in Zeile 1 nur 'Meß':
```
Write('Meßdaten'); GotoXY(4,1); ClrEol;
```
PROCEDURE ClrEol;

ClrScr   E/A-Prozedur, Crt
ClrScr;
Den Bildschirm löschen und Cursor nach oben links positionieren (Clear Screen steht für "Leerer Bildschirm"). ClrScr bezieht sich auf ein mit Window gegebenes Fenster. Das Wort 'Versuchsreihe' erscheint 5 Sekunden lang:
```
ClrScr; Write('Versuchsreihe'); Delay(6000); ClrScr;
```
PROCEDURE ClrScr;

Concat   String-Funktion
s := Concat(s1/,s2.../);
Strings s1+s2+s3+... zum Gesamtstring s verketten bzw. addieren (Stringaddition). s1,s2,... sind Konstanten und/ oder Variablen vom Typ String. Andere Schreibweise zur Verkettung Write('Tu'+'r'+'bo'):
```
Write(Concat('Tu','r','bo.'));
```
FUNCTION Concat(s1,s2,....,sn: String): String;

Copy   String-Funktion
s := Copy(s0,p,n);
Aus String s0 ab Position p genau n Zeichen entnehmen und den Teilstring als Funktionsergebnis zurückgeben. s0 als beliebiger Stringausdruck (Konstante, Variable). p als Konstante/Variable vom Typ Integer

bzw. Byte zwischen 1 und 255. Ist p größer als die Länge von s0, so wird
" als Leerstring zurückgegeben. n als Konstante/Variable vom Typ Integer bzw. Byte zwischen 1 und 255. Den Teilstring 'tec' anzeigen:
```
WriteLn(Copy('Meßtechnik',4,3));
```
FUNCTION Copy(s:String; Position,Laenge:Integer): String;

Cos   Arithmetische Funktion
r := Cos(RealAusdruck / Integer-Ausdruck);
Den Cosinus im Bogenmaß für den Ausdruck angeben. Ausgabe 2.71828:
```
WriteLn('Cosinus von 1 ergibt: '),Cos(1.0))
```
FUNCTION Cos(r:Real): Real;
FUNCTION Cos(i:Integer): Real;

CSeg DSeg SSeg   Speicher-Funktionen, 4
i1 := CSeg; i2 := DSeg; i3 := SSeg;
Basisadresse des momentanen Codesegments, Datensegments bzw. Stack-
segments als Word zurückgeben.
FUNCTION CSeg: Word;
FUNCTION DSeg: Word;
FUNCTION SSeg: Word;

CSeg DSeg SSeg   Speicher-Funktionen, 3
Wie ab Version 4, aber mit Ergebnistyp Integer.

Dec   Ordinale Prozedur, 4
Dec(x,/,n/);
x als Variable ordinalen Typs um die Anzahl n erniedrigen. Fehlt n, so
wird n=1 angenommen. Die beiden folgenden Zuweisungen sind identisch:
```
Dec(Z,4); Z := Z - 4;
```
PROCEDURE Dec(VAR x:Ordinaltyp; i:Integer);

Delay   E/A-Prozedur, Crt
Delay(Millisekunden);
Eine Warteschleife erzeugen. Abweichung in Pascal 3.0: Integer anstelle
von Word. Ungefähr fünf Sekunden warten:
```
Delay(5000);
```
PROCEDURE Delay(Millisekunden: Word);

Delete   String-Prozedur
Delete(s,p,n);
Aus dem String s ab Position p genau n Zeichen löschen. s als Name einer
Variablen vom Typ STRING. p als Konstante oder Variable vom Typ In-
teger bzw. Byte zwischen 1 und 255. Ist p größer als die Länge des
Strings, so wird nichts gelöscht. n als Konstante oder Variable vom Typ
Integer bzw. Byte zwischen 1 und 255. Ist n größer als die Länge des

Strings, werden nur die String-Zeichen gelöscht. String s1 := 'Meßdaten'
zu 'Meßten' verkürzen:
    Delete(s1,4,2);
PROCEDURE Delete(VAR s:String; p,n:Integer)

DelLine   E/A-Prozedur, Crt
DelLine;
Die Zeile löschen, in der der Cursor gerade steht. DelLine arbeitet relativ
zum aktiven Fenster. Bildschirmzeile 20 mit den Spalten 1 bis 70 löschen:
    Window(1,20,70,50); GotoXY(1,1); DelLine;
PROCEDURE DelLine;

DiskFree   Plattenstatus-Funktion, Dos, 4
i := DiskFree(LaufwerkNr);
Freien Speicherplatz für ein Laufwerk angeben. LaufwerkNr: 0=aktiv,
1=A:, 2=B:,... Festplattenlaufwerk prüfen:
    Write('In C: sind ',DiskFree(3) DIV 1024,' KB frei);
FUNCTION DiskFree(LaufwerkNr:Word): LongInt;

DiskSize   Plattenstatus-Funktion, Dos, 4
i := DiskSize(LaufwerkNr);
Gesamtkapazität eines Laufwerks angeben. LaufwerkNr: 0=aktiv, 1=A:,
2=B:, 3=C:, ... Das Ergebnis -1 wird bei ungültiger LaufwerkNr zurückgegeben.
FUNCTION DiskSize(LaufwerkNr:Word): LongInt;

Dispose   Heap-Prozedur
Dispose(Zeigervariable);
Den auf dem Heap für eine Zeigervariable reservierten Speicherplatz
wieder freigeben. Heap-Speicherplatz, auf den Zeiger p3 weist, freigeben:
    Dispose(p3);
PROCEDURE Dispose(VAR p: Pointer);

DosVersion   Status-Funktion, Dos, 5
w := DosVersion;
Versionsnummer von DOS liefern: Höherwertiges Byte für Neben- und
niederwertiges Byte für Haupt-Versionsnummer ($2003 für DOS 3.2).
    WriteLn('Version: ',Lo(DosVersion,'.',Hi(DosVersion));
FUNCTION DosVersion: Word;

DSeg   Speicher-Funktion
i := DSeg;
Adresse des Datensegments angeben. Siehe CSeg. Der von DSeg gelieferte
Inhalt des Prozessor-Registers DS beinhaltet die Adresse des Segments, in
dem die globalen Variablen stehen:

```
  WriteLn(DSeg,':0000 als Startadresse');
  WriteLn('der globalen Variablen des Programms.');
```
FUNCTION DSeg: Word;

EnvCount   Speicher-Funktion, Dos, 5
i := EnvCount;
Die Anzahl von Einträgen der Tabelle *Environment* liefern, die jedem
DOS-Programm vorangestellt ist, um mit *EnvStr* zuzugreifen.
FUNCTION EnvCount: Integer;

EnvStr   Speicher-Funktion, Dos, 5
String := EnvStr(Eintragsnummer);
Den Eintrag in der Tabelle Environment als String der Form *Name=Text*
zurückgeben.
```
    FOR i:= 1 TO EnvCount DO WriteLn(EnvStr(i));
```
FUNKTION EnvStr(Indexnummer:Integer): String;

EoF   Datei-Funktion
b := EoF(Dateivariable);
Die EoF-Funktion ergibt True, sobald der Dateizeiger auf das Ende der
Datei (d.h. hinter den letzten Eintrag) bewegt wird. EoF gilt für alle Dateitypen (FILE OF, FILE, TEXT). Das Dateiende wird mit !26 bzw. $1A
gekennzeichnet. Wiederholung, solange das Dateiende nicht erreicht ist:
```
    WHILE NOT EoF(TelFil) DO ...;
```
FUNCTION EoF(VAR f: File): Boolean;

EoLn   Datei-Funktion
b := EoLn(Textdateivariable);
Die Boolesche Funktion ergibt True, sobald der Dateizeiger auf das
Zeilenende einer Textdatei bewegt wird. Ist EoF True, wird auch EoLn
auf True gesetzt. Zeilenendekennzeichen ist CRLF, !1310 bzw. $0D0A.
```
    IF EoLn(Brief) THEN ...;
```
FUNCTION EoLn(VAR f:Text): Boolean;

Erase   Datei-Prozedur
Erase(Dateivariable);
Eine zuvor mittels Close geschlossene Datei von Diskette entfernen und
das Inhaltsverzeichnis aktualisieren.
```
    Erase(TelFil);
```
PROCEDURE Erase(VAR f:File);

Exec   Prozeß-Prozedur, Dos, 4
Exec(Pfad,Parameter);

Ein Programm aus einem anderen Programm heraus starten und ausführen. Pfad enthält den Programmnamen. Optional können Kommandozeilen-Parameter übergeben werden.

```
Write('Name? '); ReadLn(Programmname);

Write('Parameter? '); ReadLn(Kommandozeile);

Exec(Programmname,Kommandozeile);

WriteLn('... wieder im rufenden Programm ...');
```
PROCEDURE Exec(Pfad,Parameter: String);

Execute   Prozeß-Prozedur, 3
Execute(Dateivariable);
Von einem laufenden Pascal-Programm aus ein anderes Programm aufrufen und ausführen. Das gerufene Programm muß eine COM-Datei sein:

```
VAR TreiberFil: FILE;

BEGIN

  Assign(TreiberFil,'Menue.COM'); ....;

  Execute(TreiberFil);
```
PROCEDURE Execute(VAR f: File);

Exp   Arithmetische Funktion
r := Exp(RealAusdruck);
Den Exponenten "e hoch ..." angeben (siehe Funktion Ln).

```
WriteLn('Zahl e ist: ',Exp(1.0));
```
FUNCTION Exp(r: Real): Real;

FExpand   Datei-Funktion, Dos, 5
Pfad := FExpand(Dateiname);
Den Dateinamen um den Suchpfad erweitern. Für das aktive Verzeichnis C:\SPRACHE\TP\BSP z.B. C:\SPRACHE\TP\BSP\ZINS4.PAS liefern:

```
WriteLn(FExpand('zins4.pas'));
```
FUNCTION FExpand(Pfad:PathStr): PathStr;

FilePos   Datei-Funktion
i := FilePos(Dateivariable);
Die Nummer des Datensatzes anzeigen, auf den der Dateizeiger einer geöffneten Direktzugriffdatei gerade zeigt. In Pascal 3.0: Ergebnistyp Integer anstelle von LongInt. Die erste Satznummer (Integer-Typ) ist 0:

```
IF FilePos(TelFil) = 0

  THEN WriteLn('Dateizeiger auf Satz 0 als 1. Satz');
```
FUNCTION FilePos(VAR f: File): LongInt;

FileSize   Datei-Funktion
i := FileSize(Dateivariable);
Die Anzahl der Datensätze einer Direktzugriffdatei als LongInt-Wert (in Pascal 3.0: Integer-Wert) angeben. Nach dem Anlegen 0 melden:

```
Rewrite(TelFil);
  WriteLn('Leerdatei mit ',FileSize(TelFil),' Sätzen.');
```
FUNCTION FileSize(VAR f:File): LongInt;

FillChar Speicher-Prozedur

FillChar(Zielvariable, AnzahlZeichen, Zeichen);
Einer Zielvariablen (einfacher Typ, Array- oder Recordkomponenten) be-
stimmte Zeichen zuordnen. Ist die AnzahlZeichen zu groß, wird der an
die Variable anschließende Speicher überschrieben. Der Wert des angege-
benen Zeichens (Byte- oder Char-Typ) muß zwischen 0 und 255 liegen.
Die Stringvariable Name mit 60 '='-Zeichen füllen.
```
    VAR Name:STRING[60];

    BEGIN FillChar(Name,SizeOf(Name),'=');
```
PROCEDURE FillChar(VAR Ziel,n: Word, Daten: Byte);
PROCEDURE FillChar(VAR Ziel,n: Word, Daten: Char);

Flush Datei-Prozedur

Flush(Dateivariable)
Den Inhalt des im RAM befindlichen Dateipuffers auf den Externspei-
cher ablegen (erzwungene Ausgabe).
PROCEDURE Flush(VAR f:Text)

Frac Arithmetische Funktion

r := Frac(IntegerAusdruck / RealAusdruck);
Den Nachkommateil des Ausdrucks angeben. Das Ergebnis ist in jedem
Fall Real! 2.445-Int(2.445) ergibt 0.2445 und ist identisch mit:
```
    WriteLn(Frac(2.445));
```
FUNCTION Frac(i:Integer): Real;
FUNCTION Frac(r:Real): Real;

FreeMem (Heap-Prozedur)

Den über die Prozedur *GetMem* reservierten Speicherplatz auf dem Heap
wieder freigeben. Die AnzahlBytes von FreeMem und GetMem müssen
exakt gleich sein (in Pascal 3.0: Integer-Typ anstelle des Word-Typs).
PROCEDURE FreeMem(VAR p:Pointer; Bytes:Word);

FreeMin Standard-Variable, 4

Minimalgröße des freien Speicherbereichs zwischen HeapPtr und FreeList
einstellen. Fragmentliste soll mindestens 500 Einträge aufnehmen:
```
    FreeMin := 4000;  {da 8 Bytes/Eintrag}
```

FreePtr Standard-Variable, 4

Obergrenze des freien Speicherplatzes auf dem Heap anzeigen (dazu ist
$1000 zum Offset von FreePtr zu addieren). FreePtr zeigt auf die Start-
adresse der Fragmentliste, die als Array aus Records vereinbart ist:

```
  TYPE
    FreeRec = RECORD
                OrgPtr,EndPtr: Pointer
              END;
    FreeList = ARRAY[0..8190] OF FreeRec;
```
VAR FreePtr: ^FreeList;

FSearch
Datei-Funktion, Dos, 5

Pfadstring := FSearch(Dateibezeichnung,Directoryliste);
Eine Liste von Directories nach einem Dateieintrag absuchen und einen
Nullstring oder den kompletten Suchweg zurückgeben. Sämtliche Directo-
ries (da GetEnv) durchsuchen, die derzeit als PATH gesetzt sind:
```
    WriteLn(FSearch('zins1.pas',GetEnv('PATH'));
```
PROCEDURE FSearch(Pfad:PathStr;DirList:String);

FSplit
Datei-Prozedur, Dos, 5)

FSplit(Dateibezeichnung,Pfad, Name,Dateityp);
Eine Dateibezeichnung in die Komponenten Pfad, Name und Dateityp
zerlegen. In der Unit *Dos* sind vordefiniert:
```
    TYPE PathStr=STRING[79]; DirStr=STRING[67]; NameStr=STRING8]; ExtStr=STRING[4];
```
Nach dem Funktionsaufruf liefert DStr+NStr+EStr wieder die Dateibe-
zeichnung C:\SPRACHE\TP\ZINS2.PAS:
```
    FSplit('C:\SPRACHE\TP\ZINS2.PAS', DStr, NStr, EStr);
```
PROCEDURE FSplit(Pfad:PathStr; VAR Dir:DirStr;
              VAR Name:NameStr; VAR Ext:ExtStr);

GetCBreak
Dos, Datei-Prozedur, 5

GetCBreak(Break);
Die als *Break* übergebene Variable (über DOS-Funktion $33) auf True
setzen, falls DOS nur bei Ein-/Ausgaben auf Ctrl-Break prüft.
PROCEDURE GetCBreak(VAR Break: Boolean);

GetDir
Datei-Prozedur

GetDir(Laufwerknummer,Pfadvariable)
Das aktuelle Laufwerk bzw. aktuelle Directory in der Pfadvariablen bereitstellen. Laufwerknummer 0=aktiv, 1=A:, 2=B: usw. Pfadvariable mit
dem Ergebnisformat "Laufwerk:Pfadname". Pfad in Laufwerk B: ermitteln:
```
    GetDir(2,AktuellerPfad)
```
PROCEDURE GetDir(Laufwerk:Integer; VAR Pfad:String)

GetEnv
Speicher-Funktion, Dos, 5

Tabelleneintrag := GetEnv(EintragAlsString);
Einen Eintrag aus der Tabelle *Environment* lesen. Für den Eintrag PATH
= BEISPIEL liefert der Aufruf GetEnv('path') das Ergebnis 'BEISPIEL':
```
    WriteLn('Als Pfad ist derzeit zugeordnet: ',GetEnv('PATH'));
```
FUNCTION GetEnv(Eintrag: String);

GetMem   Heap-Prozedur
GetMem(Zeigervariable, AnzahlBytes);
Auf dem Heap eine exakt genannte Anzahl von Bytes reservieren. Der
belegte Speicherplatz kann über FreeMem wieder freigegeben werden. Im
Gegensatz zu GetMem richtet sich der durch New reservierte Speicher-
platz nach dem jeweiligen Datentyp. Abweichung in Pascal 3.0: der In-
teger-Typ ersetzt den Word-Typ.
PROCEDURE GetMem(VAR p:Pointer; Bytes:Word);

GetVerify   Speicher-Prozedur, Dos, 5
Das DOS-Flag Verify (Für True überprüft DOS geschriebene Disketten-
sektoren automatisch) in die genannte Variable kopieren.
PROCEDURE GetVerify(VAR Verify: Boolean);

GotoXY   E/A-Prozedur
GotoXY(Rechts,Runter);
Den Text-Cursor auf Spalte 1-80 (nach rechts) und Zeile 1-25 (nach un-
ten) relativ zum aktiven Textfenster positionieren. Cursor rechts unten:
```
GotoXY(80,25);
```
PROCEDURE GotoXY(x,y: Byte);

HeapError   Standard-Variable, 4
Diese Variable zeigt auf die Standard-Fehlerbehandlung, oder sie führt
einen Aufruf über HeapError aus.

HeapOrg   Standard-Variable, 4
Die Startadresse des Heaps, der in Richtung aufsteigender Speicher-
adressen wächst, bereitstellen (Heap Origin).

HeapPtr   Standard-Variable
Die Position des Heapzeigers bereitstellen. HeapPtr als ein typloser und zu
allen Zeigertypen kompatibler Zeiger. Der Offset von HeapPtr liegt zwischen $0000 und $000F. Die Maximalgröße beträgt 65521 bzw. ($10000
minus $000F). Beispiel: Bei Programmstart wird HeapPtr auf HeapOrg als
unterste Heap-Adresse gesetzt. Durch New(p3) erhält p3 den Wert von
HeapPtr. Nun wird HeapPtr um die Größe des Datentyps, auf den p3
zeigt, erhöht.

Hi   Speicher-Funktion
i := Hi(IntegerAusdruck / WordAusdruck);
Das höherwertige Byte (Highbyte) des Ausdrucks als niederwertiges Er-
gebnis-Byte (Lowbyte) bereitstellen (höherwertiges Ergebnisbyte ist Null).
```
WriteLn('$12 und nochmals ',Hi($1234),' ausgeben.');
```
FUNCTION Hi(i: Integer/Word): Byte;

Inc   Ordinale Prozedur, 4

Inc(x /,IntegerAusdruck/);
Den Wert der Variablen x um den angegebenen Wert erhöhen. Die beiden
folgenden Zuweisungen sind identisch:

```
Inc(z,4);        z := z + 4;
```
PROCEDURE Inc(VAR x:Ordinaltyp; i:Integer);

Input   Standard-Variable

Primäre Eingabedatei, die als vordefinierte Textdatei-Variable bei Read
bzw. ReadLn stets standardmäßig angenommen wird. Input liest nur Eingaben von der Tastatur. Zwei Anweisungen, die sich exakt entsprechen:

```
ReadLn(Zeichen); ReadLn(Input,Zeichen);
```

Insert   String-Prozedur

Insert(s0,s1,p);
String s0 in den String s1 ab der Position p einfügen. s0 als beliebiger
String-Ausdruck, s1 als Stringvariable und p als Anfangsposition in s1
(Konstante/Variable vom Typ Integer bzw. Byte zwischen 1 und 255). Ist
p größer als die Länge von s1, wird nichts eingefügt.
Wort:='Prozeßchner' durch 're' zu 'Prozeßrechner' ergänzen:

```
Insert('re',Wort,7);
```
PROCEDURE Insert(s0:String; VAR s1:String; p:Integer);

InsLine   E/A-Prozedur, Crt

InsLine;
Leerzeile vor der aktuellen Cursorposition einfügen, d.h. die Folgezeilen
um eine Zeile nach unten verschieben.
PROCEDURE InsLine;

Int   Arithmetische Funktion

r := Int(IntegerAusdruck oder RealAusdruck);
Den ganzzahligen Teil eines Ausdrucks als Real-Zahl angeben. Siehe Frac.
Real-Zahl 2.000 als ganzzahliger Teil von 2.778:

```
WriteLn(Int(-2.778));
```
FUNCTION Int(i:Integer):Real oder Int(r:Real):Real;

Intr   Interrupt-Prozedur, Dos, 4

Intr(InterruptNummer,Reg);
Einen Software-Interrupt ausführen mit einer InterruptNummer im
Bereich 0-255. Reg ist in Unit Dos wie folgt definiert:

```
TYPE Registers = RECORD;
    CASE Integer OF
```

```
    0: (AX,BX,CX,DX,BP,SI,DS,ES,Flags:Word);
    1: (AL,AH,BL,BH,CL,CH,DL,DH:Byte)
  END;
```

IOResult   Datei-Funktion, 4

Funktion wie unter Pascal 3.0 bzw. Unit Turbo3, aber: Anstelle von
Turbo-Nummern liefert *IOResult* Fehlercodes (E/A-Variable DosError).

IOResult   Datei-Funktion, Turbo3

i := IOResult;
Fehlernummer (0 für fehlerfrei) angeben, wenn zuvor die I/O-Fehlerkon-
trolle ausgeschachtelt worden ist. Das Funktionsergebnis vom Integer-Typ
wird nach jedem Aufruf sofort auf 0 gesetzt (deshalb: Hilfsvariable).
I/O-Fehlernummer zuweisen und abfragen:

```
Fehler := IOResult;
IF Fehler = 1
   THEN WriteLn('Datei nicht gefunden.')
   ELSE IF Fehler ...;
```

FUNCTION IOResult: Integer;

Keep   Prozeß-Prozedur, 4

Die Programmausführung beenden und den Ausdruck von AusgangsCode
an die MS-DOS-Ebene übergeben.
PROCEDURE Keep(AusgangsCode: Word);

KeyPressed   E/A-Funktion, Crt

b := KeyPressed;
Den Wert True liefern, wenn ein Zeichen im Tastaturpuffer darauf war-
tet, gelesen zu werden.

```
IF KeyPressed THEN Taste := ReadKey;
```

FUNCTION KeyPressed: Boolean;

Length   String-Funktion

i := Length(s);
Aktuelle Länge der Stringvariablen s angeben. Ein Beispiel:

```
IF Length(Ein)=8 THEN Write('8 Zeichen lang.');
```

FUNCTION Length(s: String): Integer;

Ln   Arithmetische Funktion

r := Ln(IntegerAusdruck / RealAusdruck);
Den natürlichen Logarithmus zum Ausdruck angeben. 1 und 2.30256:

```
Write(Ln(2.7182818285),' ',Ln(10));
```

FUNCTION Ln(i: Integer): Real;
FUNCTION Ln(r: Real): Real;

Lo   Speicher-Funktion
i := Lo(IntegerAusdruck);
Das niederwertige Byte (Lowbyte) des Ausdrucks bereitstellen. Siehe Hi:
```
WriteLn('$34 und nochmals ',Lo($1234));
```
FUNCTION Lo(i: Integer): Integer;

LowVideo   E/A-Prozedur, Crt, Turbo3
LowVideo;
Bildschirm auf normale Helligkeit einstellen.
PROCEDURE LowVideo;

Mark   Heap-Prozedur
Mark(Zeigervariable);
Wert des Heapzeigers einer Zeigervariablen zuweisen, um z.B. über Release alle dynamischen Variablen oberhalb dieser Adresse zu entfernen. Siehe Release (oberhalb löschen) und Dispose (gezielt einzeln löschen). Alle über p4 liegenden Variablen vom Heap entfernen:
```
Mark(p4); Release(p4);
```
PROCEDURE Mark(VAR p:Pointer);

MaxAvail   Heap-Funktion, 4
Umfang des größten zusammenhängenden freien Speicherplatzes auf dem Heap in Bytes angeben.
```
TYPE NamenTyp = STRING[200];
BEGIN IF SizeOf(NamenTyp) > MaxAvail
  THEN WriteLn('... zu wenig Platz auf dem Heap.')
    ELSE GetMem(Zeig,SizeOf(NamenTyp);
```
FUNCTION MaxAvail: LongInt;

MaxAvail   Heap-Funktion, Turbo3
Umfang des größten zusammenhängenden freien Speicherplatzes auf dem Heap in Paragraphen (16 Bit-Einheiten) angeben. Größter Halden-Block:
```
Write('Verfügbar auf Heap: ',MaxAvail*16,' B.');
```
Bei über 32767 Paragraphen gibt MaxAvail einen negativen Wert an (ParaFrei als Real vereinbaren):
```
ParaFrei := MaxAvail;
IF ParaFrei < 0 THEN ParaFrei := ParaFrei + 65536.0;
```
FUNCTION MaxAvail: Integer;

MaxInt   Standard-Variable
Den größten Integer-Wert 32767 bereitstellen.
CONST MaxInt: Integer = 32767;

MaxLongInt   Standard-Variable, 4

Den größten LongInt-Wert 2147483647 bereitstellen.
CONST MaxLongInt: LongInt = 2147483647;

Mem   Standard-Variable

Mem[Segmentadresse:Offsetadresse];
Über den vordefinierten Speicher-Array Mem, dessen Indizes Adressen
sind, läßt sich jede Speicherstelle erreichen. Die Indizes sind Ausdrücke
vom Word-Typ (in Pascal 3.0: Integer-Typ), wobei Segment und Offset
durch ":" getrennt werden. Die Adreßangabe kann dezimal (-32768 -
32767) oder hexadezimal ($0000 - $FFFF) erfolgen. Inhalt des Bytes in
Segment $0000 und Offset $0080 in die Integer-Variable Wert einlesen:

```
Wert := Mem[$0000:$0080];
```

Der Speicheradresse $0070:$0077 den Wert 9 zuweisen:

```
Mem[$0070:$0077] := 9;
```

VAR Mem: ARRAY OF Byte;

MemAvail   Heap-Funktion, 4

i := MemAvail;
Die Anzahl der freien Bytes auf dem Heap angeben. Das Ergebnis von
MemAvail setzt sich aus dem freien Platz über der Spitze des Heaps und
den "Lücken im Heap" zusammen.

```
Write('Frei:',MemAvail,'und größter Block:',MaxAvail);
```

FUNCTION MemAvail: LongInt;

MemAvail   Heap-Funktion, Turbo3

i := MemAvail;
Die Anzahl der auf dem Heap freien 16-Byte-Blöcke (16-Bit-Struktur)
bzw. Bytes (8-Bit-Struktur) angeben.
FUNCTION MemAvail: Integer;

MemL   Standard-Variable, 4

Wie Array MemW, aber mit Komponententyp LongInt.
VAR MemL: ARRAY OF LongInt;

MemW   Standard-Variable

MemW[Segmentadresse:Offsetadresse];
Vordefinierter Speicher-Array zum direkten Speichern. Jede Komponente
des MemW-Arrays belegt ein Wort (2 Bytes). In Pascal 3.0 hat MemW den
Integer-Typ. Integer-Wert von WertNeu an die Adresse abspeichern, an
der die ersten 2 Bytes von WertAlt abgelegt sind:

```
MemW[Seg(WertAlt):Ofs(WertAlt)] := WertNeu;
```

Inhalt von Wert7 an Adresse 65500 (Offset) in Segment 02509 speichern:

```
MemW[02509:65500] := Wert7;
```

VAR MemW: ARRAY OF Word;

MkDir   Datei-Prozedur

MkDir(Pfadname);
Neues Unterverzeichnis mit dem angegebenen Namen anlegen. Identisch
zum DOS-Befehl MD (siehe auch ChDir, GetDir und RmDir). Unterverzeichnis \Anwend1 in Laufwerk B: anlegen.

```
MkDir(b:\Anwend1);
```
PROCEDURE MkDir(VAR Pfadname: String);

Move   Speicher-Prozedur
Move(QuellVariablenname, ZielVariablenname, Bytes);
Eine bestimmte Anzahl von Bytes von einer Variablen in eine andere Va-
riable übertragen. Pascal 3.0 sieht anstelle des Word-Typs den Integer-
Typ vor. Ist WortZ kürzer als 10 Bytes, so wird der hinter WortZ befind-
liche Datenbereich überschrieben:

```
Move(WortQ,WortZ,10);
```
PROCEDURE Move(VAR Quelle,Ziel:Type; Bytes:Word);

New   Heap-Prozedur
New(Zeigervariable)
Für eine neue Variable vom Zeigertyp auf dem Heap Speicherplatz reservieren (siehe Dispose als Gegenstück). Eine dynamische Variable ist na-
menlos und kann nur über einen Zeiger angesprochen werden, der auf die
Adresse zeigt, ab der die Variable auf dem Heap abgelegt ist. Der Zeiger
hat einen Namen (z.B. p7) und wird als Zeigervariable bezeichnet. Mit
der folgenden Vereinbarung wird eine Zeigervariable p7 definiert, die auf
Daten vom Integer-Typ zeigt:

```
VAR p7: ^Integer;
```
Nun können auf dem Heap genau zwei Byte für die Ablage einer Integer-
Variablen reserviert werden:

```
New(p7);
```
HeapPtr wird um die Größe von p7 erhöht, d.h. um 2 Bytes. Dynamische
Variablen lassen sich wie statische Variablen verwenden, wobei dem
Zeigernamen ein "^" folgen muß:

```
p7^ := 5346; WriteLn(p7^);
```
Die dynamische Variable p7^ nennt man auch Bezugsvariable, da sie sich
auf die Zeigervariable p7 bezieht.
PROCEDURE New(VAR p: Pointer);

NIL   Standard-Konstante
Zeigervariable := NIL;
Einer Zeigervariable die vordefinierte Konstante NIL zuweisen. NIL be-
deutet "auf nichts zeigen". NIL ist zu allen Datentypen von dynamischen
Variablen kompatibel. Zeigervariable p7 zeigt auf "keine dynamische Va-
riable":

```
p7 := NIL;
```

NormVideo   E/A-Prozedur, Crt, Turbo3

Text- und Hintergrundfarbe auf die Standardwerte gemäß "Start of Normal Video" setzen. Text erscheint dunkel:

```
LowVideo; WriteLn('Techniker-PC'); NormVideo;
```
PROCEDURE NormVideo;

NoSound   E/A-Prozedur, Crt

NoSound;
Den Lautsprecher wieder abschalten (siehe Sound).
PROCEDURE NoSound;

Odd   Ordinale Funktion

b := Odd(IntegerAusdruck);
True ausgeben, wenn Ausdruck eine ungerade Zahl ist (in Pascal 3.0 ersetzt der Integer- den LongInt-Typ). ELSE-Teil niemals ausgeführt:

```
IF Odd(7) THEN Write('ungerade') ELSE Write('.');
```
FUNCTION Odd(i: LongInt): Boolean;

Ofs   Speicher-Funktion

i := Ofs(Ausdruck);
Offsetwert der Adresse einer Variablen, Prozedur oder Funktion im RAM als Word angeben. Bei 16-Bit-Rechnern setzt sich eine Adresse aus Segment- und Offsetadresse zusammen (siehe Seg, Mem). In Pascal 3.0 ersetzt der Integer-Typ den Word-Typ.

```
Adr1a := Ofs(Betrag);
Write('Betrag ab Adresse ',Adr1a,' im Daten-Segment');
```
FUNCTION Ofs(Name): Word;

Ord   Transfer-Funktion

i := Ord(SkalarAusdruck);
Skalar- bzw. Ordinalwert eines ASCII-Zeichens angeben (in Pascal 3.0 wird LongInt durch Integer ersetzt). Nummer 66 in Integer-Variablen i1:

```
i1 := Ord('B');
```
Für p als Zeiger zum Beispiel Adresse 23333 ausgeben:

```
WriteLn(Ord(p));
```
Für a=Di vom Typ (Mo,Di,Mi,Don) den Wert 2 nennen:

```
OrdWert := Ord(a);
```
FUNCTION Ord(x: Skalar): LongInt;

Output   Standard-Variable

Primäre Ausgabedatei für Write, WriteLn (siehe Input). Zwei identische Ausgabeanweisungen:

```
Write('Ausgabe'); Write(Output,'Ausgabe');
```

OvrClearBuf
Overlay-Prozedur, Overlay, 5

Alle Overlay-Units im RAM löschen, d.h. den Overlay-Puffer löschen.
PROCEDURE OvrClearBuf;

OvrGetBuf
Overlay-Funktion, Overlay, 5

Die aktuelle Größe des Overlay-Puffers in Bytes angeben.
FUNCTION OvrGetBuf: LongInt;

OvrInit
Overlay-Prozedur, Overlay, 5

Die OVR-Datei, in der die Overlay-Units des Programms gespeichert
sind, öffnen; erst danach können Overlay-Routinen verwendet werden.

```
    OvrInit('OverDemo.OVR');
  IF OvrResult <> ovrOk THEN
    THEN BEGIN CASE OvrResult OF
            ovrError:   WriteLn('Aktives Programm besitzt keine Overlays.')
            ovrNotFound: WriteLn('Genannte OVR-Datei nicht vorhanden.');
          END;
          Halt(1);
      END
    ELSE WriteLn('Overlay-Datei geöffnet.');
```

PROCEDURE OvrInit(OVR-Dateiname: String);

OvrInitEMS
Overlay-Prozedur, Overlay, 5

Doe Over-ay-Datei des Programms in eine EMD-Karte kopieren
PROCEDURE OvrInitEMS;

OvrSetBuf
Overlay-Prozedur, Overlay, 5

Die Größe des Overlay-Puffers in Bytes festlegen (größtes Overlay
bestimmt die Mindestgröße).
PROCEDURE OvrSetBuf;

ParamCount
Speicher-Funktion

i := ParamCount;
Die Anzahl der Parameter zurückgeben, die beim Aufruf des jeweiligen
Programmes hinter dem Programmnamen angegeben wurden (in Pascal 3.0
Integer anstelle von Word).
FUNCTION ParamCount: Word;

ParamStr
Speicher-Funktion

s := ParamStr(ParameterNummer);
Den der eingegebenen Nummer entsprechenden Parameter als Zeichenkette zurückgeben (in Pascal 3.0 Integer anstelle Word).

```
  IF ParamCount = 0
    THEN WriteLn('Keine Parameter')
    ELSE FOR w := 1 TO ParamCount DO
```

```
      WriteLn('Parameter ',w,': ',ParamStr(w));
```
FUNCTION ParamStr(Nr: Word): String;

Pi   Arithmetische Funktion
Den Wert von Pi als 3.1415926653589793285 liefern.
FUNCTION Pi: Real;

Port   Standard-Variable
Port[Adresse] := Wert ... b := Port[Adresse];
Den Datenport ansprechen, d.h. auf die Ein-/Ausgabeadressen des Systems direkt zugreifen. Der Indextyp ist Word bzw. Integer (bei Pascal 3.0). Der Komponenten 56 des Port-Arrays einen Wert zuweisen, um diesen Wert am genannten Port auszugeben:
```
      Port[56] := 10;
```
Wert vom genannten Port 56 in Variable b1 einlesen:
```
      b1 := Port[56];
```
VAR Port: Array Of Byte;

PortW   Standard-Variable
PortW[Adresse] := Wert;
Einen Wert in einen Port schreiben bzw. ausgeben (bei Pascal 3.0 als Array OF Integer vereinbart).
VAR PortW: Array Of Word;

Pos   String-Funktion
i := Pos(s0,s1);
Anfangsposition von Suchstring s0 in String s1 angeben. Ein Zeichen suchen (Angabe von Position 2 als dem ersten Auftreten von 'e'):
```
      Write(Pos('e','Wegweiser'));
```
Einen Teilstring suchen (Angabe von 3 als Anfangsposition):
```
      AnfPos := Pos('ei','Klein, aber fein'));
```
Angabe von 0, da Suchstring 'eis' nicht gefunden wird:
```
      WriteLn(Pos('eis','Klein, aber fein'));
```
FUNCTION Pos(s0,s1: String): Byte;

Pred   Ordinale Funktion
x := Pred(OrdinalerAusdruck);
Den Vorgänger (Predecessor) des Ausdruckes (LongInt, ShortInt, Word, Integer, Byte, Char, Boolean, STRING bzw. SET-Inhalt) angeben (siehe Funktion Succ als Umkehrung). Ausgabe der Vorgänger 'F', 0 und 'f':
```
      Write(Pred('G'), Pred(1), Pred('griffbereit'));
```
FUNCTION Pred(x:Ordinal): OrdinalWieArgument;

PrefixSeg   Standard-Variable, 4
VAR PrefixSeg: Word;

Dem als EXE-Datei gespeicherten Pascal-Programm wird beim Laden durch MS-DOS ein 256 Bytes langer Programmsegment-Präfix (PSP) vorangestellt. Die Segment-Adresse des PSP wird in der Variablen PrefixSeg bereitgestellt.

Ptr   Speicher-Funktion

p := Ptr(Segment,Offset);
Die Angaben für Segment und Offset in einen Zeiger umwandeln, der auf die durch (Segment:Offset) gebildete Adresse zeigt.
FUNCTION Ptr(Segment,Offset:Word): Pointer;

Random   Speicher-Funktion
Random;
Eine Real-Zufallszahl zwischen Null (einschließlich) und 1 (ausschließlich) erzeugen.
FUNCTION Random: Real;

Random(ObereGrenze)   Speicher-Funktion
Eine ganzzahlige Zufallszahl zwischen Null (einschließlich) und der genannten Grenze (ausschließlich) erzeugen (in Pascal 3.0 ist Grenze vom Integer-Typ). Eine Zufallszahl im Bereich 11,12,13,...,30 ausgeben:
```
WriteLn(Random(20) + 11);
```
FUNCTION Random(Grenze: Word): Integer;

Randomize   Speicher-Prozedur
Randomize;
Zufallszahlengenerator unter Verwendung von Systemdatum und -zeit mit einer Zufallszahl starten.
PROCEDURE Randomize;

Read   Datei-Prozedur
Read(Dateivariable,Datensatzvariable);
Auf eine Datei mit konstanter Datensatzlänge lesend in zwei Schritten zugreifen: 1. Datensatz von der Diskettendatei in den RAM einlesen und in der Datensatzvariablen ablegen. 2. Dateizeiger um eine Position erhöhen. Aus TelFil den Datensatz, auf den der Dateizeiger gerade zeigt, in die Variable TelRec einlesen (Satzaufbau auf Diskette und im RAM sind gleich; siehe Rewrite):
```
Read(TelFil,TelRec);
```

Read(Dateivariable,Var1,Var2,...);
Auf eine Datei mit variabler Datensatzlänge lesend in zwei Schritten zugreifen: 1. Nächste Einträge in Variablen Var1, Var2, ... einlesen. 2. Dateizeiger um entsprechende Anzahl erhöhen. Die nächsten drei Einträge in den RAM einlesen:

```
Read(NotizFil,Name,Summe,Datum);
```
PROCEDURE Read(VAR f: File Of Type; VAR v: Type);

Read   E/A-Prozedur

Read(Variable1 /,Variable2,.../);
Wie ReadLn (siehe unten), aber ohne CRLF am Ende (der Cursor bleibt
somit hinter der Tastatureingabe stehen).

ReadKey   E/A-Funktion, Crt, 4

Ein Zeichen über die Eingabedatei ohne Return und ohne Bildschirmecho
entgegennehmen. Das nächste getippte Zeichen nach c (Char-Typ) lesen:
```
Write('Wahl E, V oder Y? '); c := ReadKey;
```
Drücken einer Funktionstaste abfragen (mit Echo):
```
c := ReadKey;
IF c = #0
  THEN WriteLn('Funktionstaste: ',Ord(ReadKey))
  ELSE WriteKn('Normale Taste: ',c);
```
FUNCTION ReadKey: Char;

ReadLn   E/A-Prozedur

ReadLn(Variable1 /,Variable2,.../);
Daten von der Tastatur in drei Schritten eingeben: 1. Auf die Tastaturein-
gabe des Benutzer warten. 2. Eingabedaten (Leerzeichen trennt die Daten)
in die genannten Variablen zuweisen. 3. CRLF senden: Cursor steht am
Anfang der Folgezeile. Keine Tastatureingabe ohne Eingabeaufforderung:
```
Write('Wieviel DM? '); ReadLn(Betrag);
```
PROCEDURE ReadLn(v1,v2,...,vn: Type);
PROCEDURE ReadLn(VAR f:Text; v1,v2,...,vn: Type);

Release   Heap-Prozedur

Release(Zeigervariable);
Heapzeiger auf die Adresse setzen, die die angegebene Zeigervariable enthält, um damit alle dynamischen Variablen über dieser Adresse freizuge-
ben bzw. zu löschen. Im Gegensatz zu Dispose kann man mit Release keine dynamischen Variablen inmitten des Heaps löschen. Wert des Heapzeigers der Zeigervariablen p1 zuweisen, um den darüberliegenden Speicherplatz frei zu machen:
```
Mark(p1); Release(p1);
```
PROCEDURE Release(VAR p: Pointer);

Rename   Datei-Prozedur

Rename(DateivariableAlt,DateivariableNeu)
Den Namen der Dateivariablen einer zuvor mit Assign zugeordneten Datei
ändern. Datei TelFil soll ab jetzt als TelefonFil benannt werden:
```
Rename(TelFil,TelefonFil);
```

Beim Umbenennen gleichzeitig das Directory wechseln:

```
Assign(f,'\Sprache\Turbo\Rechnung.PAS');
Rename(f,'\Rech1.PAS');
```

PROCEDURE Rename(VAR f: File; Dateiname: String);

Reset   Datei-Prozedur
Reset(Dateivariable /,BlockGroesse/);
Eine mit Assign zugeordnete und existierende Datei in zwei Schritten
öffnen: 1. Gegebenenfalls geöffnete Datei schließen. 2. Dateizeiger auf die
Anfangsposition 0 stellen. Auf eine Textdatei (TEXT) kann man anschließend nur lesend zugreifen; zum Schreiben muß mit Append geöffnet
werden. Die anderen Dateitypen (FILE OF, FILE) erlauben den lesenden
oder den schreibenden Zugriff. Datei Telefon1.DAT zum öffnen:

```
Assign(TelFil,'B:Telefon1.DAT);
Reset(TelFil);
```

Bei einer nicht-typisierten Datei (Dateityp FILE) kann über den Parameter *BlockGroesse* die Anzahl von Bytes angegeben werden, die beim Zugriff jeweils zu übertragen sind (Standard sind 128 Bytes).
PROCEDURE Reset(VAR f: File; BlockGroesse:Word);

Rewrite   Datei-Prozedur
Rewrite(Dateivariable /,BlockGroesse/);
Eine mit Assign zugeordnete Datei in zwei Schritten öffnen, um eine
neue Datei anzulegen bzw. zu erzeugen: 1. Gegebenenfalls geöffnete Datei
löschen und schließen. 2. Dateizeiger auf die Anfangsposition 0 stellen.
B:Telefon1.DAT soll als Leerdatei neu angelegt werden:

```
Rewrite(TelFil); ...;
```

Für f als nicht-typisierte Datei (Dateityp FILE) kann man über den Parameter *BlockGroesse* die Anzahl der zu übertragenden Bytes (standardmäßig 128 Bytes) angeben.
PROCEDURE Rewrite(VAR f: File; BlockGroesse:Word);

RmDir   Datei-Prozedur
RmDir(Pfadname);
Genanntes (leeres) Unterverzeichnis löschen. Identisch zu DOS-Befehl RD
(siehe auch ChDir, GetDir und MkDir). \Anwend1 von B: entfernen.

```
RmDir(b:\Anwend1);
```

PROCEDURE RmDir(VAR Pfadname: String);

Round   Transfer-Funktion
i := Round(RealAusdruck);
Den Ausdruck ganzzahlig bzw. kaufmännisch ab-/aufrunden (bei Pascal
3.0 ist LongInt durch Integer ersetzt). 7 und -4 ausgeben:

```
Write(Round(7.44),Round(-3.9));
```

FUNCTION Round(r:Real): LongInt;

RunError
Datei-Prozedur, 5

Einen Laufzeitfehler erzeugen und das Programm abbrechen lassen. Im Gegensatz zur Halt-Prozedur erscheint keine Laufzeitfehlermeldung.
PROCEDURE RunError /(ErrorCode: Word)/;

Seek
Datei-Prozedur

Seek(Dateivariable,Datensatznummer);
Den Dateizeiger auf den durch die Datensatznummer bezeichneten Datensatz positionieren (erster Datensatz mit Datensatznummer 0). Abweichungen zu Pascal 3.0: Seek erwartet einen Integer und LongSeek einen Real. Den 5. Satz der Telefondatei direkt in den RAM lesen:

```
Seek(TelFil,4);

Read(TelFil,TelRec);
```
Einen neuen Datensatz am Ende der Datei anfügen:

```
Seek(TelFil,FileSize(TelFil));

Write(TelFil,TelRec);
```
PROCEDURE Seek(VAR f:File of Type; Position:LongInt);
PROCEDURE Seek(VAR f:File; Position:LongInt);

SeekEoF
Datei-Funktion

b := SeekEoF(Textdateivariable);
Die Boolesche Funktion ergibt True, sobald der Dateizeiger auf das Ende der Textdatei zeigt. Abweichung zur EoF-Funktion: SeekEoF überspringt Leerzeichen (!32, $20), Tabulatoren (!9, $09) bzw. Zeilenendemarke (!1310, $0D0A, CRLF) und prüft erst dann auf das Dateiende. Anwendung von SeekEof, wenn die Anzahl der Objekte einer Zeile bzw. einer Datei unbekannt ist.
FUNCTION SeekEoF(VAR f: Text): Boolean;

SeekEoLn
Datei-Funktion

b:= SeekEoLn(Textdateivariable);
Boolesche Funktion ergibt True, sobald das Zeilenende (!1310, $0D0A, CRLF) erreicht ist. Abweichung zur EoLn-Funktion: Leerzeichen und Tabulatoren werden vor dem Test auf Zeilenende übersprungen.
FUNCTION SeekEoLn(VAR f: Text): Boolean;

Seg
Speicher-Funktion

i := Seg(Ausdruck);
Den Segmentwert der Adresse einer Variablen, Prozedur oder Funktion im RAM als Word (in Pascal 3.0 als Integer) angeben (siehe Ofs für den Offsetwert einer Adresse im Format Segmentwert:Offsetwert). Offset von Variable, Array-, Record-Komponente zeigen:

```
Write(Seg(Betrag),Seg(Ums[3]),Seg(TelFil.Name));
```
FUNCTION Seg(VAR: Name): Word;

SetCBreak   Datei-Prozedur, Dos, 5
SetCBreak(BreakPrüfenOderNicht);
Das Break-Flag von Dos auf den mit *Break* angegebenen Wert setzen,
damit MS-DOS auf Ctrl-Break prüft (vgl. *GetCBreak*).
PROCEDURE SetCBreak(Break:Boolean);

SetIntVec   Interrupt-Prozedur, Dos, 4
SetIntVec(VektorNummer,Vektor);
Einen Interrupt-Vektor auf eine bestimmte Adresse setzen (siehe GetInt-
Vec). Der Vektor wird über Addr, den Adreß-Operator @ oder über Ptr
erzeugt.
PROCEDURE SetIntVec(VNr:Byte; VAR v:Pointer);

SetTextBuf   Datei-Prozedur, 4
SetTextBuf(Textdateivariable,Puffer/,Block/);
Für eine Textdatei einen Puffer (Standard ist 128 Bytes) zuordnen. Ist
Block angebenen, wird nur der entsprechende Teil von Puffer benutzt.
10-KB-Puffer zuordnen:
```
    VAR Puffer: ARRAY[1..10240] OF Char; {10 KB}
    BEGIN Assign(TDatei,ParamStr(1));
      SetTextBuf(TDatei,Puffer); Reset(TDatei);
```
PROCEDURE SetTextBuf(VAR f:Text;VAR Puffer:Type; /Block:Word/)

SetVerify   Speicher-Prozedur, Dos 5
Das Verify-Flag von MS-DOS setzen (siehe GetVerify).
PROCEDURE SetVerify(Verify: Boolean);

Sin   Arithmetische Funktion
r := Sin(IntegerAusdruck / RealAusdruck);
Für einen Ausdruck den Sinus im Bogenmaß angeben. Ausgabe von 1.0:
```
    WriteLn(Sin(Pi/2));
```
FUNCTION Sin(i: Integer): Real;
FUNCTION Sin(r: Real): Real;

SizeOf   Speicher-Funktion
i := SizeOf(Variable / Typ);
Anzahl der durch die Variable bzw. den Datentyp im RAM belegten Bytes angeben (in Pascal 3.0 ist anstelle von Word der Funktionstyp Integer
vorgesehen). Auf dem Heap die korrekte Anzahl von Bytes reservieren:
```
    VAR p: ^Integer;
    BEGIN GetMem(p, SizeOf(Integer));
```
FUNCTION SizeOf(VAR Variablenname): Word;
FUNCTION SizeOf(Datentypname): Word;

Sound E/A-Prozedur, Crt

Sound(FrequenzInHertz);
Einen Ton in der angegebenen Frequenz so lange ausgeben, bis der Lautsprecher durch die Prozedur NoSound abgeschaltet wird (in Pascal 3.0: Integer anstelle Word). Einen Ton mit 400 Hertz ca. 6 Sekunden ausgeben:

```
Sound(400); Delay(6000); NoSound;
```
PROCEDURE Sound(Frequenz: Word);

SPtr Speicher-Funktion, 4

Den aktuellen Wert des Stackzeigers (SP-Register) in Form des Offsets der Stackspitze angeben.
FUNCTION SPtr: Word;

Sqr Arithmetische Funktion

x := Sqr(IntegerAusdruck / Real-Ausdruck);
Das Quadrat des Ausdrucks angeben. 64 als Integer und 2.25 als Real:

```
Write(Sqr(8),' ',Sqr(-1.5));
```
FUNCTION Sqr(i: Integer): Integer ;
FUNCTION Sqr(r: Real): Real;

Sqrt Arithmetische Funktion

r := Sqrt(RealAusdruck);
Den Ausdrucks quadrieren. 4.00 der Real-Variablen Wurzel zuweisen:

```
Wurzel := Sqrt(16);
```
FUNCTION Sqrt(r:Real): Real;

SSeg Speicher-Funktion

Adresse des Stack-Segments als Inhalt des Prozessor-Registers SS angeben (siehe CSeg). Der Funktionswert in Pascal 3.0 ist Integer.
FUNCTION SSeg: Word;

Str Transfer-Prozedur

Str(x,s);
Den numerischen Wert von x in einen String umwandeln und in der Variablen s abspeichern. x ist ein beliebiger numerischer Ausdruck und s ist eine STRING-Variable. Zahl 7000 in String '7000' umwandeln und in s1 ablegen:

```
Str(7000,s1);
```
Zuerst formatieren und dann in s2 '7000.66' ablegen:

```
Str(7000.661:8:2,s2);
```
PROCEDURE Str(i: Integer; VAR Zeichenkette: String);
PROCEDURE Str(r: Real; VAR Zeichenkette: String);

Succ Ordinale Funktion

x := Succ(SkalarAusdruck);

Nachfolger (Successor) des Ergebnisses angeben (Umkehrung der Funktion Pred). 'B', -6 und False als Nachfolgewerte ausgeben:

```
WriteLn(Succ('A'),Succ(-7),Succ(True));
```

FUNCTION Succ(x:Skalar): Skalar;

Swap   Speicher-Funktion

Swap(IntegerAusdruck / WordAusdruck);
Nieder- und höherwertige Bytes des Ausdrucks austauschen (in Pascal 3.0 ist nur Integer erlaubt).
FUNCTION Swap(i: Integer): Integer;
FUNCTION Swap(w: Word): Word;

SwapVectors   Speicher-Prozedur, Dos, 5

Die derzeit belegten Interrupt-Vektoren $00 - $75 und $34 - $3E mit den Werten der globalen Variablen SaveInt00 - SaveInt75 und SaveInt34 - SaveInt3E der Unit *System* austauschen.
PROCEDURE SwapVectors;

TextBackground   E/A-Prozedur, Crt

TextBackground(FarbNummer);
Texthintergrundfarbe in einer der dunklen Farben 0-7 festlegen. Zwei identische Befehle zum Einstellen von Rot:

```
TextBackground(Red); TextBackground(4);
```

PROCEDURE TextBackground(Farbe: Byte);

TextColor   E/A-Prozedur, Crt

TextColor(Farbe);
Eine von 16 Farben 0-15 (siehe Unit Crt) für die Textzeichen einstellen. Blink hat den Wert 128 (in Pascal 3.0 ist Blink=16; aus Kompatibilitäts-gründen wird das Blink-Bit gesetzt, sobald als Farbe ein Wert über 15 festgestellt wird). Identische Aufrufe zum Einstellen der hellblauen Farbe:

```
TextColor(9); TextColor(LightBlue);
```

Standard-Konstante Blink läßt die Zeichen blinken:

```
TextColor(LightBlue + Blink);
```

PROCEDURE TextColor(Farbe: Integer);

TextMode   E/A-Prozedur, Crt

TextMode(BildschirmModus);
Einen bestimmten Textmodus einstellen (BW40, BW80, C40, C80, Mono und Last, siehe Unit Crt), wobei der Bildschirm gelöscht und die Variablen DirectVideo und CheckSnow auf True gesetzt werden. Abweichun-gen in Pascal 3.0: Anstelle von Text-Mode(Last) ist TextMode (parameter-los) aufzurufen. Anstelle des Word-Typs ist der Integer-Typ vorgesehen. Vor Beenden eines Grafikprogramms sollte das System auf den 80-Zei-chen-Textmodus zurückgesetzt werden:

```
TextMode(BW80);
```
PROCEDURE TextMode(Modus: Word);

Trunc   Transfer-Funktion
i := Trunc(RealAusdruck);
Den ganzzahligen Teil angeben, d.h. die nächstgrößere Zahl (Ausdruck
positiv) bzw. nächstkleinere Zahl (Ausdruck negativ). Trunc schneidet ab.
In Pascal 3.0 lautet der Ergebnistyp Integer. -3 und 10000 ausgeben:
```
Write(Trunc(-3.9),' ',Trunc(9999));
```
FUNCTION Trunc(r:Real): LongInt;

Truncate   Datei-Prozedur
Truncate(Dateivariable);
Eine Datei an der aktuellen Position des Dateizeigers abschneiden. Alle
Sätze hinter dieser Position gehen verloren. Die Datei TelFil verkleinern:
```
Truncate(TelFil);
```
PROCEDURE Truncate(f: File);

UpCase   String-Funktion
c := UpCase(Zeichen);
Das angegebene Zeichen in Großschreibung umwandeln. Zeichen groß:
```
FOR Ind := 1 TO Length(Buchstaben) DO
   Buchstaben[Ind] := UpCase(Buchstaben[Ind]);
```
FUNCTION UpCase(c: Char): Char;

Val   Transfer-Prozedur
Val(s,x,i);
Einen String s in einen numerischen Wert x umwandeln: s als beliebiger
String-Ausdruck. x als Integer-Variable oder Real-Variable. i als Integer-
Variable für die Fehlerposition in s. String '77' in Integer i1 umwandeln
mit 0 in Fehler:
```
Val('77',i1,Fehler);
```
String '77.412' in Real r1 umwandeln mit 0 in Fehler:
```
Val('77.412',r1,Fehler);
```
String '9w' nicht umzuwandeln, Position 2 in Fehler:
```
Val('9w',r2,Fehler);
```
Absturzsichere Real-Eingabe nach r9 über Hilfsstring s9:
```
REPEAT
   ReadLn(s9); Val(s9,r9,Fehler)
UNTIL Fehler = 0;
```
PROCEDURE Val(s:String; VAR i,Err:Integer);
PROCEDURE Val(s:String; VAR r:Real; VAR Err:Integer);

WhereX   E/A-Funktion, Crt
SpaltenNr := WhereX;

Relativ zum aktiven Fenster die Spaltennummer angeben, in der sich der Cursor befindet.

```
WriteLn('Cursor in Spalte ',WhereX);
```
FUNCTION WhereX: Byte;

WhereY   E/A-Funktion, Crt

ZeilenNr := WhereY;
Relativ zum aktiven Fenster die Zeilennummer angeben, in der sich der Cursor befindet.
FUNCTION WhereY: Byte;

Window   E/A-Prozedur, Crt, 4

Window(x1,y1, x2,y2);
Textfenster mit (x1,y1) für die linke obere und (x2,y2) für die rechte untere Ecke einrichten und den Cursor in die Home-Position (1,1) setzen. Der gesamte Bildschirm ist als aktives Fenster voreingestellt:

```
Window(1,1,80,25);
```
PROCEDURE Window(x1,y1,x2,y2: Byte);

Write   Datei-Prozedur

Write(Dateivariable,Datensatzvariable);
Auf eine Datei mit konstanter Datensatzlänge schreibend in zwei Schritten zugreifen: 1. Datensatz vom RAM auf die Diskettendatei schreiben. 2. Dateizeiger um eine Position erhöhen. Den in der Datensatzvariablen TelRec abgelegten Datensatz an die Position auf Diskette speichern, auf die der Dateizeiger gerade zeigt:

```
Write(TelFil,TelRec);
```
PROCEDURE Write(VAR f:File OF Type; VAR v:Type);

Write(Dateivariable,Var1,Var2,...);
Auf eine Datei mit variabler Datensatzlänge schreibend in zwei Schritten zugreifen: 1. Den Inhalt der Variablen Var1, Var2, ... als nächste Einträge auf Diskette speichern. 2. Dateizeiger um die entsprechende Anzahl erhöhen. Den Inhalt von Name, Summe und Datum als die nächsten drei Einträge auf Diskette speichern:

```
Write(NotizFil,Name,Summe,Datum);
```
PROCEDURE Write(VAR f:File OF Type; VAR v:Type);

Write   E/A-Prozedur

Write(Ausgabeliste);
Wie WriteLn, aber ohne Zeilenschaltung CRLF am Ende.
PROCEDURE Write(/VAR f:Text,/ b:Boolean);
PROCEDURE Write(/VAR f:Text,/ c:Char);
PROCEDURE Write(/VAR f:Text,/ i:Integer);
PROCEDURE Write(/VAR f:Text,/ r:Real);

PROCEDURE Write(/VAR f:Text,/ s:String);

WriteLn   E/A-Prozedur

WriteLn(Ausgabeliste);
Die in der Ausgabeliste mit "," aufgezählten Daten am Bildschirm ausgeben. Die Ausgabeliste kann Konstanten, Variablen, Ausdrücke und Funktionsaufrufe enthalten. Werte von drei Variablen nebeneinander ausgeben:

```
WriteLn(Nummer,Name,Umsatz);
```

Werte von drei Variablen mit Leerstelle getrennt:

```
WriteLn(Nummer,' ',Name,' ',Umsatz);;
```

Stringkonstanten und ein Funktionsergebnis ausgeben:

```
WriteLn('Ergebnis: ',Summe(r1+r2):10:2,' DM.');
```

Zeilenschaltung CRLF und dann dreimal die Glocke:

```
WriteLn; Write(^G^G^G);
```

Integer-Wert formatieren (10 Stellen rechtsbündig):

```
WriteLn(Nummer:10);
```

Real-Wert formatieren (8 Stellen gesamt, 2 Stellen hinter dem "." (der "." belegt auch eine Stelle):

```
WriteLn(Umsatz:8:2);
```

PROCEDURE WriteLn(/VAR f:File,/ ... siehe Write ...);
PROCEDURE WriteLn;

WriteLn   E/A-Prozedur, Printer

WriteLn(Lst,DruckAusgabeliste);
Daten gemäß DruckAusgabeliste drucken (Anweisung Write (ohne Zeilenschaltung) entsprechend). Wort mit doppelter Zeilenschaltung drucken:

```
USES Printer;

BEGIN WriteLn('griffbereit'); WriteLn(Lst);
```

PROCEDURE WriteLn(Lst, ... siehe Write ...);

3
Programmierkurs mit Turbo Pascal 5.0

Für das erste Arbeiten mit dem Turbo Pascal 5.0-System sollen nur die drei Befehle *File*, *Edit* und *Run* verwendet werden.

Falls Sie sich bereits jetzt weitergehend informieren möchten: In Abschnitt 2.1 wird auf die Bedienung des Turbo Pascal-Systems (Version 5.0 und auch 4.0 und 3.0) ausführlich eingegangen.

Schritt 1: Turbo Pascal von der Betriebssystem-Ebene aus starten.
  - Bei PCc mit zwei Diskettenlaufwerken die Systemdiskette in A: und die Anwenderdiskette in B: einlegen. Anschließend durch Eingabe von *tp* das Pascal-System laden.
  - Bei PCs mit Festplatte die Anwenderdiskette in das Diskettenlaufwerk A: einlegen und *tp* am Bereitschaftszeichen "C>" eingeben. Anstelle des MS-DOS-Bereitschaftszeichens "A>" erscheint am Bildschirmrand oben die Befehlszeile des Pascal-Systems.

```
  File      Edit      Run      Compile      Options    Debug    Break/watch
```

Befehlszeile beim Systemstart von TURBO Pascal 5.0

Schritt 2: In der Pascal-Ebene arbeiten. In der Befehlszeile werden die Befehle *File, Edit, Run, Compile, Options, Debug* und *Break/watch* angeboten. Ein Befehl wird durch Eintippen des Anfangsbuchstabens oder durch Markieren des Befehlsfelds über die Cursortasten mit abschließendem Drücken der *Return*-Taste aufgerufen. Für das erste Arbeiten werden nur die Befehle *File* (bzw. *F*), *Edit* (bzw. *E*) und *Run* (bzw. *R*) benötigt:

1. *Befehl File/Change dir* bzw. *F/C*, um B: als aktives Laufwerk bzw. Verzeichnis einzustellen. Nach dem Aufruf von *File* durch Tippen von *F* erscheint das Rolladenmenü von *File*; darin werden die Unter-befehle *L, P, N, S, W, D, C, O und Q* angeboten. Durch Tippen von *C* wird der *Change dir*-Befehl aufgerufen. Nach der Eingabe von "B:" verläßt man den *File*-Befehl über die F10.

2. *Befehl Edit* bzw. *E* ruft den Editor auf, um den Quelltext des Programms ErstProg einzugeben bzw. zu editieren:

```
PROGRAM ErstProg;
BEGIN
   WriteLn('Zeile mit 30 Zeichen ausgeben.')
END.
```

Mit den Tasten *Strg-KD* oder *F10* verläßt man den Editor wieder.

3. *Befehl Run/Run* bzw. *R/R* übersetzt das Programm und führt es aus. Mit *R* ruft man das Menü des *Run*-Befehls und mit erneutem *R* dessen Unterbefehl *Run* auf. Mit *Alt-F5* schaltet man auf den DOS-Bildschirm um und dort ist folgende Ausgabezeile sichtbar:

```
Zeile mit 30 Zeichen ausgeben.
```

Der nächste Tastendruck schaltet wieder zum Pascal-Bildschirm (Hinweis: bei Turbo Pascal 4.0 entfällt das Umschalten auf den DOS-Bildschirm mit *Alt-F5*).

4. *Befehl File/Save* bzw. *F/S* ruft den *Save*-Befehl als Unterbefehl von *File* auf. Nach Eingabe von *b:erstprog* als Programmname wird der Quelltext unter dem Namen ErstProg.PAS auf die in B: einliegende Anwenderdiskette gespeichert.

Schritt 3: Die Pascal-Ebene verlassen. Nach der Eingabe des Befehls *File/Quit* bzw. *F/Q* (zuerst den *File*-Befehl und dann den *Quit*-Befehl aufrufen) wird die Steuerung vom Pascal-System wieder an das MS-DOS-System übergeben. Anstelle der Befehlszeile von Turbo Pascal 5.0 erscheint wieder das Bereitschaftszeichen des Betriebssystems.

```
    File    Edit    Run    Compile    Options    Debug    Break/watch
  ┌─┌────────────────────────── Edit ──────────────────────────────┐
  | | Load       F3 |ol 1   Insert Indent       Unindent  C:NONAME.PAS |
  |PR| Pick  Alt-F3 |                                                  |
  |BE| New          |                                                  |
  | | Save       F2 |mit 30 zeichen ausgeben.')                        |
  |EN| Write to     |                                                  |
  | | Directory   ┌──────────── Rename NONAME ──────────┐            |
  | | Change dir  | b:erstprog                           |            |
  | | OS shell    └──────────────────────────────────────┘            |
  | | Quit   Alt-X |                                                  |
  | └──────────────┘                                                  |
```

Bildschirm nach dem Bearbeiten des Programms ErstProg
(es wird gerade der File/Save-Befehl aufgerufen)

Aufgaben zu Abschnitt 3.1

1. Wie lautet die Befehlsfolge zur Eingabe eines Pascal-Programmes?

3.2.1 Programmentwicklung gemäß Schrittplan

Programme werden gemäß Schrittplan (Abschnitt 1.3.6) entwickelt:

1. Problemstellung
2. Strukturbaum   } **Aufgabenbeschreibung**

3. Entwicklung des Algorithmus
   (Struktogramm, PAP, Entwurf)
4. Programmierung im engeren Sinne
   (Pascal-Codierung, Eingabe, Ausführung)   } **Ablaufbeschreibung**
5. Dokumentation

Problemstellung zu Programm Benzin1 (Schritt 1):
Ein Programm mit Namen Benzin1 soll nach Eingabe einer beliebigen
Anzahl von Kilometern und Litern den Benzinverbrauch je 100 km er-
mitteln und anzeigen. Das Programm soll z.B. wie folgt ausgeführt werden
(Benutzereingaben in den drei *Dialogprotokollen* unterstrichen):

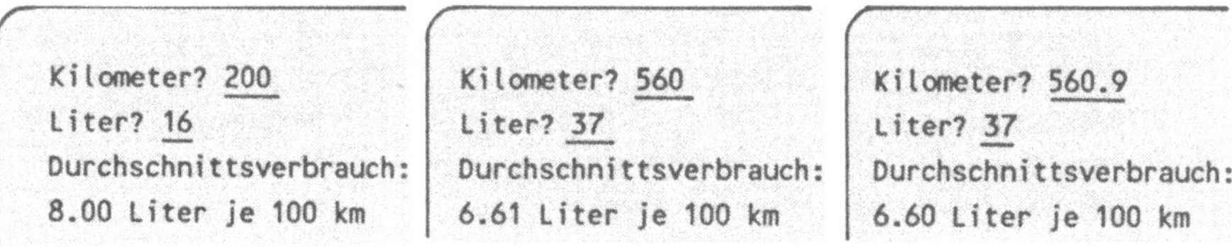

Strukturbaum zu Programm Benzin1 (Schritt 2):
Gliederung des Problems in die Aufgaben *Eingabe* (von km und Litern),
Verarbeitung (von Verbrauch) und *Ausgabe* (des Durchschnittsverbrauchs).

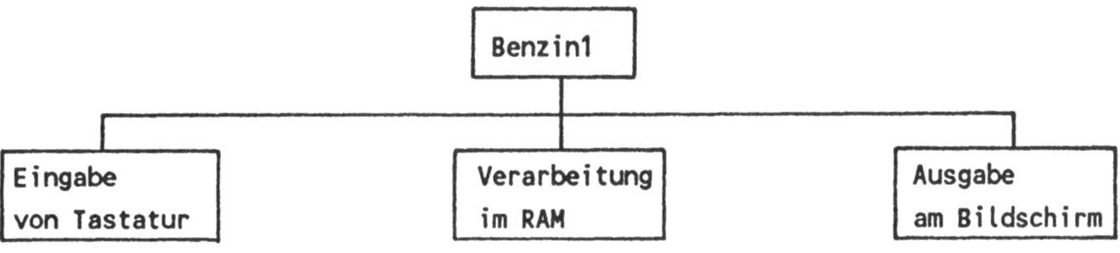

Im Strukturbaum wird die Aufgabengliederung grafisch dargestellt. Man
erkennt das *EVA-Prinzip* (Eingabe-Verarbeitung-Ausgabe).

Problemanalyse zu Programm Benzin1 (Schritt 3):

Bei der Problemanalyse (vgl. Abschnitt 1.3.6.1) geht man vom Einfachen zum Schwierigen vor, d.h. von der Analyse der *Ausgabe* und der *Eingabe* zur *Verarbeitung*:

Analyse der Ausgabe:
- Was ausgeben? Wert der Variablen Verbrauch.
- Wohin ausgeben? Auf den Bildschirm.
- Wie ausgeben? Mit Texthinweis (siehe obige drei Dialogprotokolle).

Analyse der Eingabe:
- Was eingeben? Werte der Variablen Kilometer und Liter.
- Woher eingeben? Von der Tastatur.
- Wie eingeben? Nach Eingabeaufforderungen (Benutzerführung).

Analyse der Verarbeitung:
- Verbrauch := Liter / Kilometer * 100 als Rechenregel (Dreisatz).

Variablenliste als Resultat der Problemanalyse:

Name:	*Bedeutung:*	*Datentyp:*
Verbrauch	Anzahl von Litern	Real
Kilometer	Gefahrene km	Real
Liter	Liter je 100 km	Integer

Algorithmus zu Programm Benzin1 (Schritt 4):

> Algorithmus als eindeutige und vollständige Folge von Anweisungen zur Lösung einer Klasse von Problemen in einer endlichen Anzahl von Schritten.

Der Algorithmus läßt sich zeichnerisch (als Struktogramm und Programmablaufplan (PAP)), verbal (als Entwurf) und computerverständlich (als Pascal-Codierung bzw. Quelltext) darstellen (vgl. Abschnitt 1.2.6.3).

Algorithmus als Struktogramm: **Algorithmus als PAP:**

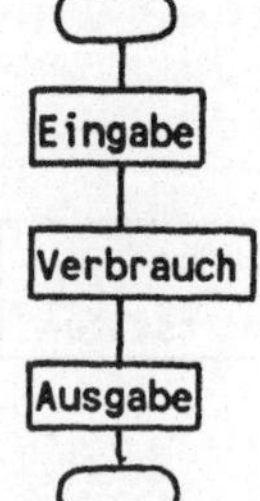

Eingabe: Kilometer, Liter
Berechnung und Zuweisung: Verbrauch
Ausgabe: Verbrauch

Algorithmus als Entwurf bzw. Pseudocode:
Eingabe: Gefahrene Kilometer und verbrauchte Liter
*Setze: Verbrauch := Liter / Kilometer * 100*
Ausgabe: Verbrauch

Pascal-Quelltext zu Programm Benzin1 (Schritt 5):

```
PROGRAM Benzin1;                              (*Programmkopf*)
  (*Benzinverbrauch je 100 km ermitteln*)
                                              (*Beginn des Programmblocks*)
VAR                                                (*Vereinbarungsteil*)
  Kilometer, Verbrauch: Real;
  Liter:             Integer;

BEGIN                                              (*Anweisungsteil*)
  Write('Kilometer? ');
  ReadLn(Kilometer);
  Write('Liter? ');
  ReadLn(Liter);
  Verbrauch := Liter / Kilometer * 100;
  WriteLn('Durchschnittsverbrauch:');
  WriteLn(Verbrauch:5:2, ' Liter je 100 km');
  WriteLn('Programmende Benzin1.')
END.                                          (*Ende des Programmblocks*)
```

3.2.2 Aufbau eines Pascal-Programms

Der Quelltext eines Programms besteht aus einem *Programmkopf* und einem *Programmblock* mit Vereinbarungs- und Anweisungsteil:
- Reservierte Wörter wie PROGRAM, VAR, BEGIN und END werden durch Großschreibung gekennzeichnet.
- Semikolon zur Trennung von Vereinbarungen und Anweisungen.
- Der Punkt hinter END markiert das Ende des Quelltextes.

```
PROGRAM Programmname;            Wie heißt das Programm?
VAR
  Vereinbarung(en);              Was wird verarbeitet?
BEGIN
  Anweisung(en)                  Wie ist zu verarbeiten?
END.
```

Aufbau eines Pascal-Programms mit Variablenvereinbarung

Vereinbarungsteil: Alle im Programm zu verarbeitenden Namen müssen erklärt bzw. vereinbart werden.
- *VAR Kilometer: Real* bedeutet: Für eine Variable namens Kilometer wird der Datentyp Real vereinbart.

- Datentyp *Real* für Dezimalzahlen: die Variable Kilometer kann später nur Dezimalzahlen aufnehmen.
- *VAR Liter: Integer* mit Datentyp Integer für ganze Zahlen zwischen -32768 bis +32767

Anweisungsteil: Alle auszuführenden Anweisungen werden durch ";" getrennt aufgezählt.

- Anweisungen *ReadLn* zur Eingabe, *Write* und *WriteLn* zur Ausgabe sowie *:=* zur Wertzuweisung.
- Kommentar zwischen *(* ... *)* bzw. *{ ...}* wird im Quelltext gezeigt, nicht aber bei der Programmausführung.
- Anweisung BEGIN-END begrenzt den Anweisungsteil.
- Merke: Vor END steht nie ein ";".

3.2.3 Eingabe, Verarbeitung und Ausgabe

3.2.3.1 Eingabe mit ReadLn und Read

Tastatureingabe: Durch die *ReadLn*-Anweisungen werden die über die Tastatur getippten Werte in Variablen eingelesen bzw. zugewiesen. *Ln* steht für Line und erzeugt eine Zeilenschaltung (Wagenrücklauf + Zeilenvorschub; Carriage Return + Linefeed; CR + LF):

- *ReadLn(Liter)*   Eingabe in die Variable Liter.
- *ReadLn(A,B)*   Eingabe in die Variablen A und B (Leerstelle zwischen Zahlen tippen).
- *ReadLn*   Fortsetzung auf Tastendruck.
- *Read(Liter)*   *ReadLn(Liter)* ohne Zeilenvorschub.
- *Read(X,Y)*   Identisch mit *Read(X); Read(Y)*.

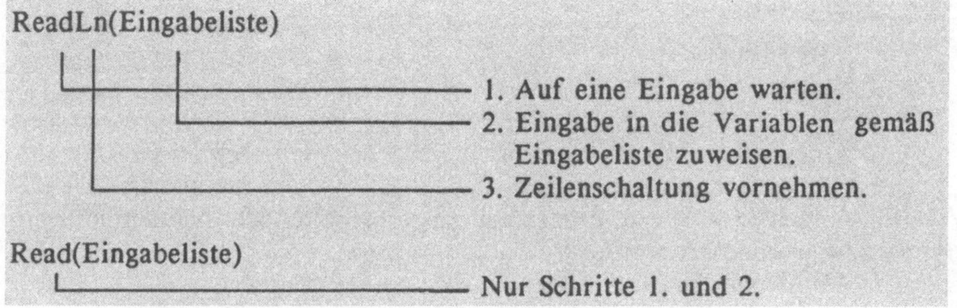

Drei bzw. zwei Aufgaben der Anweisungen ReadLn bzw. Read

3.2.3.2 Wertzuweisung mit :=

Wertzuweisungsanweisung := weist stets von rechts nach links zu. := für "ergibt sich aus" niemals mit "=" für "gleich" verwechseln.

- Liter := 18	"Weise Zahl 18 in Variable Liter zu" bzw. "Liter ergibt sich aus 8".
- Z := 18 + 3	21 ermitteln und in Z zuweisen.
- X := X + 1	Wert von X um 1 erhöhen.
- y := X + Sum	Ergebnis von X+Sum in y zuweisen.

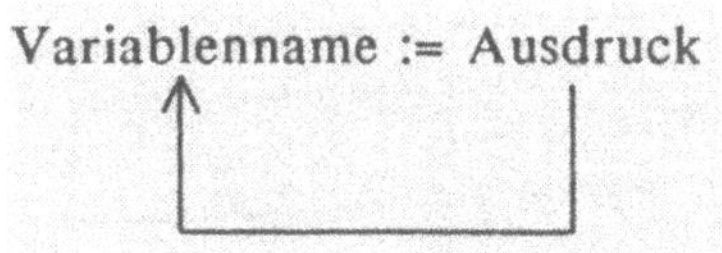

1. Ausdruck auswerten.
2. Ergebnis in die Variable zuweisen.

Zwei Aufgaben der Anweisung :=

3.2.3.3 Ausgabe mit WriteLn und Write

Ausgabe von Variableninhalt bzw. Konstanten, die hinter dem Anweisungswort WriteLn bzw. Write in Klammern durch "," aufgezählt werden:

- *WriteLn(Z)*	Wert der Variablen Z ausgeben.
- *WriteLn(Z,A)*	Werte von Z und A ausgeben.
- *WriteLn(5.75)*	Konstante Real-Zahl 5.75 ausgeben.
- *WriteLn('Z')*	Einzelzeichen 'Z' ausgeben.
- *WriteLn*	Leerzeile bzw. *CR+LF* ausgeben.
- *WriteLn(X,Y)*	Variablenwerte X und Y ausgeben.
- *WriteLn(X,' DM')*	Wert von X und Zeichenkette bzw. Stringkonstante ' DM' ausgeben.
- *WriteLn(2*6.5)*	13 als Rechenergebnis ausgeben.
- *WriteLn(Z, Z/2)*	Wert und halber Wert von Z zeigen.
- *Write(X);WriteLn(Y)*	Identisch mit *WriteLn(X,Y)*.

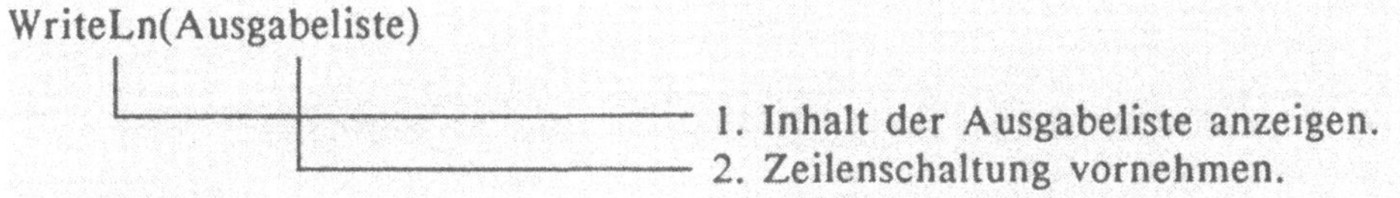

1. Inhalt der Ausgabeliste anzeigen.
2. Zeilenschaltung vornehmen.

Zwei bzw. eine Aufgabe(n) der Anweisungen WriteLn bzw. Write

Ausgabeformatierung von Real-Zahlen: Dezimalzahlen vom Datentyp *Real* werden in Gleitkommadarstellung ausgegeben.
- 3.4567E+02 steht für 345.67.
- 3.4567 als Mantisse.
- "... E ..." bedeutet "... mal 10 hoch ..." (E = Exponent).
- 3.4567E+02 für "3.4567 mal 10 hoch 2".

Da diese Darstellung schlecht lesbar ist, kann man sie mit dem Formatierungsoperator ":" formatieren.

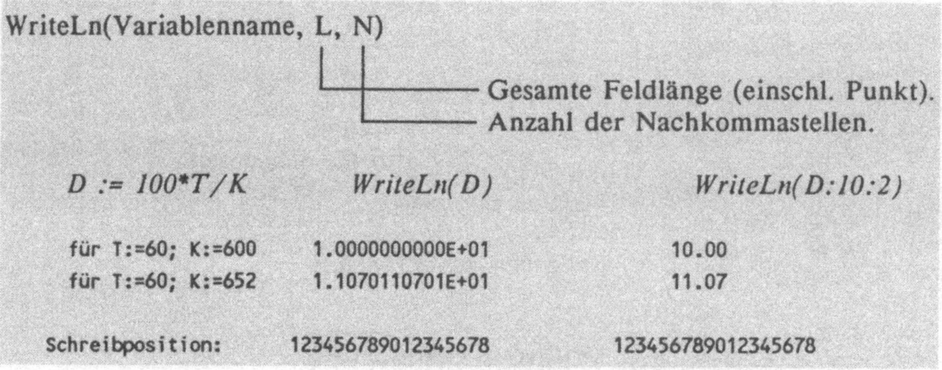

Formatierung von Real-Zahlen mit WriteLn(Variablenname:L:N)

Ausgabeformatierung von Integer-Zahlen und Strings: Ganze Zahlen (Integer) werden rechtsbündig und Strings linksbündig formatiert ausgegeben:

```
Diskette
3.5"
        77
      -513
DM           888
12345678901234567890
```

```
WriteLn('Diskette':10);
WriteLn('3.5':10);
WriteLn(77:10);
WriteLn(-513);
WriteLn('DM':6, 888:10:10,
```

Formatierung mit WriteLn(Variablenname:L)

3.2.4 Vereinbarung von Variablen und Konstanten

Problemstellung zu Programm Mwst1:
Ein Programm Mwst1 soll für einen beliebigen Rechnungsbetrag den Bruttobetrag inklusive 14 % Mehrwertsteuer ermitteln.

Problemanalyse zu Programm Mwst1:
VAR-Vereinbarung: Real-Variablen *Netto, Mwst* und *Brutto.*
CONST-Vereinbarung: Real-Konstante *Steuersatz.*

Pascal-Quelltext zu Programm Mwst1:

```
PROGRAM Mwst1;
  (*Rechnungsbetrag inkl. Mehrwertsteuer*)
CONST
  Steuersatz = 14.;
VAR
  Netto, Mwst, Brutto: Real;
BEGIN
  WriteLn('Rechnungsbetrag exkl. MWSt?');
  ReadLn(Netto);
  Mwst := Netto * Steuersatz / 100;
  Brutto := Netto + Mwst;
  WriteLn(Netto:8:2,' DM Nettobetrag');
  WriteLn(Mwst:8:2,' DM Mehrwertsteuer');
  WriteLn(Brutto:8:2,' DM inkl. ',Steuersatz:4:1,' %');
  WriteLn('Programmende Mwst1.')
END.
```

Ausführung zu Mwst1:

```
Rechnungsbetrag exkl. MWSt?
1000
  1000.00 DM Nettobetrag
   140.00 DM Mehrwertsteuer
  1140.00 DM inkl. 14.0 %
Programmende Mwst1.
```

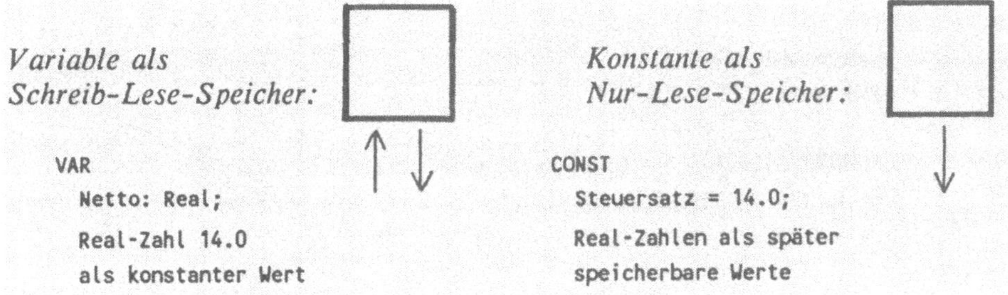

Unterscheidung von Variable und Konstante

Aufgaben zu Abschnitt 3.2

1. Welcher Bildschirm erscheint bei Ausführung von Programm Klein1?

```
PROGRAM Klein1;
BEGIN
  Write('Ein',^J); Write('kleines',^G); Write(^J^M,'Programm.':19,#13)
END.
```

2. Ergänzen Sie den Programmtext und erklären Sie den Programmnamen:

```
PROGRAM Dreieck1;
VAR
  z1, z2, ... ;
BEGIN
  Write('Zwei Zahlen? ');
  ReadLn(z1,z2);
  ... ;
  WriteLn('Zahlen jetzt: ',z1,' ',z2); WriteLn('Programmende Dreieck1.')
END.
```

```
Zwei Zahlen? 77 1
Zahlen jetzt: 1 77
Programmende Dreieck1.
```

3. Nehmen Sie die Konstantenvereinbarung vor:

```
PROGRAM Konstant;
CONST
  ... ;
BEGIN
  WriteLn(Womit, Was, Wer);
  WriteLn(Wen, Wie);
  WriteLn('Programmende Konstant.')
END.
```

```
Mit Turbo Pascal formulieren wir
Probleme computerverständlich.
Programmende Konstant.
```

4. Ganzzahlige Division: Vervollständigen Sie Programm und Ausführung.

```
PROGRAM GanzDiv1;
VAR
  ... ;
BEGIN
  Write('Zahl Teiler? ');
  ReadLn(Zahl, Teiler);
  ... ; ... ;
  writeLn('Division = ',Quotient,' Rest ',Rest);
  WriteLn('Programmende GanzDiv1.')
END.
```

```
Zahl Teiler? 20 7
2 Rest 6
Programmende GanzDiv1.

Zahl Teiler? -3 2
...
Programmende GanzDiv1.
```

5. Welcher Bildschirm erscheint bei Ausführung von Programm Real1?

```
PROGRAM Real1;
VAR
  z: Real;
BEGIN
  z := 98.246;
  WriteLn('1. ',z);            WriteLn('2. ',z:6:3);
  WriteLn('3. ',z:6:2);        WriteLn('4. ',Int(z):2:0);
  WriteLn('5. ',Frac(z):3:4);  WriteLn('6. ',Abs(z*-1):5:2);
  WriteLn('7. ',Trunc(z));     WriteLn('8. ',Round(z));
  WriteLn('9. ',Random:15:13); WriteLn('Programmende Real1.')
END.
```

3.3.1 Zweiseitige Auswahlstruktur mit IF-THEN-ELSE

Auswahlstrukturen führen zu verzweigenden Abläufen (Abschnitt 1.3.3.2). Zu unterscheiden sind die einseitige, mehrseitige und zweiseitige Auswahl; letztere wird auch als bedingte Verarbeitung (monadic selective) bezeichnet (Abschnitt 1.3.6.6).

Problemstellung zu Programm Skonto1:
Ein Programm Skonto1 soll z.B. wie folgt Auskunft über die Zahlungsbedingungen "innerhalb von 8 Tagen 4% Skonto, sonst 1.5% Skonto" geben:

```
Rechnungsbetrag, Tage nach Erhalt?       Rechnungsbetrag, Tage nach Erhalt?
1000 9                                    4000 7
15.00 DM Skonto bei 985.00 DM Zahlung.    ... sogar 4.0% Skonto.
Programmende Skonto1.                     160.00 DM Skonto bei 3840.00 DM Zahlung.
                                          Programmende Skonto1.
```

Struktogramm zu Programm Skonto1:   **Auswahl in Pascal:**

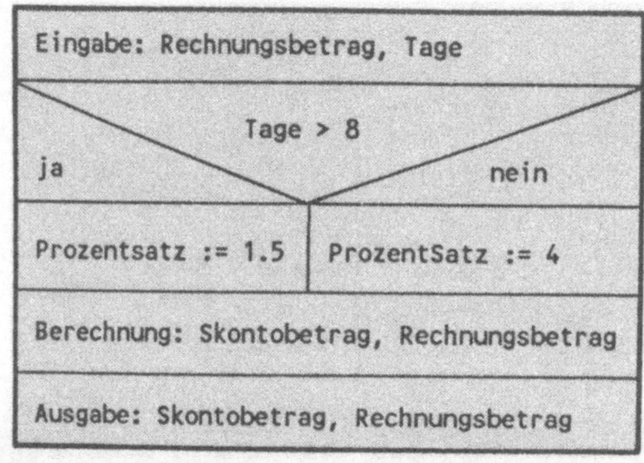

```
IF Bedingung
   THEN BEGIN
           Anweisungen
        END
   ELSE BEGIN
           Anweisungen
        END;
```

THEN bzw. *ELSE* bezieht sich stets nur auf die *eine* Folgeanweisung. Aus diesem Grunde muß eine Blockanweisung geschrieben werden, wenn mehr als eine Anweisung hinter *THEN* bzw. *ELSE* auszuführen ist.

Pascal-Quelltext zu Programm Skonto1:

```pascal
PROGRAM Skonto1;
   (*Zweiseitige Auswahlstruktur mit IF-THEN-ELSE*)
VAR
   Tage: Integer;
   Rechnungsbetrag, Prozentsatz, Skontobetrag: Real;
```

```pascal
BEGIN
  WriteLn('Rechnungsbetrag, Tage nach Erhalt? ');
  ReadLn(Rechnungsbetrag, Tage);
  IF Tage > 8
    THEN ProzentSatz := 1.5
    ELSE
      BEGIN
        ProzentSatz := 4;
        WriteLn('... sogar ',ProzentSatz:3:1,' % Skonto.')
      END;
  Skontobetrag := Rechnungsbetrag * Prozentsatz / 100;
  Rechnungsbetrag := Rechnungsbetrag - Skontobetrag;
  WriteLn(Skontobetrag:5:2,' DM Skonto bei ',Rechnungsbetrag:5:2,' DM
Zahlung.');
  WriteLn('Programmende Skonto1.')
END.
```

PAP zu Skonto1:

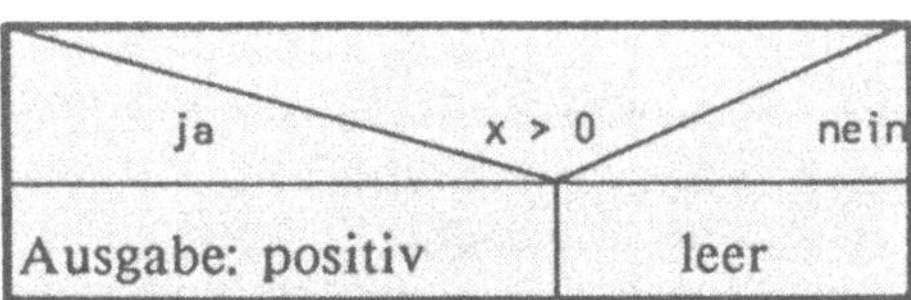

3.3.2 Einseitige Auswahlstruktur mit IF-THEN

Problemstellung zu Programm Positiv1:
Durch die IF-THEN-Anweisung

```pascal
IF x > 0
    THEN WriteLn('x ist positiv')
```

<table>
<tr><td colspan="2" align="center">ja   x > 0   nein</td></tr>
<tr><td>Ausgabe: positiv</td><td>leer</td></tr>
</table>

wird für positive Werte von x eine Meldung ausgegeben. Ein Programm
Positiv1 soll eine Meldung ausgeben, wenn x *und* y positiv sind.

Pascal-Quelltext zu Programm Positiv1:   **Ausführungen zu Positiv1:**

```pascal
PROGRAM Positiv1;
  (*Schachtelung von einseitigen Auswahlstrukturen*)
VAR
  x, y: Real;
BEGIN
  Write('Zwei Zahlen x y? ');
  ReadLn(x,y);
  IF x > 0
    THEN IF y > 0
            THEN WriteLn('x und y sind positiv');
  WriteLn('Programmende Positiv1.');
END.
```

```
Zwei Zahlen x y?
10000 67
x und y sind positiv
Programmende Positiv1.
```

```
Zwei Zahlen x y?
-999 1
Programmende Positiv1.
```

Struktogramm zu Programm Positiv1:

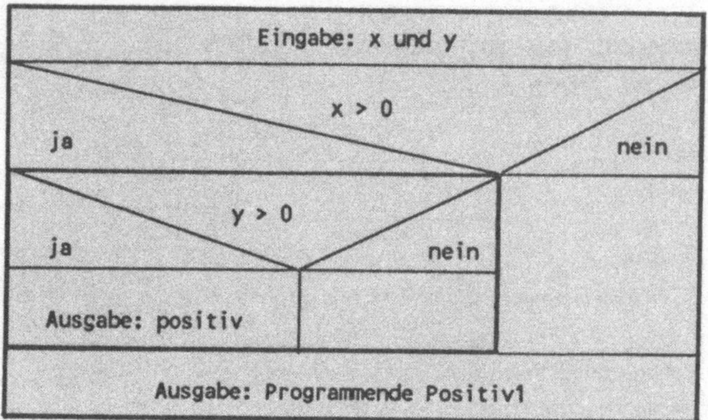

3.3.2.1 Logische bzw. Boolesche Operatoren

Boolean-Ausdruck: Die Bedingung $x>0$ ist ein Ausdruck, der nur die
Werte *True* (wahr) oder *False* (unwahr) annehmen kann. Man spricht von
einem Booleschen Ausdruck (nach George Boole) bzw. Boolean-Ausdruck.
Im Programm Positiv2 wird anstelle der Schachtelung von Auswahlstrukturen der logische Operator AND (logisch UND) verwendet, der die Boo-
lean-Ausdrücke $x>0$ und $y>0$ verknüpft.

Pascal-Quelltext zu Programm Positiv2 (Ausführung wie Positiv1):

```
PROGRAM Positiv2;
  (*Einseitige Auswahlstruktur. Logischer Operator AND*)
VAR
  x, y: Real;
BEGIN
  Write('Zwei Zahlen x y? ');
  ReadLn(x,y);
  IF (x > 0) AND (y > 0)
    THEN WriteLn('x und y sind positiv');
  WriteLn('Programmende Positiv2.');
END.
```

Logisch AND:	Logisch OR:	Logisch NOT:
False AND False ergibt False	False OR False ergibt False	NOT False'
False AND True ergibt False	False OR True ergibt True	ergibt True
True AND False ergibt False	True OR False ergibt True	NOT True
True AND True ergibt True	True OR True ergibt True	ergibt False

Logische Operatoren AND (und), OR (oder) und NOT (Negation)

3.3.2.2 Datentyp Boolean für Wahrheitswerte

Variablen vom Datentyp *Boolean* können nur die Werte *True* oder *False* annehmen.

```
VAR                          xPositiv := x>0;
   xPositiv: Boolean;

                                   1. Vergleich = ergibt True
                                   2. Zuweisung := speichert
                                      Wahrheitswert True
```

Boolean-Variable vereinbaren (links) und zuweisen (rechts)

Pascal-Quelltext zu Programm Positiv3 (Ausführung wie Positiv1):

```
PROGRAM Positiv3;
   (*Einseitige Auswahlstruktur. Logischer Operator. Datentyp Boolean*)
VAR
   x, y: Real;
   xPositiv, yPositiv: Boolean;
BEGIN
   Write('Zwei Zahlen x y? ');
   ReadLn(x,y);
   xPositiv := x > 0;
   yPositiv := y > 0;
   IF xPositiv AND yPositiv
      THEN WriteLn('x und y sind positiv');
   WriteLn('Programmende Positiv3.');
END.
```

3.3.3 Mehrseitige Auswahlstruktur

3.3.3.1 Datentyp STRING und geschachtelte Auswahl

Text bzw. Zeichenkette: Eine zwischen ' ' geschriebene Zeichenkette wie '796.50 DM' wird als Text bzw. String bezeichnet. Eine vom Datentyp STRING vereinbarte Variable kann bis zu 255 Zeichen (Ziffer, Buchstabe, Sonderzeichen) aufnehmen. Die maximale Stringlänge wird hinter das reservierte Wort STRING in eckige Klammern [ ] bzw. (. .) geschrieben.

```
VAR                              S := 'Pascal';          Text wird linksbündig
   S: STRING[9];                                         in der Variablen S
                              | P a s c a l |            gespeichert.
                               0 1 2 3 4 5 6 7 8 9
```

Stringvariable vereinbaren (links) und zuweisen (rechts)

Problemstellung zu Programm DreiFall:

Ein Programm DreiFall soll für zwei eingegebene Strings die Fälle
"gleich", "vor" und "nach" wie folgt anzeigen:

```
Zwei Wörter?              Zwei Wörter?              Zwei Wörter?
%-Satz                    PREIS                     8 FF
Tillmann                  DM-Betrag                 8 FF
%-Satz kommt vor Tillmann PREIS kommt nach DM-Betrag 8 FF ist gleich 8 FF
Programmende DreiFall.    Programmende DreiFall.    Programmende DreiFall.
```

Pascal-Quelltext zu Programm DreiFall:

```pascal
PROGRAM DreiFall;
   (*Mehrseitige Auswahlstruktur. Stringvergleich*)
VAR
   String1, String2: STRING[20];

BEGIN
   WriteLn('Zwei Wörter? '); ReadLn(String1); ReadLn(String2);
   IF String1 = String2
     THEN WriteLn(String1,' ist gleich ',String2)
     ELSE IF String1 < String2
             THEN WriteLn(String1,' kommt vor ',String2)
             ELSE WriteLn(String1,' kommt nach ',String2);
   WRITELN('Programmende DreiFall.');
END.
```

Struktogramm zu Programm DreiFall:

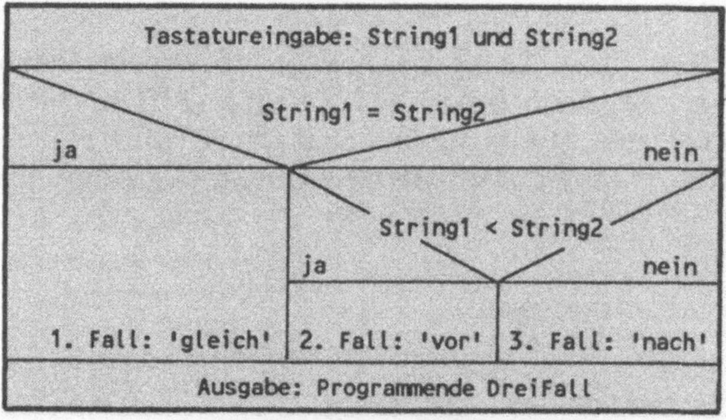

Mehrseitige Auswahlstruktur als Schachtelung: Die mehrseitige Auswahl ist eine Schachtelung von zwei zweiseitigen Auswahlstrukturen.

3.3.3.2 Datentyp Char und Fallabfrage

Problemstellung zu Programm GrundRe1:
Ein Programm GrundRe1 soll die vier Grundrechenarten simulieren und z.B. wie folgt ausgeführt werden:

```
1. Zahl  2. Zahl? 1 1000
Operator?          -
= -9.9900000000E+02
Programmende GrundRe1.
```

```
1. Zahl  2. Zahl? 1 3
Operator?          :
= 3.33333333333§-01
Programmende GrundRe1.
```

Pascal-Quelltext zu Programm GrundRe1:   **Struktogramm zu GrundRe1:**

```
PROGRAM GrundRe1;
  (*Grundrechenarten mit Fallabfrage*)
VAR
  Ergebnis, a, b: Real;
  Operator: Char;

BEGIN
  Write('1. Zahl  2. Zahl? ');
  ReadLn(a,b);
  Write('Operator?          ');
  ReadLn(Operator);
  CASE Operator OF
    '+':      Ergebnis := a + b;
    '-':      Ergebnis := a - b;
    '*','x': Ergebnis := a * b;
    '/',':': Ergebnis := a / b;
    ELSE WriteLn('Operator unzulässig.')
  END;
  WriteLn('= ',Ergebnis);
  WriteLn('Programmende GrundRe1.')
END.
```

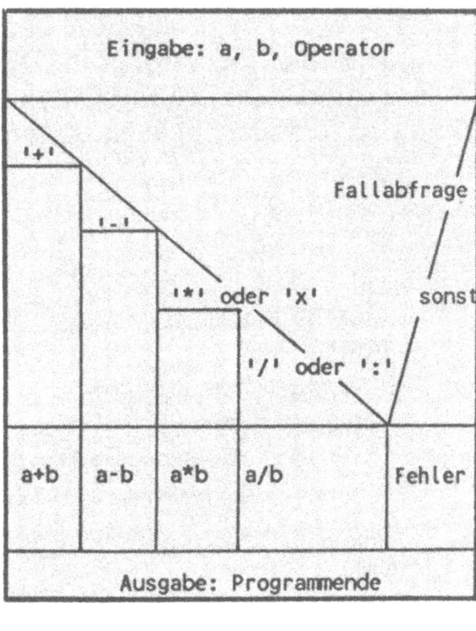

Datentyp Char für einzelne Zeichen: Der Wertevorrat mehrs des Datentyps Char umfaßt alle Zeichen des Zeichensatzes. Die beiden Datentypen Char und STRING sind kompatibel.

```
VAR                    Zei := 'K';        Zeichen bzw. Buchstaben 'K'in die
  Zei: Char;            ↑       |         Variable Zei zuweisen.
```

Zeichenvariable vereinbaren (links) und zuweisen (rechts)

CASE-Anweisung zur Fallabfrage: Die CASE-Anweisung kontrolliert die Fallabfrage als besondere Form der mehrseitigen Auswahl. Der ELSE-Teil ist optional und kann auch entfallen.

<table>
<tr><td>

CASE Ausdruck Of
  K1: Anweisung 1;
  K2: Anweisung 2;
  ...
  Kn: Anweisung m
  ELSE Anweisung n
END

</td><td>

Ausdruck eines einfachen Datentyps außer *Real*.

K1, K2, ... als Konstanten des gleichen Datentyps wie *Ausdruck*.

</td></tr>
</table>

Fallabfrage mit Kontrollanweisung CASE-OF-END

Aufgaben zu Abschnitt 3.3

1. Ändern Sie die zweiseitige Auswahlstruktur von Programm Skonto1 (Abschnitt 3.3.1) so in eine einseitige Auswahl ab, daß die Ausführungen unverändert bleiben. Programmname: Skonto2.

2. Was bezweckt die einseitige Auswahl in Programm Speicher?

```
PROGRAM Speicher;
VAR
  Verfuegbar: Real;
BEGIN
  Verfuegbar := MemAvail;
  IF Verfuegbar < 0
    THEN Verfuegbar := Verfuegbar + 65536.0;
  WriteLn('Verfügbarer Speicherplatz = ',Verfuegbar:5:0);
WriteLn('Programmende Speicher.')
END.
```

3. Wie lautet die Auswahlstruktur von Programm Ungerade?

```
PROGRAM Ungerade;
VAR
  z: Integer;
BEGIN
  Write('Eine Zahl? '); ReadLn(z);
  IF ...
END.
```

<table>
<tr><td>

```
Eine Zahl? 66
Gerade Zahl.

Eine Zahl? 7
Ungerade Zahl.
```

</td></tr>
</table>

4. Entwickeln Sie ein Programm Ferien1, das für die Eingabe von Alter und Betriebsjahren Auskunft über die Ferien- bzw. Urlaubstage bei folgender Regelung gibt: 30 Tage (Alter unter 18 Jahre), 28 Tage (von 18 bis einschl. 40 Jahre alt) oder 31 Tage Urlaub (ab 40 Jahre alt). Bei 10 oder mehr Jahren Betriebszugehörigkeit erhält man einen und bei 25 oder mehr Jahren zwei Zusatztage zum Urlaub hinzu.

```
Alter, Jahre der Betriebszugehörigkeit? 30 11
Ferientage = 29
Programmende Ferien1.
```

Variablenliste:
Alter,
BetriebsJahre,
Tage

5. Entwickeln Sie das Struktogramm und ergänzen Sie den Quelltext.

```pascal
PROGRAM Funktion;
    (*Funktion f(x) mit y=3x-2 für x<1 und y=2x+1 für x>=1 *)
VAR
   x,y: Real;
BEGIN
  Write('x-Wert? ');
  ReadLn(x);
  IF ...
END.
```

```
x-Wert? -4
x-Wert=-4.00, y-Wert=-14.00
Programmende Funktion.
x-Wert? 23.5
x-Wert=23.50, y-Wert=48.00
Programmende Funktion.
```

6. Entwickeln Sie das Struktogramm und ergänzen Sie den Quelltext:

```pascal
PROGRAM Quadrat1;
    (*Quadratische Gleichung lösen. Mehrseitige Auswahlstruktur, drei Fälle*)
VAR
   a, b, c, D, x1, x2: Real;
BEGIN
  WriteLn('Gleichung a*x^2 + b*x + c lösen:');
  Write('Eingabe: a b c? ');
  ReadLn(a,b,c);
  D := Sqr(b) - 4*a*c;
  IF ...
END.
```

7. Zeichnen Sie das Struktogramm und ergänzen Sie den Quelltext:

```pascal
PROGRAM TagJeMon;
    (*Tage je Monat. CASE-Fallabfrage mit Integer*)
VAR
   Tage, Monat: Integer;
BEGIN
  Write('Monatszahl? ');
  ReadLn(Monat);
  CASE ...
END.
```

```
Monatszahl? 2
= 28 Tage

Monatszahl? 12
= 31 Tage

Monatszahl? 888
Eingabefehler
```

3 Programmierkurs mit Turbo Pascal 5.0

3.4.1 Abweisende Schleife mit WHILE-DO

Problemstellung zu Programm Mittel1:
Ein Programm namens Mittel1 soll den Mittelwert von beliebig vielen
eingetippten Zahlen ermitteln und z.B. wie folgt anzeigen:

```
Erste Zahl (0=Ende)? 4            Erste Zahl (0=Ende)?__
2. Zahl (0=Ende)? 2.75            Programmende Mittel1.
3. Zahl (0=Ende)? 6
4. Zahl (0=Ende) 0
Mittelwert von 3 Zahlen
beträgt 4.25
Programmende Mittel1.
```

Pascal-Quelltext zu Programm Mittel1:

```
PROGRAM Mittel1;
   (*Mittelwert berechnen. Abweisende Schleife mit WHILE*)
VAR
   Anzahl: Integer;
   Zahl, Summe, Mittelwert: Real;
BEGIN
   Summe := 0;                              (*Vorbereitungsteil der Schleife*)
   Anzahl := 0;
   Write('Erste Zahl (0=Ende)? ');
   ReadLn(Zahl);
                                            (*Wiederholungsteil der Schleife*)
   WHILE Zahl <> 0 DO                       (* ... mit Schleifenabfrage*)
   BEGIN
     Summe := Summe + Zahl;                 (* ... und Schleifenkörper*)
     Anzahl := Anzahl + 1;
     Write(Anzahl+1,'. Zahl (0=Ende)? ');
     ReadLn(Zahl)
   END;
   IF Anzahl > 0 THEN                       (*Einseitige Auswahl*)
     BEGIN
       Mittelwert := Summe / Anzahl;
       WriteLn('Mittelwert von ',Anzahl,' Zahlen');
       WriteLn('beträgt ',Mittelwert:4:2);
     END;
   WriteLn('Programmende Mittel1.')
END.
```

Struktogramm zu Programm Mittel1:

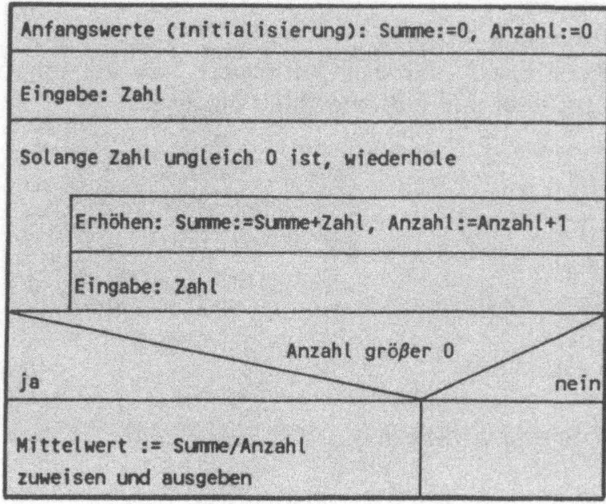

3.4.2 Nicht-abweisende Schleife mit REPEAT-UNTIL

Problemstellung zu Programm ZufallZ1:
Über ein Programm ZufallZ1 ist eine vom Computer erzeugte Zufallszahl
zu erraten, wobei der Benutzer Hilfestellungen erhält.

Pascal-Quelltext zu Programm ZufallZ1:

```
PROGRAM ZufallZ1;
   (*Zufallszahl erraten. Nicht-abweisende Schleife mit REPEAT*)
VAR
   Unten, Oben, BenutzerZahl, ComputerZahl, Versuch: Integer;
BEGIN
   Write('Zufallszahlen: von bis? ');
   ReadLn(Unten,Oben);
   ComputerZahl := Random(Oben-Unten) + Unten;
   Versuch := 0;
   REPEAT
     Write('Zahl? ');
     ReadLn(BenutzerZahl);
     Versuch := Versuch + 1;
     IF BenutzerZahl > ComputerZahl
       THEN WriteLn('... zu groß')
       ELSE IF BenutzerZahl < ComputerZahl
              THEN WriteLn('... zu klein')
   UNTIL BenutzerZahl = ComputerZahl;
   WriteLn('Gefunden nach ',Versuch,' Versuchen.');
   WriteLn('Programmende ZufallZ1.')
```

Ausführungsbeispiel:

```
Zufallszahlen: von bis? 20 25
Zahl? 25
... zu groß
Zahl? 20
... zu klein
Zahl? 22
... zu groß
Zahl? 21
Grunden nach 4 Versuchen.
Programmende ZufallZ1.
```

Struktogramm zu Programm ZufallZ1:

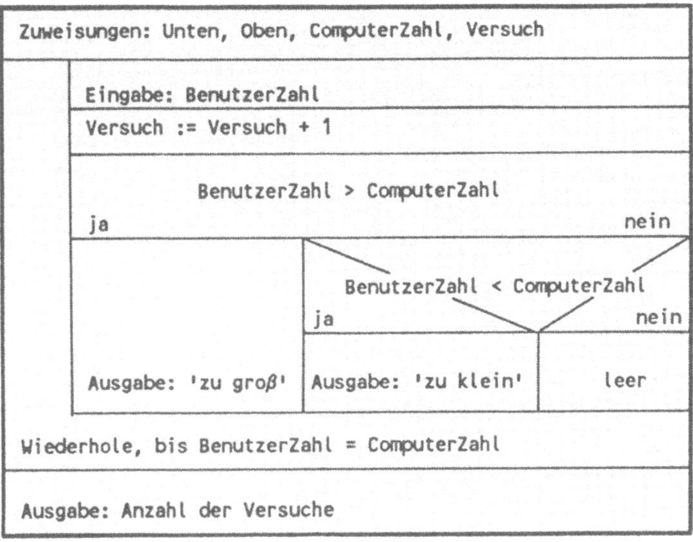

REPEAT-Anweisung zur Kontrolle der nicht-abweisenden Schleife:
- Schleife wird in jedem Fall mindestens einmal durchlaufen.
- Erster Schleifendurchlauf erfolgt unkontrolliert.

REPEAT
  Anweisung 1;
  Anweisung 2;   *Wiederholungsteil mit*
  ...   *n Anweisungen*
  Anweisung n
UNTIL Bedingung;   *Schleifenaustrittsbedingung*

Nicht-abweisende Schleife mit Kontrollanweisung REPEAT-UNTIL

3.4.3 Zählerschleife mit FOR-DO

Problemstellung zu Programm ZinsTab1:
Ein Programm namens ZinsTab1 soll die Zinsen in 6 Jahren bei variablen
Kapital und Zinssatz in Form einer Zinstabelle anzeigen.

Das Problem wird über eine durch die FOR-Anweisung kontrollierte
Zählerschleife gelöst:
- Zähler JAHR erhält den Anfangswert 1 beim Schleifeneintritt.
- Bei jedem der 6 Schleifendurchläufe wird JAHR um 1 erhöht.

Pascal-Quelltext zu Programm ZinsTab1:   **Ausführung zu ZinsTab1**

```
PROGRAM ZinsTab1;
  (*Zinstabelle. Zählerschleife mit FOR*)
VAR
  K0, K1, P, Z: Real;
  Jahr: Integer;
BEGIN
  Write('Kapital Zinssatz? ');
  ReadLn(K0, P);
  WriteLn('Jahr: Anfang: Zinsen:     Ende:');
  FOR Jahr := 1 TO 6 DO
  BEGIN
    Z := K0 * P / 100;
    K1 := K0 + Z;
    WriteLn(Jahr:3,K0:9:2, Z:9:2, K1:9:2);
    K0 := K1
  END;
  WriteLn('Programmende ZinsTab1.')
END.
```

Jahr:	Anfang:	Zinsen:	Ende:
1	800.00	80.00	880.00
2	880 00	88.00	968.00
3	968.00	96.80	1064.80
4	1064.80	106.48	1171.28
5	1171.28	117.13	1288.41
6	1288.41	128.84	1417.25

Struktogramm zu Programm ZinsTab1: Struktogramm zur Zählerschleife:

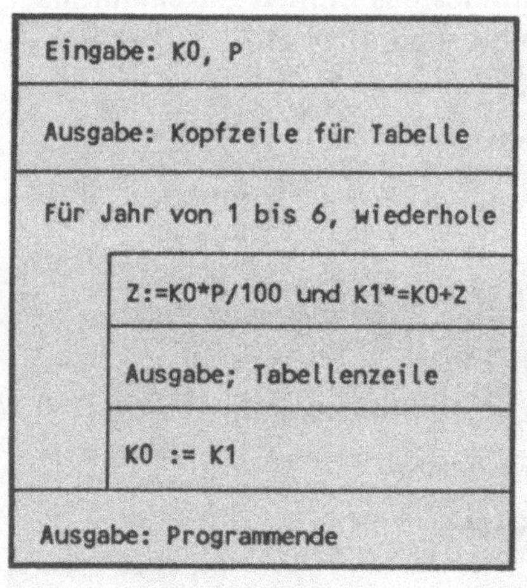

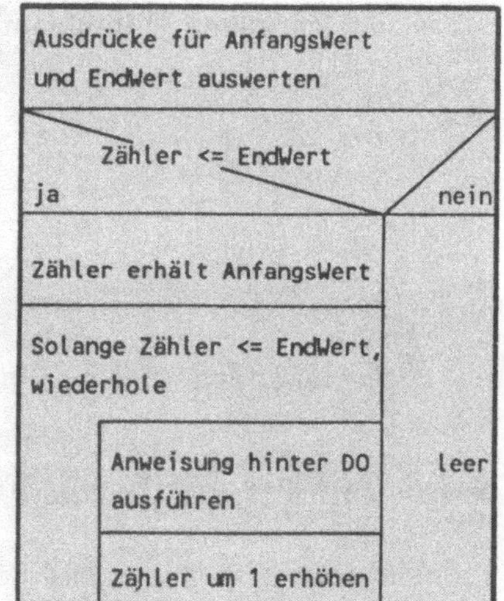

FOR-Anweisung zur Kontrolle der Zählerschleife:
- Zähler- bzw. Laufvariable zur Kontrolle der Schleife.
- Zählervariable mit abzählbarem Datentyp (nicht Real).
- Zählerschleife als abweisende Schleife.
- TO durch DOWNTO ersetzen, falls AnfangsWert > EndWert ist.

```
FOR Bedingung AW TO EW DO    AnfangsWert AW, EndWert EW
BEGIN                        des Zählers.
   Anweisung 1;
   Anweisung 2;              Wiederholungsteil mit n An-
   ...                       weisungen und jeweils um 1
   Anweisung n               erhöhtem Zähler durchlaufen
END;


FOR Bedingung DO             Nur eine einzige Anweisung
   Anweisung;                wiederholen
```

Zählerschleife mit Kontrollanweisung FOR-DO

Geschlossene Schleife und offene Schleife:
- Bei der *geschlossenen Schleife* ist die Anzahl der Wiederholungen beim Eintritt in den Wiederholungsteil festgelegt. Die FOR-Anweisung kontrolliert geschlossene Schleifen.
- Bei der *offenen Schleife* entscheidet sich die Anzahl der Wiederholungen erst innerhalb des Wiederholungsteils. WHILE und REPEAT können geschlossene wie offene Schleifen kontrollieren.

Aufgaben zu Abschnitt 3.4

1. Euklid kam auf die Idee, den größten gemeinsamen Teiler (ggT) z.B. von 322 und 63 so zu berechnen: 322=5*63+7, anschließend 63=9*7+0 und dann beenden, da Rest=0. Ergänzen Sie das Programm Euklid1:

```
PROGRAM Euklid1;
    (*Größter gemeinsamer Teiler. Euklidischer Algorithmus*)
    VAR
      a, b, Rest: Integer;
    BEGIN
      Write('Zwei Zahlen? ');
      ReadLn(a,b);
      Rest := a MOD b;
      WHILE ...
    END.
```

```
Zwei Zahlen? 322 63
ggT = 7
Programmende Euklid1.
```

2. Ersetzen Sie die WHILE-Schleife in Programm Mittel1 (Abschn. 3.4.1)
   a) durch eine REPEAT-Schleife (Programmname Mittel2).
   b) durch eine IF-THEN GOTO-Schleife (Programmname Mittel3).

3. Leiten Sie aus dem Ausführungsbeispiel zu Programm FiFolge1 das Bildungsgesetz der Fibonacci-Folge ab und entwickeln Sie das Programm mit FOR-Schleife (Variablenliste: F1, F2 (Startwerte), F3, Z).

```
Welche zwei Startwerte für die Fibonacci-Folge? 2 3
        5        8       13       21       34       55       89      144
      233      377      610      987     1597     2584     4181     6765
    10946    17711    28657    46368    75025   121393   196418   317811
   514229   832040  1346269  2178309  3524578  5702887  9227465 14930352
Programmende FiFolge1.
```

4. **FOR-Schleife mit variabler Schrittweite:** Entwickeln Sie ein Programm
   WertTab1, das Wertetabellen zur Funktion y = x2 + 5 erstellt,

```
Anfangswert Endwert Schrittweite für x?    Anfangswert Endwert Schrittweite für x?
10 100 15                                  -1 0.6 0.25
        x           y = x^2 + 5                    x           y = x^2 + 5
    10.00              105.00                   -1.00              6.00
    25.00              630.00                   -0.75              5.56
    40.00             1605.00                   -0.50              5.25
    55.00             3030.00                   -0.25              5.06
    70.00             4905.00                    0.00              5.00
    85.00             7230.00                    0.25              5.06
   100.00            10005.00                    0.50              5.25
Programmende WerteTab1.                     Programmende WertTab1.
```

5. **Boolean-Zähler zur Kontrolle einer Schleife in Programm Wahrheit:**
   a) **Welchen Bildschirm erhalten Sie bei der Programmausführung?**
   b) **Testen Sie den Ablauf beim Ersetzen von DOWNTO durch DO.**

```pascal
PROGRAM Wahrheit;
   (*FOR-Schleife mit Zählervariable vom Datentyp Boolean*)
VAR
   ErSagtEtwas: Boolean;
BEGIN
   FOR ErSagtEtwas := True DOWNTO False DO
     IF ErSagtEtwas
       THEN WriteLn('Tillmann sagt: Jakob hat Recht.')
       ELSE WriteLn('Jakob sagt: Tillmann hat gelogen.');
   WriteLn('Programmende Wahrheit.')
END.
```

6. **Erstellen Sie die Programme Design1, Design2 und Design3 mit geschachtelten FOR-Schleifen und den Zählervariablen z und s:**

```
=                      = = = = =                 =========
= =                    =       =                 =======
= = =                  =       =                 =====
= = = =                =       =                 ===
= = = = =              = = = = =                 =
Programmende Design1.  Programmende Design2.     Programmende Design3.
```

3 Programmierkurs mit Turbo Pascal 5.0

3.5.1 Prozeduren wie Anweisungen aufrufen

Eine Prozedur ist formal wie ein Programm aufgebaut und kann als *Programm im Programm* aufgefaßt werden. Es gibt vordefinierte und benutzerdefinierte Prozeduren.

Vordefinierte Prozeduren: Prozeduren wie *ReadLn* und *WriteLn* sind als Standardprozeduren vordefiniert.
- *Der Aufruf der Prozedur* bringt sie zur Ausführung; man schreibt dazu den Prozedurnamen hin. Bei den meisten Prozeduren sind hinter dem Namen *Parameter* in Klammern anzugeben. Mit dem Aufruf *ReadLn(Ein)* wird die Tastatureingabe an einen Parameter *Ein* als spezielle Variable übergeben. Bei parameterlosen Prozeduren wie z.B. *ClrScr* zum Bildschirmlöschen entfällt die Angabe von Parametern.
- *Die Vereinbarung der Prozedur* entfällt, da sie vordefiniert ist.

Benutzerdefinierte Prozeduren: Im Gegensatz zu den Standardprozeduren können die Namen und die jeweiligen Anweisungsfolgen vom Benutzer frei vorgegeben bzw. gewählt werden.
- *Der Aufruf der Prozedur* erfolgt durch Hinschreiben ihres Namens.
- *Die Vereinbarung der Prozedur* muß der Benutzer vornehmen. Prozeduren sind mit Name, Vereinbarungs- und Anweisungsteil im Prinzip genauso aufgebaut wie "normale" Programme.

Vereinbarung im Vereinbarungsteil des übergeordneten Programms:

```
PROCEDURE Prozedurname(Parameterliste);                 (*Prozedurkopf*)
Vereinbarungen;                                         (*Vereinbarungsteil*)
BEGIN                                                   (*Anweisungsteil*)
  Anweisungen
END;                                                    (*END; anstelle END.*)
```

Aufruf im Anweisungsteil des übergeordneten Programms:

```
Prozedurname(Parameterliste);                           (*Prozeduranweisung*)
```

Benutzerdefinierte Prozedur als "Programm im Programm"

3.5.1.1 Parameterlose Prozedur

Problemstellung zu Programm Maximum1:
Ein Programm namens Maximum1 soll zweimal nacheinander eine Prozedur namens Max aufrufen, um das Maximum von zwei Zahlen anzugeben.

Pascal-Quelltext zu Programm Maximum1:   **Ausführung zu Maximum1:**

```
PROGRAM Maximum1;

  (*Maximum von zwei Zahlen. Parameterlose Prozedur*)

VAR

  a,b,x,y: Integer;


PROCEDURE Max;
  BEGIN
    IF a > b
      THEN WriteLn('Maximum = ',a)
      ELSE WriteLn('Maximum = ',b)
  END;


BEGIN
  Write('Zwei Zahlen? ');
  ReadLn(a,b);
  Max;
  Write('Zwei andere Zahlen? ');
  ReadLn(x,y);
  a := x; b := y;
  Max;
  WriteLn('Programmende Maximum1.')
END.
```


Entwurf zu Programm Maximum1:

Eingabe: a und b
Aufruf: Max
Eingabe: x und y
Setze: a:=x
Setze: b:=y
Aufruf: Max
Ausgabe: Ende

Struktogramm zu Programm Maximum1:   **PAP zu Maximum1:**

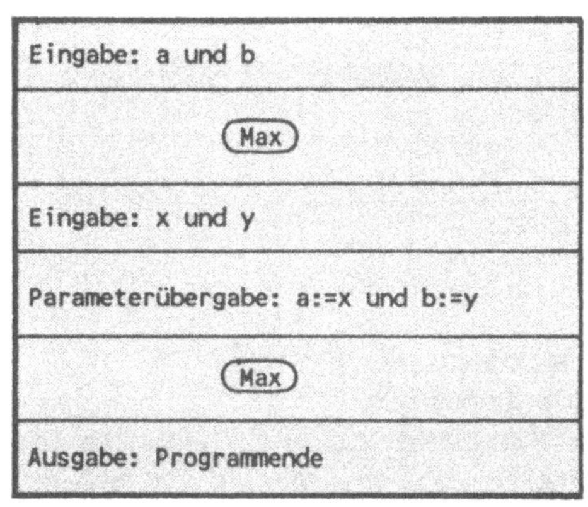

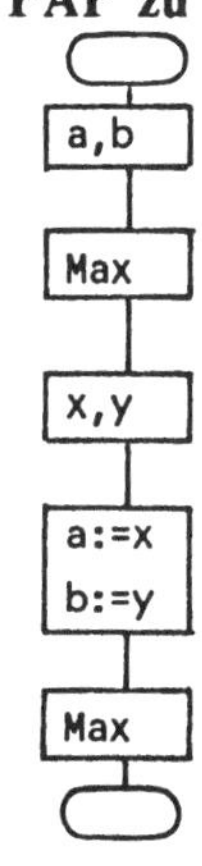

Struktogramm zu Prozedur Max:

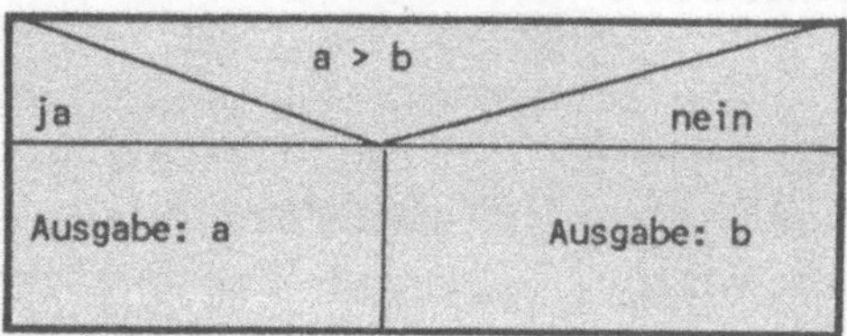

3.5.1.2 Prozedur mit Werteparametern

Problemstellung zu Programm Maximum2:
Das Programm Maximum1 (Abschnitt 3.5.1.1) soll so zum Programm Maximum2 geändert werden, daß beim Prozeduraufruf automatisch Werte als Parameter vom Hauptprogramm Maximum2 an die Prozedur Max werden.

Pascal-Quelltext zu Programm Maximum2:

```
PROGRAM Maximum2;
  (*Maximum von zwei Zahlen. Prozedur mit Werteparametern*)
VAR
  z1, z2, x, y: Integer;


PROCEDURE Max(a,b:Integer);           (*Prozedurvereinbarung mit den formalen*)
  BEGIN                               (*Parametern a und b*)
    IF a > b
      THEN WriteLn('Maximum = ',a)
      ELSE WriteLn('Maximum = ',b)
  END;


BEGIN
  Write('Zwei Zahlen? ');
  ReadLn(z1,z2);
  Max(z1,z2);                         (*1. Prozeduraufruf: Wertübergabe z1, z2*)
  Write('Zwei andere Zahlen? ');
  ReadLn(x,y);
  Max(x,y);                           (*2. Prozeduraufruf: Wertübergabe: x, y*)
  WriteLn('Programmende Maximum2.')
END.
```

Werteparameter zur Eingabe von Werten in die Prozedur:
- z1, z2, x und y sind aktuelle Parameter.
- a und b sind als formale Parameter nur innerhalb der Prozedur Max gültig und bekannt; man spricht von lokalen Variablen.
- Der formale Parameter a vertritt die beim jeweiligen Prozeduraufruf angegebenen aktuellen Parameter z1 bzw. x.

- Auf einen Werteparameter kann die Prozedur nur lesend zugreifen.
- Werteparameter nennt man Konstanten- bzw. Eingabeparameter.

3.5.1.3 Prozedur mit Variablenparametern

Problemstellung zu Programm Maximum3:
Im Gegensatz zu den Programmen Maximum1 und Maximum2 (Abschnitt
3.5.1.1 und 3.5.1.2) ist beim Programm Maximum3 die größte Zahl als
Ergebnis von der Prozedur an das rufende Programm zurückzugeben.

Pascal-Quelltext zu Programm Maximum3:

```
PROGRAM Maximum3;
   (*Maximum von zwei Zahlen. Prozedur mit Werte- und Variablenparametern*)
VAR
   z1, z2, x, y, Erg: Integer;


PROCEDURE Max(a,b:Integer; VAR Ergebnis:Integer);
   BEGIN
     IF a > b
       THEN Ergebnis := a
       ELSE Ergebnis := b
   END;


BEGIN
   Write('Zwei Zahlen? ');
   ReadLn(z1,z2);
   Max(z1,z2,Erg);
   WriteLn('Maximum = ',Erg);
   Write('Zwei andere Zahlen? ');
   ReadLn(x,y);
   Max(x,y,Erg);
   WriteLn('Größte Zahl = ',Erg);
   WriteLn('Programmende Maximum3.')
END.
```

Variablenparameter als Ein-/Ausgabeparameter:
- z1, z2, x, y und Erg sind *aktuelle Parameter* und als *globale Namen* überall bekannt.
- a, b und Ergebnis sind *formale Parameter* und somit als *lokale Namen* nur innerhalb der Prozedur bekannt.
- a und b sind Werteparameter bzw. Eingabeparameter.
- Ergebnis ist ein Variablenparameter, der zur Eingabe (hier ungenutzt) und zur Ausgabe (von Prozedur zu Hauptprogramm) dient.
- VAR kennzeichnet einen Parameter als Variablenparameter.

Werteparameter:
- Nur lesender Zugriff möglich.
- Beispiel zur Prozedurvereinbarung: *PROCEDURE Pro(a:Real);*
- Beispiele zum Prozeduraufruf: *Pro(77); Pro(6+r); Pro(S);*
- Bezeichnungen: Konstanten-, Eingabeparameter, Call by Value.

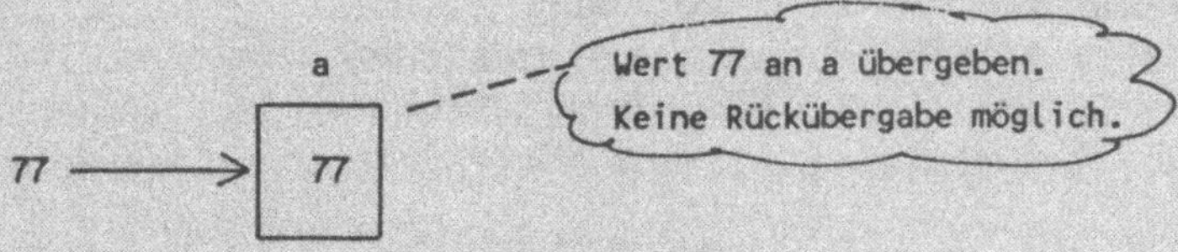

Variablenparameter:
- Lesender wie schreibender Zugriff möglich.
- Beispiel zur Vereinbarung: *PROCEDURE Pro(VAR a:Real)*;
- Beispiele zum Prozeduraufruf: *Pro(x); Pro(Endbetrag);*
- Bezeichnungen: Ein-/Ausgabe-, Ergebnisparameter, Variablensubstitution, Call by Reference.

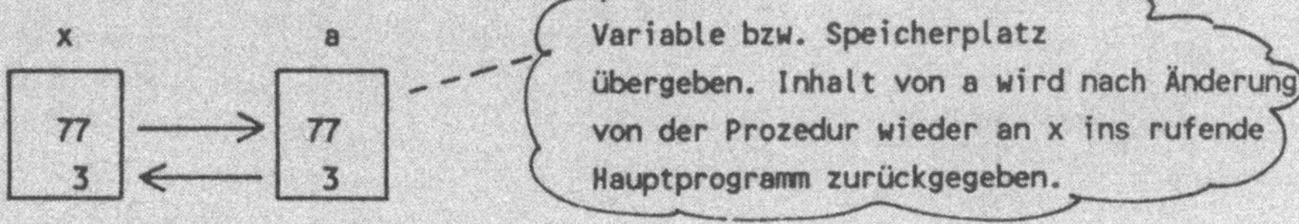

Werteparameter und Variablenparameter

3.5.2 Funktionen wie Variablen aufrufen

3.5.2.1 Funktion als Unterprogramm mit Ergebniswert

Problemstellung zu Programm Maximum4:
Das in den Programmen Maximum1 bis Maximum3 (Abschnitt 3.5.1) über
Prozeduren gelöste Maximumproblem soll im Programm Maximum4 über
eine Integer-Funktion abgewickelt werden.

Pascal-Quelltext zu Programm Maximum4:

```
PROGRAM Maximum4;
  (*Maximum von zwei Zahlen. Integer-Funktion*)
VAR
  z1, z2, x, y: Integer;
```

```
FUNCTION Max(a,b:Integer): Integer;
  BEGIN
    IF a > b
      THEN Max := a
      ELSE Max := b
  END;

BEGIN
  Write('Zwei Zahlen? ');
  ReadLn(z1,z2);
  WriteLn('Maximum = ',Max(z1,z2));
  Write('Zwei andere Zahlen? ');
  ReadLn(x,y);
  WriteLn('Größte Zahl = ',Max(x,y));
  WriteLn('Programmende Maximum4.')
END.
```

Eine Funktion als Unterprogramm, das genau einen Wert als Ergebnis zu-
rückgibt, kann in Pascal als Funktion vereinbart werden.
  - Die Parameterliste kann - wie bei der Prozedur - Werteparameter
    und Variablenparameter (mit VAR) enthalten.
  - Datentypangabe des Funktionswertes am Ende der Kopfzeile: Die-
    ser Wert wird dem rufenden Programm nach Ausführung der
    Funktion übergeben. Je nach Datentyp unterscheidet man Real-,
    Integer-, Boolean-, Char- bzw. String-Funktionen.
  - Im Anweisungteil der Funktion ist dem Funktionsnamen minde-
    stens einmal ein Funktionswert zuzuweisen.

Vereinbarung im Vereinbarungsteil des übergeordneten Programms:

```
FUNCTION Funktionsname(Parameterliste):Ergebnistyp       (*Funktionskopf*)
Vereinbarungen;                                          (*Vereinbarungsteil*)
BEGIN                                                    (*Anweisungsteil*)
  Anweisungen
END;                                                    (*END; anstelle END.*)
```

Aufruf im Anweisungsteil des übergeordneten Programms:

```
Variable := Funktionsname(Parameterliste);              (*Funktionsaufruf*)
```

Benutzervereinbarte Funktion als Programm im Programm

```
Vereinbarung:                                        Aufruf:
FUNCTION Zahl4: Integer;                             Wert := Zahl4;
FUNCTION Erhoehen(Par:Real): Real;                   WriteLn(Erhoehen(97));
FUNCTION FunBool(Zahl1,Zahl2:Real): Boolean;         IF MaxBool(7,1.5) THEN ;
FUNCTION FunChar(e1:Real;VAR e2:Char): Char;         z := FunChar(3.4,Zei);
```

Beispiele für Integer-, Real-, Boolean- und Char-Funktionen

3.5.2.2 Geschachtelter Aufruf von Funktionen

Zwei Formen der Schachtelung sind zu unterscheiden:
- Im Anweisungsteil der Funktion wird eine andere Funktion aufgerufen, die im Vereinbarungsteil deklariert wurde. Entsprechendes
  gilt natürlich auch für Prozeduren.
- In der Parameterliste der Funktion wird eine andere Funktion aufgerufen. Programm Maximum5 gibt dazu ein Beispiel.

Problemstellung zu Programm Maximum5:
Das Maximum von drei Zahlen ist dadurch zu ermitteln, daß die Aufrufe
```
VorlaeufigesMaximum := Max(z1,z2);
EndgueltigesMaximum := Max(VorlaeufigesMaximum);
```
durch den folgenden geschachtelten Funktionsaufruf ersetzt werden:
```
EndgueltigesMaximum := Max(Max(z1,z2),z3);
```

Pascal-Quelltext zu Programm Maximum5:

```
PROGRAM Maximum5;
  (*Maximum von drei Zahlen. Integer-Funktion mit geschachteltem Aufruf*)
VAR
  z1, z2, z3: Integer;


FUNCTION Max(a,b:Integer): Integer;
  BEGIN
    IF a > b
      THEN Max := a
      ELSE Max := b
  END;


BEGIN
  Write('Drei Zahlen? ');
  ReadLn(z1,z2,z3);
  WriteLn('Maximum = ',Max(Max(z1,z2),z3));
  WriteLn('Programmende Maximum5.')
END.
```

3.5.2.3 Rekursiver Aufruf von Funktionen

Rekursion bezeichnet das Aufrufen einer Funktion durch sich selbst:

1. Ein Unterprogramm (Funktion, Prozedur) heißt rekursiv, wenn es sich im Anweisungsteil erneut selbst aufruft.
2. Bei jedem Unterprogrammaufruf werden die derzeitigen Werte der lokalen Variablen auf dem *Rekursion-Stack* bis zur Fortsetzung des unterbrochenen Unterprogramms abgespeichert.
3. Der Compilerbefehl $A- erzeugt *rekursiven Code*, d.h. er legt Werte lokaler Variablen auf dem Rekursion-Stack ab. Die Voreinstellung $A+ hingegen erzeugt *absoluten Code*.
4. Jede Rekursion muß einmal beendet werden, d.h. eine Abbruchbedingung enthalten. Als Rekursions- bzw. Schachtelungstiefe bezeichnet man die Anzahl der Unterprogrammaufrufe.
5. Jede *Rekursion (Wiederholung mittels Schachtelung)* läßt sich auch als *Iteration (Wiederholung mittels Schleife)* lösen.

Kennzeichen der Rekursion im Überblick

Problemstellung zu den Programmen SummIt1 und SummRek1:
Am Beispiel der Summenbildung soll gezeigt werden, wie dasselbe Problem iterativ (SummIt1) und rekursiv (SummRek1) gelöst werden kann.

Pascal-Quelltext zu Programm SummIt1 (Summieren durch Iteration):

```
PROGRAM SummIt1;
   (*Summieren von Zahlen. Lösung durch Iteration*)


FUNCTION Summe: Integer;
VAR
   Zahl, Sum: Integer;
BEGIN
   Sum := 0;
   REPEAT
     Write('Zahl? '); ReadLn(Zahl);
     Sum := Sum + Zahl
   UNTIL Zahl = 0;
   Summe := Sum
END;
```

```
Zahlen eingeben (0=Ende)?
Zahl? 3
Zahl? 7
Zahl? 2
Zahl? 0
12
Programmende SummIt1.
```

```
BEGIN
  WriteLn('Zahlen eingeben (0=Ende):');
  WriteLn(Summe);
  WriteLn('Programmende SummIt1.')
END.
```

Rekursiver Aufruf der Funktion Summe: in Programm SummRek1:

- Über *WriteLn(Summe)* wird die parameterlose Funktion Summe zum ersten Mal aufgerufen.
- Das Ergebnis von Summe kann jedoch nicht (sofort) ausgegeben werden, da in Summe mittels *Summe := Summe + Zahl* ein rekursiver Aufruf vorgenommen wird:

```
Summe := Summe + Zahl
  |         |       |
  |         |       |_____________1. Lokale Variable Zahl in Summe.
  |         |_____________________2. 2., 3., 4., ... Aufruf von Funktion Summe.
  |_______________________________3. Funktionswert zuweisen.
```

Aufbauen des Rekursion-Stack:

- Beim 1. Funktionsaufruf erhält Zahl den Wert 3 (siehe Ausführungsbeispiel). Da 3 ungleich 0 ist, wird Summe erneut aufgerufen. Da $A- eingestellt ist, wird 3 als erster Wert auf dem Rekursion-Stack abgelegt und anschließend für die lokale Variable Zahl **erneut** Speicherplatz auf dem Stack zugewiesen.
- Nach dem Eintippen von 7 befinden sich auf dem Stack die 3 (auf sie kann nun nicht mehr zugegriffen werden) und die 7 (sie befindet sich gerade im Zugriff).
- Beim 3. Aufruf von Summe wird die 2 auf dem Stack abgelegt.
- Beim 4. Aufruf wird die 0 mittels *Summe:=0* der Funktion als Ergebnis zugewiesen. Da 0 als Endebedingung definiert ist, erfolgt nun kein weiterer rekursiver Aufruf von Summe mehr.

Abbauen des Rekursion-Stack:

- Auf dem Stack wird der 3. Wert 2 in Zahl verfügbar. Die Anweisung *Summe:=Summe+Zahl* kann ausgeführt werden: *Summe:=0+2* ergibt 2 als Ergebnis für Summe.
- Jetzt wird der zweite Stack-Wert 7 aktiviert und mit *Summe:=2+7* ergibt sich 9.
- Abschließend wird die 3 mit *Summe:=9+3* zu 12 als Endergebnis aufsummiert. Der Stack ist wieder abgebaut.
- Über *WriteLn(Summe)* kann nun die 12 ausgegeben werden.

Pascal-Quelltext zu Programm SummRek1 (Summieren durch Rekursion):

```
PROGRAM SummRek1;

  (*Summieren von Zahlen. Lösung durch Rekursion*)

  (*$A-*)


FUNCTION Summe: Integer;
VAR
  Zahl: Integer;
BEGIN
  Write('Zahl? '); ReadLn(Zahl);
  IF Zahl <> 0
    THEN Summe := Summe + Zahl
    ELSE Summe := 0
END;
```

```
Zahlen eingeben (0=Ende):
Zahl? 3
Zahl? 7
Zahl? 2
Zahl? 0
12
Programmende SummRek1.
```

```
BEGIN
  WriteLn('Zahlen eingeben (0=Ende):');
  WriteLn(Summe);
  WriteLn('Programmende SummRek1.')
END.
```

Aufgaben zu Abschnitt 3.5

1. Ändern Sie das Programm Euklid1 (Aufgabe 1, Abschnitt 3.4) zu einem Programm Euklid2 ab, damit eine Prozedur ggT mit den formalen Werteparametern a und b wie folgt aufgerufen wird:

```
PROGRAM Euklid2;
    (*Euklidischer Algorithmus zum ggT als Prozedur mit Werteparametern*)
VAR
    z1,z2,x,y: Integer;
PROCEDURE ggT(...

...

BEGIN
    Write('Zwei Zahlen? ');
    ReadLn(z1,z2);
    ggT(z1,z2);                          (*1. Aufruf von Funktion ggT*)
    Write('Noch zwei Zahlen? ');
    ReadLn(x,y);
    ggT(x,y);                            (*2. Aufruf von Funktion ggT*)
    WriteLn('Programmende Euklid2.')
END.
```

2. Ändern Sie das Programm Euklid1 (Aufgabe 1, Abschnitt 3.4) zu einem Programm Euklid3 ab, damit eine Funktion ggT mit den formalen Werteparametern a und b wie folgt aufgerufen wird:

```
PROGRAM Euklid3;
    (*Euklidischer Algorithmus zum ggT als Integer-Funktion*)
VAR
    z1,z2,x,y: Integer;
FUNCTION ggT(...
```

```
   BEGIN (*Beginn des Treibers*)
     Write('Zwei Zahlen? ');
     ReadLn(z1,z2);
     WriteLn('ggT = ',ggT(z1,z2));
     Write('Noch zwei Zahlen? ');
     ReadLn(x,y);
     WriteLn('ggt = ',ggT(x,y));
     WriteLn('Programmende Euklid3.')
   END. (*Ende des Treibers*)
```

3. Ändern Sie den Programmtreiber von Euklid3 (Aufgabe 2) so ab, daß der ggT von drei Zahlen ermittelt wird (Funktion ggT unverändert).

4. Entwickeln Sie die Funktion Pot. Verwenden Sie als formale Parameter Bas und Exp sowie als lokale Variablen z und Ergebnis.

```
PROGRAM Potenz1;
  (*Potenzieren. Integer-Funktion*)
VAR
  Basis, Exponent: Integer;
FUNCTION Pot(...

...
BEGIN
  Write('Basis Exponent? ');
  ReadLn(Basis,Exponent);
  Write('Potenz = ');
  IF Exponent > 0
    THEN WriteLn(Pot(Basis,Exponent))
    ELSE IF Basis = 0
            THEN WriteLn('nicht möglich.')
            ELSE WriteLn(1/Pot(Basis,Exponent));
  WriteLn('Programmende Potenz1.')
END.
```

5. Erstellen Sie den Treiber zu Programm DemoEnd1:

```
PROGRAM DemoEnd1;
  (*Schleifenende über Boolean-Funktion*)
FUNCTION Beenden: Boolean;
  VAR
    Zeichen: Char;
  BEGIN
    Write('Schleife beenden (j/n)? ');
    ReadLn(Zeichen);
    Beenden := Zeichen IN ['j','J']
  END;
BEGIN (*des Treibers*) ...
```

3 Programmierkurs mit Turbo Pascal 5.0

Die Bezeichnungen Textverarbeitung bzw. Stringverarbeitung beziehen
sich stets auf den einfachen Datentyp Char und den strukturierten Datentyp STRING.

3.6.1 Datentyp Char für Einzelzeichen

Wertevorrat des Datentyps Char:
- Alle Zeichen des Zeichensatzes gemäß dem ASCII. Durch die Or-
  dinalzahlen 0 - 255 als Ordnungszahlen ist ein Sortieren möglich.
- Druckbare Zeichen ab Ordnungsnummer 32. Nicht-druckbare
  Steuerzeichen bis Ordnungsnummer 31.
- Fünf Beispiele: Buchstabe 'h', Ziffer '6', Sonderzeichen '/', Steuer-
  zeichen #10 für Line Feed bzw. Zeilenvorschub mit Ordnungs-
  nummer 10 (andere Schreibweise: ^J), Hochkomma als Zeichen '''''.

Vereinbarung von Konstanten und Variablen:
- *CONST C2 = '%'* definiert die Konstante C2 mit dem Festwert '%'.
- *VAR C: Char* vereinbart die Variable C zur Aufnahme eines Zei-
  chens.

Vordefinierte Char-Funktionen:
- *Chr(i)* gibt das Zeichen mit der Ordnungsnummer i an. Chr(65)
  ergibt 'A'.
- *Pred(C)* gibt das Vorgängerzeichen an. Pred('B') ergibt 'A'.
- *Succ(C)* gibt das Nachfolgerzeichen an. Succ('x') ergibt 'y'.

Vordefinierte Ordnungsnummer-Funktionen:
- *Ord(C)* gibt die Ordnungsnummer an. Ord('A') ergibt 65.
- *Chr(Ord('A'))* ergibt wieder 'A' (Ord als Umkehrfunktion zu Chr).

3.6.1.1 ASCII-Tabelle

Problemstellung zu Programm CodeTab1:
Das Programm CodeTab1 soll die ASCII-Zeichen mit den Ordnungszahlen
32 bis 255 in Form einer Tabelle ausgeben (Laufvariable vom Char-Typ).

Pascal-Quelltext zu Programm CodeTab1:   Struktogramm zu CodeTab1:

```
PROGRAM CodeTab1;
  (*ASCII-Code als Tabelle. Zählervariable vom Char-Typ*)
VAR
  z: Char;
  i: Integer;
BEGIN
  i := 0;
  FOR z := ' ' TO #255 DO
  BEGIN
    Write(z:3);
    i := i + 1;
    IF i MOD 16 = 0 THEN WriteLn;
  END;
  WriteLn('Programmende CodeTab1.')
END.
```

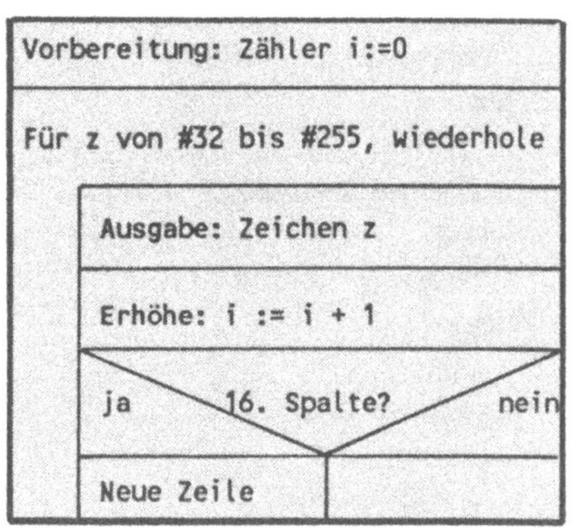

Ausführung zu Programm CodeTab1:

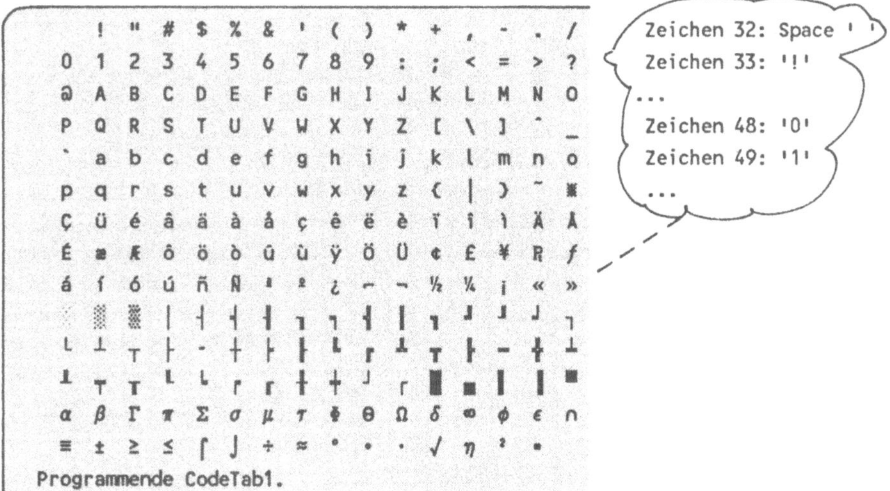

3.6.1.2 Menütechnik

Problemstellung zu Programm Menue1:
Kennzeichen der Menütechnik sind:
- Wiederholtes Angebot von Wahlmöglichkeiten über ein Menü.
- Bereitstellung von Prozeduren für die Wahlmöglichkeiten.
- Programmende über das Hauptmenü.

Ein Programm mit Namen Menue1 soll das *Strukturgerüst* zum Aufbau eines eigenen Menüprogramms bereitstellen, das - je nach Anwendung - den jeweiligen Anforderungen angepaßt werden kann.

Pascal-Quelltext zu Programm Menue1:   **Ausführung zu Menue1:**

```
PROGRAM Menue1;
   (*Strukturgerüst zur Menütechnik*)


PROCEDURE MenueWahl1;
BEGIN
  WriteLn('... Wahl1')
END;


PROCEDURE MenueWahl2;
BEGIN
  WriteLn('... Wahl2')
END;


PROCEDURE Menue;
VAR
  Auswahl: Char;
BEGIN
  REPEAT
    WriteLn(' 0   Ende');
    WriteLn(' 1   Wahl 1');
    WriteLn(' 2   Wahl 2');
    REPEAT
      ReadLn(Auswahl)
    UNTIL Auswahl IN ['0','1','2'];
    CASE Auswahl OF
      '1': MenueWahl1;
      '2': MenueWahl2
    END;
    WriteLn('Weiter mit Taste');
    ReadLn
  UNTIL Auswahl = '0'
END;


BEGIN
  Menue;
  WriteLn('Programmende Menue1.')
END.
```

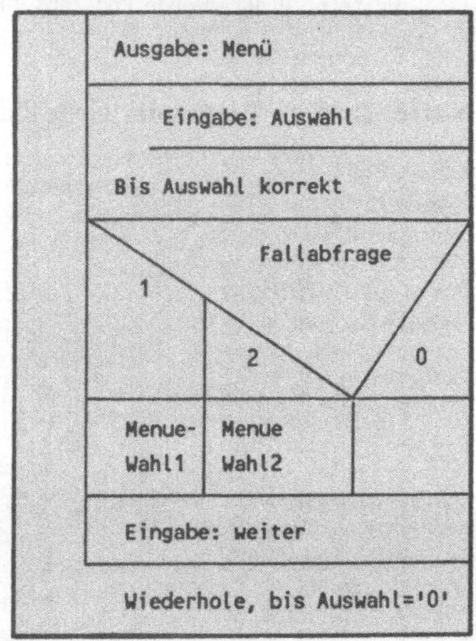

Ausführung zu Menue1:

Struktogramm zu Menue:

3.6.2 Datenstruktur STRING für Zeichenketten

Vereinbarung von Stringkonstante und Stringvariable:
- String als Zeichenkette mit einer Länge von bis zu 255 Zeichen.
- Die Elemente eines Strings sind Zeichen (Ziffer, Buchstabe, Sonderzeichen) vom Datentyp Char.

- 'Pascal' als String-Konstante und 'a' als Char-Konstante.
- *CONST K = 'Klaus'* vereinbart eine Stringkonstante mit einer Länge von fünf Zeichen.
- *VAR S: STRING[80]* vereinbart eine Stringvariable S zur Aufnahme von bis zu 80 Zeichen. Die Maximallänge des Strings ist zwischen [ ] oder (. .) anzugeben.
- *TYPE Str80 = STRING[80]* definiert Str80 als neuen Datentyp.
- Strings als Parameter von Unterprogrammen (Prozedur, Funktion) setzen eine explizite TYPE-Vereinbarung voraus.

```
VAR
   Stri: STRING[12]
BEGIN
   Stri := 'Heidelberg';
   Stri[4] := 'x';
```

	'H'	'e'	'i'	'x'	'e'	'l'	'b'	'e'	'r'	'g'		
0	1	2	3	4	5	6	7	8	9	10	11	12

Direktzugriff auf das 4. Element der 12-Elemente-Stringvariable Stri

Verarbeitung eines Strings:
- *S := 'Nelke'* legt fünf Zeichen linksbündig in der Stringvariablen S ab (der bisherige Inhalt von S wird dabei gelöscht).
- *S := S + 'n'* zur Stringaddition bzw. Stringverkettung (S enthält nun den Wert 'Nelken').
- *S[2] := '!'* legt das '!' in der 2. Stelle von S ab (nur der bisherige Wert der 2. Stelle von S wird überschrieben: 'N!lken').
- *WriteLn(S[i])* zum Direktzugriff über i als Indexvariable.

Vergleich zweier Strings S1 und S2 mit drei möglichen Fällen
- Gleichheit: S1 und S2 haben gleiche Länge und gleichen Inhalt.
- Kürzerer String S1 ist kleiner: *S1:='Pas'* und *S2:='Pascal'*.
- Längerer String S1 ist kleiner: *S1:='Pas'* und *S2:='Qa'*.
- Zum Stringvergleich sind alle Vergleichsoperatoren >, >?, <, <=, = bzw. <> zugelassen.

Vordefinierte Prozeduren zur Verarbeitung von Strings:
- *Delete(S,P,L)* löscht aus dem String S ab Position P genau L Zeichen.
- *Insert(S,D,P)* fügt den String S in den String D ab der Stelle P ein.
- *Str(N,S)* wandelt einen Integer/Real-Wert N in einen String S um.
- *Val(S,N,F)* wandelt den String S in einen Integer/Real-Wert N um und setzt F auf die Fehlerposition (F=0 bedeutet fehlerfrei).

Vordefinierte Funktionen zur Verarbeitung von Strings:

- *StrErgebnis := Copy(S,P,L)* entnimmt aus String S ab Position P genau L Zeichen (StrErgebnis ist vom Typ STRING vereinbart).
- *StrErgebnis := Concat(S1,S2,...,Sn)* verkettet die Strings S1 + S2 + ... + Sn.
- *NumErgebnis := Length(S)* gibt die aktuelle Länge des Strings S zurück. NumErgebnis ist vom Typ Integer vereinbart).
- *NumErgebnis := Pos(T,S)* gibt die Anfangsposition des Teilstrings T im String S zurück.

Kompatibilität zwischen Datenstruktur STRING und Datentyp Char
- Einzelelemente kann man zuweisen. *S[1] := C* oder *C := S[1]*.
- Aber: Eine mit *VAR S: STRING[1]* vereinbarte Stringvariable ist 2 Zeichen lang (da Länge als 0. Element). Eine mit *VAR C: Char* vereinbarte Zeichenvariable ist 1 Zeichen lang.

3.6.3 Grundlegende Algorithmen zur Stringverarbeitung

Problemstellung zu Programm String1:
Die Algorithmen zum Suchen, Entfernen, Einfügen, Kopieren, Umformen und Verschieben von Teilstrings in einem Gesamtstring sind grundlegend. Das Programm String1 soll diese Algorithmen am Beispiel eines 15-Elemente-Strings demonstrieren.

Pascal-Quelltext zu Programm String1:   **Strukturbaum zu String1:**

```
PROGRAM String1;
   (*Grundlegende Algorithmen zur Stringverarbeitung*)
CONST
   Anzahl = 20;
TYPE
   Str20    = STRING[Anzahl];
   Indextyp = 0..Anzahl;
VAR
   Gesamtstring, Teilstring: Str20;
   Position:                 Indextyp;
   Wahl:                     Integer;
   Beenden:                  Boolean;
```

Pascal-Quelltext zu Programm String1 (Fortsetzung):

```pascal
PROCEDURE Suchen(VAR Posi:Indextyp; VAR Gesamtstr,Teilstr: Str20);
  BEGIN
    Write('Welcher Gesamtstring? '); ReadLn(Gesamtstr);
    Write('Welcher Teilstring?   '); ReadLn(Teilstr);
    Posi := Pos(Teilstr,Gesamtstr);
    IF Posi = 0
      THEN WriteLn(Teilstr,' in ',Gesamtstr,' nicht gefunden.')
      ELSE WriteLn(Teilstr,' beginnt ab Position ',Posi,'.')
    END;

PROCEDURE Zeigen;
  BEGIN
    Suchen(Position,Gesamtstring,Teilstring);
  END;

PROCEDURE Entfernen;
  BEGIN
    Suchen(Position,Gesamtstring,Teilstring);
    IF Position <> 0 THEN
      BEGIN
        WriteLn('Gesamtstring bisher: ',Gesamtstring);
        Delete(Gesamtstring,Position,Length(Teilstring));
        WriteLn('Gesamtstring jetzt:  ',Gesamtstring)
      END
  END;

PROCEDURE Einfuegen;
  VAR
    Einfuegestring: Str20;
  BEGIN
    Suchen(Position,Gesamtstring,Teilstring);
    IF Position <> 0 THEN
      BEGIN
        Write('Vor ',Teilstring,' einzufuegender String? ');
        ReadLn(Einfuegestring);
        WriteLn('Gesamtstring bisher: ',Gesamtstring);
        Insert(Einfuegestring,Gesamtstring,Position);
        WriteLn('Gesamtstring jetzt:  ',Gesamtstring)
      END
  END;
```

Pascal-Quelltext zu Programm String1 (Fortsetzung):

```
PROCEDURE Kopieren;
  VAR
    Kopierposition: Indextyp;
  BEGIN
    Suchen(Position,Gesamtstring,Teilstring);
    IF Position <> 0 THEN
      BEGIN
        Write(Teilstring,' an welche Position kopieren? ');
        ReadLn(Kopierposition);
        WriteLn('Gesamtstring bisher: ',Gesamtstring);
        Insert(Teilstring,Gesamtstring,Kopierposition);
        WriteLn('Gesamtstring jetzt:  ',Gesamtstring);
      END
  END;
PROCEDURE Umkehren;
  VAR
    Laenge,I: Indextyp;
  BEGIN
    Suchen(Position,Gesamtstring,Teilstring);
    IF Position <> 0 THEN
      BEGIN
        WriteLn('Gesamtstring bisher: ',Gesamtstring);
        Laenge := Length(Teilstring);
        Teilstring := '';
        FOR I := Position+Laenge-1 DOWNTO Position DO
            Teilstring := Teilstring + Copy(Gesamtstring,I,1);
        Delete(Gesamtstring,Position,Laenge);
        WriteLn('Gesamtstring dann:   ',Gesamtstring);
        Insert(Teilstring,Gesamtstring,Position);
        WriteLn('Gesamtstring jetzt:  ',Gesamtstring)
      END
  END;
PROCEDURE Zaehlen;
  VAR
    Zaehler,I: Indextyp;
  BEGIN
    Suchen(Position,Gesamtstring,Teilstring);
    IF Position <> 0 THEN
      BEGIN
        Zaehler := 0;
        FOR I := Position TO Length(Gesamtstring) DO
          IF Copy(Gesamtstring,I,Length(Teilstring))=Teilstring
            THEN Zaehler := Zaehler+1;
        WriteLn(Teilstring,' ist ',Zaehler,' mal enthalten.')
      END
  END;
```

Pascal-Quelltext zu Programm String1:

```
BEGIN                                    Write('Wahl? '); ReadLn(Wahl);
  Beenden := False;                      CASE Wahl OF
  REPEAT                                    1: Zeigen;
    WriteLn('-------------------------');   2: Entfernen;
    WriteLn('0  Beenden');                  3: Einfuegen;
    WriteLn('1  String suchen');            4: Kopieren;
    WriteLn('2  String entfernen');         5: Umkehren;
    WriteLn('3  String einfuegen');         6: Zaehlen
    WriteLn('4  String kopieren');          ELSE Beenden := True
    WriteLn('5  String umkehren');        END;
    WriteLn('6  Strings zählen');          ReadLn
    WriteLn('-------------------------'); UNTIL Beenden;
                                          WriteLn('Programmende String1.')
                                        END.
```

Aufgaben zu Abschnitt 3.6

1. Ändern Sie das Programm CodeTab1 (Abschnitt 3.6.1.1) so zu einem Programm CodeTab2 ab, daß zusätzlich Überschriften 0,1,...,15 zu den Spalten und 32,48,64,... zu den Zeilen erscheinen.

2. Ein Programm ISBNumm1 soll z.B. die Prüfziffer X zur ISBN 3-528-04294-X wie folgt ermitteln: Ziffern 1-9 gewichtet summieren (3*1 + 5*2 + 8*3 + ... + 2*9), Summe durch 11 dividieren und ganzzahligen Rest (bzw. "X" für Rest=10) als Prüfziffer anfügen.

3. Entwickeln Sie ein Programm Analyse1, das die Anzahl der Vokale in einem String wie folgt ermittelt (sehen Sie die Prozedurfolge Eingabe, HaeufigkeitAbsolut, HaeufigkeitRelativ und Ausgabe vor):

```
Zu analysierender String?
Auswertung von Meßdaten mit dem PC vornehmen.

Vokal:  Absolute Häufigkeiten:  Relative Häufigkeiten:
------------------------------------------------------

   A              2                    0.154
   E              6                    0.462
   I              1                    0.077
   O              2                    0.154
   U              2                    0.154

Programmende Analyse1.
```

3
Programmierkurs mit Turbo Pascal 5.0

3.7.1 Datenstruktur ARRAY für Felder

Vereinbarung von Arrays:
- Ein Array wird durch Name, Indextyp und Elementtyp vereinbart:
    Variablenname: ARRAY[Indextyp] OF Elementtyp;
- Der Indextyp muß abzählbar sein: Integer, Byte, Char, Boolean, Aufzähltyp oder Teilbereichstyp, zwischen [ ] bzw. (. .) gesetzt.
- Der Elementtyp ist beliebig: einfach oder strukturiert.
- Vereinbarung in Kurzform mit VAR (Typen implizit definiert) oder in Langform mit TYPE (alle Typen explizit definiert) und VAR.
- Arrays als Parameter für Unterprogramme (Prozedur, Funktion) erfordern die explizite TYPE-Vereinbarung in der Langform.

Array x in Kurzform mit VAR vereinbaren:

```
    VAR
       x: ARRAY[1..6] OF Integer;          (*Integer-Array namens x*)
       i: Integer;                         (*Indexvariable i*)
```

Array x in Langform mit CONST, TYPE und VAR vereinbaren:

```
    CONST
      Unten = 300; Oben = 1700;
    TYPE                                    (*explizite bzw. benannte*)
      Elementtyp = Unten..Oben;            (*Typvereinbarungen*)
      Indextyp = 1..6;
      Arraytyp = ARRAY[Indextyp] OF Elementtyp;
    VAR
       x: Arraytyp;
       i: Indextyp;
```

Vereinbarung eines Arrays

Verarbeitung elementweise (mit Indizierung) oder komplett:
- Einen Array x elementweise über die Indexvariable i eingeben:

```
    FOR i := 1 TO 6 DO
       ReadLn(x[i]);
```

230	927	1003	333	491	72
1	2	3	4	5	6

- Typgleiche Arrays komplett zuweisen

```
    xKopie := x;
```

- Vergleichsoperationen sind nur elementweise durchführbar.

Unterscheidung von Arrays nach Elementtypen an Beispielen:
- Real-Array: *VAR R1: ARRAY[1..6] OF Real;*
- Integer-Array: *VAR I1: ARRAY[1..20] OF Integer;*

- Byte-Array: *VAR B1: ARRAY[-10..3] OF Byte;*
- Boolean-Array: *VAR B1: ARRAY[2..9] OF Boolean;*
- Char-Array: *VAR C1: ARRAY[0..255] OF Char;*
- STRING-Array: *VAR S1: ARRAY[10..33] OF*
                           STRING[20];
- Aufzähltyp-Array: *VAR A1: ARRAY[1..9]*
                           OF (Mo,Di,Mi,Don);
- Teilbereichstyp-Array: *VAR T1: ARRAY[8..15]*
                           OF 15000..32500;

Unterscheidung von Arrays nach Indextypen an Beispielen:
- Elementtyp Char: *VAR I1C: ARRAY['m'..'s']*
                           OF Integer;
- Elementtyp Boolean: *VAR I1B: ARRAY[Boolean]*
                           OF Integer;
- Elementtyp Aufzählung: *TYPE Tage = (Mo,Di,Mi,Don,Fr,Sa);*
                           VAR R1A: ARRAY[Tage] OF Real;

Unterscheidung von Arrays je nach Dimensionen an Beispielen:
- Zweidimensionaler Char-Array als Tabelle mit drei waagrechten Zeilen und vier senkrechten Spalten:
     VAR Tabelle1: ARRAY[1..3,1..4] OF Char;
- Tabelle mit Char-Zeilenindex und Integer-Spaltenindex:
     VAR Tabelle2: ARRAY['a'..'f',10..15] OF Integer;
- Dreidimensionaler Real-Array als Würfel mit 125 Elementen:
     VAR Wuerfel1: ARRAY[1..5,1..5,1..5] OF Real;

Array als typisierte Konstante bzw. initialisierte Variable:
     TYPE BereichsTyp = ARRAY[1..6] OF STRING[4];
     CONST
       Bereich: BereichsTyp = ('Verk','Eink','Prod','Verw','Werb','Lag');

3.7.1.1 Eindimensionaler Array

Problemstellung zu Programm Lotto1:
Ein Programm Lotto1 soll sechs Lottozahlen zwischen 1 und 49 erzeugen. Durch Verwendung eines Boolean-Arrays *Lotto* werden Lottozahlen ohne Wiederholung in sortierter Reihenfolge z.B. wie folgt ausgegeben:

```
 2 14 18 21 30 45
Programmende Lotto1.
```

```
13 26 27 28 39 41
Programmende Lotto1.
```

Pascal-Quelltext zu Programm Lotto1:

```pascal
PROGRAM Lotto1;
  (*Lottozahlen erzeugen über Boolean-Array*)
VAR
  z , Tip: Integer;
  Lotto : ARRAY[1..49] OF Boolean;
BEGIN
  FOR z := 1 TO 49 DO                 (*Lotto[z]=False bedeutet "Lottozahl z*)
    Lotto[z] := False;                (*ist noch nicht gezogen worden*)
  FOR z := 1 TO 6 DO
  BEGIN
    REPEAT
      Tip := Random(49)+1;           (*Zufallszahl zwischen 1 - 49 erzeugen*)
    UNTIL NOT Lotto[Tip];
    Lotto[Tip] := True               (*Tip als neue Lottozahl speichern*)
  END;
  FOR z := 1 TO 49 DO
    IF Lotto[z] THEN Write(z:3);      (*Der Index z ist die Lottozahl*)
  WriteLn; WriteLn('Programmende Lotto1.')
END.
```

3.7.1.2 Zweidimensionaler Array

Problemstellung zu Programm Tabelle1:
Einen zweidimensionalen Array kann man sich als Tabelle mit waagrechten Zeilen und senkrechten Spalten vorstellen. Das Programm Tabelle1 soll zwei 12-Elemente-Tabellen (3 Zeilen, 4 Spalten) mit Zufallszahlen zwischen 1 und 100 belegen und dann in eine dritte Tabelle elementweise addieren.

Pascal-Quelltext zu Programm Tabelle1:   **Strukturbaum zu Tabelle1:**

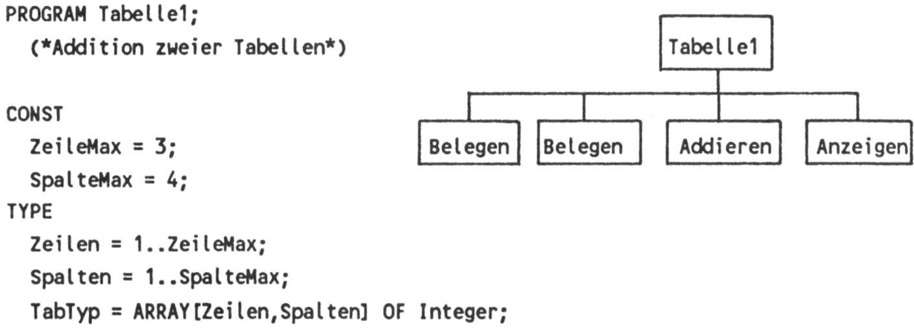


```pascal
PROGRAM Tabelle1;
  (*Addition zweier Tabellen*)

CONST
  ZeileMax = 3;
  SpalteMax = 4;
TYPE
  Zeilen = 1..ZeileMax;
  Spalten = 1..SpalteMax;
  TabTyp = ARRAY[Zeilen,Spalten] OF Integer;
```

```
VAR
  Tab1, Tab2, Tab3: TabTyp;
  z: Zeilen;
  s: Spalten;

PROCEDURE Belegen(VAR T:TabTyp);
BEGIN
  FOR z := 1 TO ZeileMax DO
  BEGIN
    FOR s := 1 TO SpalteMax DO
    BEGIN
      T[z,s] := Random(100) + 1;
      Write(T[z,s]:5)
    END;
    WriteLn
  END
END;


PROCEDURE Addieren(T1,T2:TabTyp; VAR T3:TabTyp);
BEGIN
  FOR z := 1 TO ZeileMax DO
    FOR s := 1 TO SpalteMax DO
      T3[z,s] := T1[z,s] + T2[z,s]
END;


PROCEDURE Anzeigen(T:TabTyp);
BEGIN
  FOR z := 1 TO ZeileMax DO
  BEGIN
    FOR s := 1 TO SpalteMax DO
      Write(T[z,s]:5);
    WriteLn
  END
END;


BEGIN                               (*von Tabelle1 als Treiber(-Programm*)
  WriteLn('Erste Tabelle:');
  Belegen(Tab1);
  WriteLn('Zweite Tabelle:');
  Belegen(Tab2);
  Addieren(Tab1,Tab2,Tab3);
  WriteLn('Addition der Tabellen:');
  Anzeigen(Tab3);
  WriteLn('Programmende Tabelle1.')
END.                                (*von Tabelle1 als Treiber*)
```

Struktogramm zu Belegen:

Für z von 1 bis 3, wiederhole

Für s von 1 bis 4, wiederhole

Zufallszahl nach T[Zeile z und Spalte s] zuweisen

Leerzeile ausgeben

Ausführung zu Programm Tabelle1:

```
   Erste Tabelle:
      66   70   84   40
      71   10   50   17
      91   78    7   59
   Zweite Tabelle:
      96   65   61   52
      20   85    5   42
      91   15    2    5

   Addition der Tabellen:
     162  135  145   92
      91   95   55   59
     182   93    9   64
   Programmende Tabelle1.
```

Aktueller Parameter im Treiberprogram:
Tab1
Formaler Parameter in Prozedur Belegen:
T
Aktueller Parameter im Treiberprogramm:
Tab2
Formaler Parameter in Prozedur Belegen:
T
Aktueller Parameter in Treiber:
 Tab3
Formaler Parameter in Prozedur Anzeigen:
T

3.7.2 Grundlegende Algorithmen zur Tabellenverarbeitung

Grundlegende Algorithmen zur Verarbeitung von Tabellen (Arrays, Feldern, Listen, Bereichen) sind:

- *Initialisieren* (Elemente mit bestimmtem Anfangswert belegen).
- *Eingeben* (elementweise von Tastatur bzw. Diskette einlesen).
- *Verschieben* (Elemente um Indexplätze versetzen).
- *Umdrehen* (Elemente spiegeln (letztes wird erstes Element usw.).
- *Kopieren* (elementweise vom Quell- in den Zielarray übertragen).
- *Auswählen* (Elemente nach Index oder Wert selektieren).
- *Summieren* (Wert aller Elemente addieren).
- *Suchen* (bestimmten, größten bzw. kleinsten Wert ermitteln).

Problemstellung zu Programm Array1:
Ein Programm Array1 soll die obigen Algorithmen am Beispiel eines Integer-Arrays demonstrieren:

Pascal-Quelltext zu Programm Array1:

In dem auf den folgenden fünf Seiten wiedergegebenenProgramm Array sind die Algorithmen in den Prozeduren *Initialisieren, Eingeben, VerschiebenLinks, VerschiebenRechts, Umdrehen, Kopieren, AuswaehlenIndex, AuswaehlenWert* und *SummierenMax* computerverständlich formuliert.

Pascal-Quelltext zu Programm Array1:

```pascal
PROGRAM Array1;
  (*Grundlegende Algorithmen zum Array*)
CONST
  Anzahl = 9;
VAR
  Z:      ARRAY[1..Anzahl] OF Integer;
  Wahl, i: Integer;
  Beenden: Boolean;

PROCEDURE Anzeigen;
  BEGIN
    FOR i := 1 TO Anzahl DO
      Write('[',i,']=',Z[i],'  ');
    WriteLn; ReadLn
  END;

PROCEDURE Initialisieren;
  BEGIN
    FOR i := 1 TO Anzahl DO
      Z[i] := 0
  END;

PROCEDURE Eingeben;
  VAR
    Index, Wert: Integer;
  BEGIN
    WriteLn('Werte eingeben (Ende=Index ausserhalb [1..10]):');
    Write('Index Wert? '); ReadLn(Index,Wert);
    WHILE Index IN [1..Anzahl] DO
    BEGIN
      Z[Index] := Wert;
      Write('Index Wert? '); ReadLn(Index,Wert)
    END
  END;

PROCEDURE VerschiebenLinks;
  BEGIN
    FOR i := 1 TO Anzahl-1 DO
      Z[i] := Z[i+1];
    WriteLn('Elemente 2-10 um 1 nach links verschoben.')
  END;
```

Pascal-Quelltext zu Programm Array1 (erste Fortsetzung):

```pascal
PROCEDURE VerschiebenRechts;
  BEGIN
    FOR i := Anzahl DOWNTO 2 DO
      Z[i] := Z[i-1];
    WriteLn('Elemente 9-1 um 1 nach
  END;         rechts verschoben.')


PROCEDURE Umdrehen;
  VAR
    Hilf: Integer;       (*Hilfsvariable
  BEGIN
    FOR i := 1 TO 5 DO
    BEGIN
      Hilf := Z[i];
      Z[i] := Z[Anzahl-i+1];
      Z[Anzahl-i+1] := Hilf
    END;
   WriteLn('Elemente 1 und 10, 2 und 9,
  END;      ... ausgetauscht.')


PROCEDURE Kopieren;
  VAR
    von, nach: Integer;
  BEGIN
    Write('... kopieren: von nach? ');
    ReadLn(von,nach);
    Z[nach] := Z[von]
  END;


PROCEDURE AuswaehlenIndex;
  VAR
    Schrittweite: Integer;
  BEGIN
    Write('Schrittweite fuer Index? ');
    ReadLn(Schrittweite);
    i := 1;
    WHILE i <= 10 DO
    BEGIN
      Write(Z[i],' ');
      i := i + Schrittweite
    END;
    WriteLn
  END;


PROCEDURE AuswaehlenWert;
  VAR
    KleinsterWert: Integer;
  BEGIN
    Write('Kleinster anzuzeigender Wert? ');
    ReadLn(KleinsterWert);
    FOR i := 1 TO Anzahl DO
      IF Z[i] >= KleinsterWert
        THEN Write(Z[i],' ');
    WriteLn
  END;


PROCEDURE SummierenMax;
  VAR
    Summe, Max: Integer;
  BEGIN
    Summe := Z[1]; Max := Z[1];
    FOR i := 2 TO Anzahl DO
    BEGIN
      Summe := Summe + Z[i];
      IF Z[i] > Max
        THEN Max := Z[i]
    END;
    WriteLn('Summe: ',Summe,', Maximum: ',Max)
  END;


BEGIN
  Initialisieren;
  Beenden := False;
  REPEAT
    WriteLn('-------------------------------');
    WriteLn('0  Programmende');
    WriteLn('1  Array initialisieren');
    WriteLn('2  Array eingeben');
    WriteLn('3  Array links verschieben');
    WriteLn('4  Array rechts verschieben');
    WriteLn('5  Array umdrehen');
    WriteLn('6  Array kopieren');
    WriteLn('7  Array nach Index auswählen');
    WriteLn('8  Array nach Wert auswählen');
    WriteLn('9  Array summieren und Maximum');
    WriteLn('-------------------------------');
    Write('Wahl? '); ReadLn(Wahl);
```

Pascal-Quelltext zu Programm Array1 (Fortsetzung):

```
  CASE Wahl OF
    1: Initialisieren;
    2: Eingeben;
    3: VerschiebenLinks;
    4: VerschiebenRechts;
    5: Umdrehen;
    6: Kopieren;
    7: AuswaehlenIndex;
    8: AuswaehlenWert;
    9: SummierenMax
    ELSE Beenden := True
  END;
  Anzeigen
UNTIL Beenden;
WriteLn('Programmende Array1.')
END.
```

Ausführung zu Programm Array1:

```
----------------------------------
0  Programmende
1  Array initialisieren
2  Array eingeben
3  Array links verschieben
4  Array rechts verschieben
5  Array umdrehen
6  Array kopieren
7  Array nach Index auswählen
8  Array nach Wert auswählen
9  Array summieren und Maximum
----------------------------------
Wahl? 2
Index Wert? 3 12
Index Wert? 5 66
Index Wert? 7 10
Index Wert? 1 43
Index Wert? 2 97
Index Wert? 9 50
Index Wert? 8 70
Index Wert? 4 11
Index Wert? 6 31
Index Wert? 0
[1]=43   [2]=97   [3]=12   [4]=11   [5]=66   [6]=31   [7]=10   [8]=70   [9]=50
```

```
Wahl? 3
Elemente 2-10 um 1 nach links verschoben.
[1]=97  [2]=12  [3]=11  [4]=66  [5]=31  [6]=10  [7]=70  [8]=50  [9]=50


Wahl? 4
Elemente 9-1 um 1 nach rechts verschoben.
[1]=97  [2]=97  [3]=12  [4]=11  [5]=66  [6]=31  [7]=10  [8]=70  [9]=50


Wahl? 5
Elemente 1 und 10, 2 und 9, ... ausgetauscht.
[1]=50  [2]=70  [3]=10  [4]=31  [5]=66  [6]=11  [7]=12  [8]=97  [9]=97


Wahl? 6
... kopieren: von nach? 3 6
[1]=50  [2]=70  [3]=10  [4]=31  [5]=66  [6]=10  [7]=12  [8]=97  [9]=97
```

Aufgaben zu Abschnitt 3.7

1. Testen Sie das Programm Array2 für Zahl = 1, 2, 7 und über 7.

```
PROGRAM Array2;
VAR
   x: Integer;
   y: ARRAY[1..5] OF Integer;
BEGIN
   Write('Zahl? '); ReadLn(y[1]);
   FOR x := 2 TO 5 DO y[x] := x + y[1]*y[x-1];
   FOR x := 5 DOWNTO 1 DO Write(y[x],' '); WriteLn;
   Write('Programmende Array2.')
END.
```

2. Entwickeln Sie die Prozeduren Bubble und Ausgabe. Der Bubble Sort geht durch paarweises Austauschen vor: Ekkehard-Tillmann bleibt, Tillmann-Severin austauschen, Tillmann-Lena austauschen, Tillmann-Klaus austauschen, Tillmann-Anita austauschen. Beim nächsten Durchlauf wieder beginnen: Ekkehard-Severin bleibt, ...

```
PROGRAM Sort1;
   (*Bubble Sort in einem String-Array. Initialisierte Arrayvariable*)
CONST
   Anzahl = 6;
TYPE
   Elementtyp = STRING[20];
   Arraytyp = ARRAY[1..Anzahl] OF Elementtyp;
CONST
   Name: Arraytyp =('Ekkehard','Tillmann','Severin','Lena','Klaus','Anita');
PROCEDURE Ausgabe(...
PROCEDURE Bubble(...
```

```
BEGIN
  Ausgabe(Name);
  Bubble(Name);
  Ausgabe(Name);
  WriteLn('Programmende Sort1.')
END.
```

3. Entwickeln Sie das Programm PasDreil für max. 14 Zeilen (Variablen:
   x, y, z (Integer) und Zahl (20-Elemente-Integer-Array für die Zeile).

```
Zeilenanzahl des Pascalschen Dreiecks? 5
              1
            1   1
          1   2   1
        1   3   3   1
      1   4   6   4   1
Programmende PasDrei1.
```

4. Serielle Reihenfolgesuche nach einem Namen in einem String-Array.
   a) Entwickeln Sie die Prozeduren Eingabe, SerielleSuche und Ausga-
      be zum Programm SuchNam1.

```
Wieviele Namen (maximal 20)? 3
1. Name? Diskette
2. Name? CPU
3. Name? Hard Disk
Suchbegriff? CPU
CPU an 2. Position gefunden.
Programmende SuchNam1.

Wieviele Namen (maximal 20)? 2
1. Name? Heidelberg
2. Name? Freiburg
Suchbegriff? Heidelberger
Fehler. Nicht gefunden.
Programmende SuchNam1.
```

```
PROGRAM SuchNam1;
  (*Suchen in String-Array*)
TYPE
  Stri30 = STRING[30];
CONST
  MaxAnzahl = 20;
VAR
  Name: ARRAY[1..MaxAnzahl] OF Stri30;
  NameSuch: Stri30;
  i, Anzahl: 1..MaxAnzahl;
  Vorhanden: Boolean;

PROCEDURE Eingabe;
BEGIN
  ...
BEGIN (*vom Treiber*)
  Eingabe;
  SerielleSuche;
  Ausgabe;
  WriteLn('Programmende SuchNam1.')
END. (*vom Treiber*)
```

   b) Ändern Sie SuchNam1 zu einem Programm SuchNam2 ab, das frei
      von Seiteneffekten ist (ausschließlich lokale Variablen, Array als
      Parameter beim Proceduraufruf übergeben).

3 Programmierkurs mit Turbo Pascal 5.0

Turbo Pascal unterstützt die drei Dateitypen FILE OF, TEXT und FILE:

1. **Datensatzorientierte Datei als typisierte Datei** mit den Datenstrukturen RECORD (Verbund, Datensatz) und FILE OF (Datei).
2. **Textdatei als typisierte Datei** mit der Datenstruktur TEXT.
3. **Nicht-typisierte Datei** mit der Datenstruktur FILE.

3.8.1 Datensatzorientierte Datei als typisierte Datei

Eine Datei ist in Datensätze und Datenfelder gegliedert (Dateihierarchie).
Die Datensätze werden als RECORD-Strukturen und die Datei selbst als
FILE OF-Struktur dargestellt. Jeder Datensatz ist gleich lang (konstante
Satzlänge). Aufbauend auf die allgemeinen Grundlagen der Dateiverarbei-
tung (vgl. Abschnitt 1.3.5) ist nun auf die Datenstrukturen RECORD und
FILE OF einzugehen.

3.8.1.1 Datenstruktur RECORD für Datensätze

Vereinbarung im Format *RECORD BEGIN Datenfelder END*:
- Record (Datensatz) als Verbund von Komponenten (Datenfeldern),
  die unterschiedliche Datentypen haben können.
- Record-Variable *KundenRec* mit impliziter Typvereinbarung:

```
VAR
    KundenRec: RECORD
                   Nummer: Integer:          (*Drei Komponenten namens*)
                   Name:   STRING[20];        (*Nummer, Name und Umsatz*)
                   Umsatz: Real               (*mit verschiedenen Typen*)
               END;
```

- Ein Record als Parameter eines Unterprogramms (Prozedur, Funktion) erfordert die explizite (benannte) Typvereinbarung:

```
TYPE
    Kundensatz = RECORD                       (*Kundensatz als Typname*)
                     Nummer: Integer;
                     Name: STRING(.20.);
                     Umsatz: Real
                 END;
VAR                                           (*KundenRec als Datenfeld-*)
    KundenRec: Kundensatz;                     (*name bzw. Feldname*)
```

Unterscheidung von RECORD (Verbund) und ARRAY (Feld, Tabelle):

- Verschiedene Element-Typen   Gleiche Typen
- Element-Reihenfolge unwichtig   Reihenfolge fest
- Element-Zugriff über Namen   Zugriff über Index

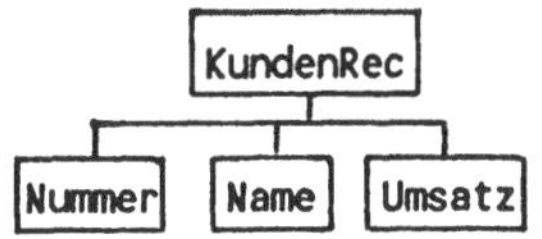

Verarbeitung des Records elementweise (Datenfeldname) oder komplett:
- *KundenRec.Name:='Klaus'* weist *'Klaus'* in das Datenfeld *Name* zu.
- *WriteLn(KundenRec.Umsatz:8:2)* zur Ausgabe des Umsatz-Feldes.
- Typgleiche Records als Einheit komplett zugewiesen:
  KundKopie:=KundenRec kopiert den Record mit allen Feldern.
- Vergleichsoperationen sind nur elementweise durchführbar.

WITH-Anweisung zum vereinfachten Zugriff auf Datenfelder:
- Identische Zuweisungen mit WITH (links), ohne WITH (rechts).

```
WITH KundenRec DO BEGIN
    Name := 'Severin';              KundenRec.Name := 'Severin';
    Umsatz := 46600.75              KundenRec.Umsatz := 46600.75;
END; (*von WITH*)
```

Records als Elemente anderer Datenstrukturen vereinbaren:
- Record mit Element(en) vom Record-Typ (Record-Schachtelung):
  ```
  RECORD ...; RECORD ... END; ... END;
  ```
- Record *Kundensatz* als Elementtyp eines Arrays *Kunden*:
  ```
  VAR Kunden: ARRAY[1..100] OF Kundensatz;
  ```
- Record *Kundensatz* als Elementtyp einer Datei Kundendatei:
  ```
  VAR Kundendatei: FILE OF Kundensatz.
  ```

Record als typisierte Konstante bzw. initialisierte Variable:
```
TYPE Kundensatz ... (*... wie oben ... *);
CONST
    KundenRec: Kundensatz = (Nummer: 119; Name:'Klaus'; Umsatz:7350.20);
```

3.8.1.2 Datenstruktur FILE OF für die Diskettendatei

Typisierte Datei mit Datensätzen gleicher Länge als Komponenten:
- *FILE OF* als reserviertes Wort zur Vereinbarung.
- Beispiel einer Kundendatei: Logischer Dateiname *KundenFil* als
  Dateivariable, *KundenRec* als Datensatzvariable, drei Datenfelder.

```
TYPE
   Kundensatz = RECORD
                   Nummer:Integer; Name:STRING[20]; Umsatz:Real
                END;
VAR
   KundenRec: Kundensatz;
   KundenFil: FILE OF Kundensatz;
```

- Datei mit Datensätzen als Komponenten, für die alle der gleiche Datentyp (hier Kundensatz) vereinbart wird; deshalb die Bezeichnung "typisierte Datei".
- *FILE OF*-Datei als Normalfall in der kommerziellen DV. Dabei wird für die Datensätze zumeist der *RECORD*-Typ vereinbart.
- Die Datensatzlänge ist konstant, die Anzahl der Sätze ist variabel.

3.8.1.3 Vordefinierte Prozeduren zum Dateizugriff

Die wichtigsten Prozeduren zur Verarbeitung der FILE OF-Datei sind *Assign, Close, Rewrite, Reset, Read* und *Write*.

Assign(Dateivariable als logischer Dateiname, Stringausdruck als physischer Dateiname)
- *Assign(ArtikelFil,'B:Kunden.DAT'),*um den physischen Dateinamen 'B:Kunden.DAT' der Dateivariablen *KundenFil* zuweisen.

Close(Dateivariable als logischer Dateiname)
- *Close(KundenFil)* schließt die Datei und aktualisiert das Directory.

Rewrite(Dateivariable)
- *Rewrite(KundenFil)* mit vier Aufgaben: 1. Derzeit offene Datei schließen, 2. Datei *KundenFil* öffnen, 3. ihren bisherigen Inhalt zerstören und 4. den Dateizeiger auf den ersten Datensatz mit Nummer 0 stellen.

Reset(Dateivariable)
- *Reset(KundenFil)* mit drei Aufgaben: 1. Derzeit offene Datei schließen, 2. Datei *KundenFil* öffnen und 3. den Dateizeiger auf den ersten Satz mit der Nummer 0 stellen.

Read(Dateivariable, Datensatzvariable)
- *Read(KundenFil,KundenRec)* zum Lesen von Diskette in den RAM: 1. Dateikomponente, auf die der Dateizeiger weist, in die Datensatzvariable *KundenRec* einlesen und 2. Dateizeiger um 1 erhöhen.

Write(Dateivariable, Datensatzvariable)
- *Write(KundenFil,KundenRec)* zum Schreiben auf Diskette: 1. Inhalt des Datensatzes *KundenRec* auf die Datei schreiben und 2. den Dateizeiger der Datei *KundenFil* um eins erhöhen.

Seek(Dateivariable, Datensatznummer)
- Seek(ArtikelFil,SatzNr) bewegt den Dateizeiger auf die Position, die in der Variablen *SatzNr* gerade abgelegt ist (Direktzugriff).

3.8.1.4 Vordefinierte Funktionen zum Dateizugriff

Wichtige Datei-Funktionen sind EoF, FilePos und FileSize.

b := EoF(Dateivariable als logischer Dateiname)
- Funktion mit dem Ergebnistyp Boolean zur Angabe des Dateiendes (EoF für "End of File" bzw. "Ende der Datei").
- *EoF(KundenFil)* gibt *True* an, sobald der Dateizeiger hinter den letzten Datensatz der Datei *KundenFil* weist.
- Das Dateiende wird durch Ctrl-Z, #26   bzw. Chr(26) markiert. *EoF(KundenFil)* ergibt *True*, wenn das **nächste** Zeichen Ctrl-Z ist.
- *WHILE NOT EoF(KundenFil) DO BEGIN...END* kontrolliert eine Schleife, "solange das Ende der Datei *KundenFil* nicht erreicht ist".

i := FilePos(Dateivariable)
- Funktion mit Ergebnistyp Integer zur Angabe der aktuellen Position des Dateizeigers.
- *FilePos(KundenFil)* ergibt 0, wenn der Dateizeiger auf den 1. Datensatz weist.
- *WriteLn(FilePos(ArtikelFil))* gibt die aktuelle Position des Dateizeigers aus, d.h. die Nummer des Datensatzes, der als nächster verarbeitet werden kann.

i := FileSize(Dateivariable)
- Funktion mit Ergebnistyp Integer zur Angabe der Dateilänge. Die Dateilänge ist gleich der Anzahl ihrer Datensätze.
- *FileSize(KundenFil)* ergibt 0, wenn die Datei *KundenFil* leer ist.
- *Seek(KundenFil,FileSize(KundenFil))* bewegt den Dateizeiger hinter den letzten Nutzdatensatz.
- Nach dem Öffnen mit Rewrite liefert *FileSize(ArtikelFil)* stets den Wert 0; nach dem Öffnen mit Reset hingegen wird die aktuelle Dateilänge gemeldet.

3.8.1.5 Menü-Verwaltung einer Kundendatei

Problemstellung zu Programm Kunden1:

Ein Programm namens Kunden1 soll eine Kundendatei über ein Menü verwalten. Struktur und Organisation der Kundendatei sind in Abschnitt 3.8.1.1 und 1.3.5 beschrieben.

Pascal-Quelltext zu Programm Kunden1:   **Ausführung zu Kunden1:**

```
PROGRAM Kunden1;

   (*Kundenverwaltung über Menü*)
TYPE

   Str20 = STRING[20];

   Kundensatz = RECORD

                   Nummer: Integer;

                   Name:   Str20;

                   Umsatz: Real;

                END;

   Kundendatei = FILE OF Kundensatz;
VAR

   KundenRec: Kundensatz;

   KundenFil: Kundendatei;

   Dateiname: STRING(.14.);

   NameSuch:  Str20;


PROCEDURE Vorlauf;
VAR

   Neu: Char;
BEGIN

   Write('Name der Datei (z.B. B:Kunden.DAT)? '); ReadLn(Dateiname);

   Assign(KundenFil,Dateiname);

   Write('Datei neu anlegen (j/n)? '); ReadLn(Neu);

   IF Neu = 'j'

      THEN Rewrite(KundenFil)     (*Achtung: bisherige Datei wird überschrieben*)

      ELSE Reset(KundenFil)       (*Inhalt der bisherigen Datei bleibt erhalten*)

END; (*von Vorlauf*)


PROCEDURE SatzAnzeigen;                    (*Inhalt des aktiven Satzes zeigen*)
BEGIN

   WITH KundenRec DO

   BEGIN

     WriteLn(' Kundennummer: ',Nummer);

     WriteLn(' Name:         ',Name);

     WriteLn(' Umsatz bisher: ',Umsatz:4:2);

   END

END; (*von SatzAnzeigen*)
```

```
Name der Datei (z.B. B:Kunden.DAT)?
Kunden.DAT
Datei neu anlegen (j/n)? j
Weiter mit Return ___

========================================
0 Ende:        Schließen aktive Datei
1 Suchen:      Sätze lesen und anzeigen
2 Auflisten: Alle Sätze seriell lesen
3 Anhängen:  Satz auf die Datei speichern
4 Öffnen:    Neue Datei auf Diskette öffnen
========================================
3
Kundennummer (0=Ende)? 101
Name?              Frei
Umsatz?            6500
Nummer (0=Ende)? 104
Name?              ........
```

```pascal
  PROCEDURE Suchen(VAR NameSuch:Str20);        (*Über den Namen sequentiell suchen*)
  VAR
    Gefunden: Boolean;
  BEGIN
    Seek(KundenFil,0);                         (*Satzzeiger auf den 1. Satz*)
    Write('Kundenname als Suchbegriff? '); ReadLn(NameSuch);
    Gefunden := False;
    WHILE NOT (Eof(KundenFil) OR Gefunden) DO
    BEGIN
      Read(KundenFil,KundenRec);
      IF NameSuch = KundenRec.Name THEN Gefunden:=True
    END;
    IF Gefunden
      THEN SatzAnzeigen
      ELSE BEGIN
             WriteLn('Satz ',NameSuch,' nicht vorhanden.');
             NameSuch := '0'                (*'0' als Merker speichern*)
           END
  END; (*von Suchen*)


  PROCEDURE Auflisten;
  VAR
    SatzNr: Integer;                       (*Für die relative Satznummer*)
  BEGIN
    Seek(KundenFil,0);
    SatzNr := -1;
    WriteLn('Satznummer:  Kundennummer:              Name:     Umsatz:');
    WHILE NOT Eof(KundenFil) DO
    BEGIN
      Read(KundenFil,KundenRec);
      SatzNr := SatzNr + 1;
      WITH KundenRec DO
      BEGIN
        WriteLn(SatzNr:6,': ',Nummer:15,Name:21,Umsatz:11:2)
      END
    END
  END; (*von Auflisten*)


  PROCEDURE Anhaengen;
  BEGIN
    Seek(KundenFil,FileSize(KundenFil)); (*Dateizeiger hinter den letzten Satz*)
    WITH KundenRec DO
      BEGIN
        Write('Kundennummer (0=Ende)? '); ReadLn(Nummer);
        WHILE Nummer <> 0 DO
        BEGIN
```

```
        Write('Name?              '); ReadLn(Name);
        Write('Umsatz?            '); ReadLn(Umsatz);
        Write(KundenFil,KundenRec);
        Write('Nummer (0=Ende)? '); ReadLn(Nummer)
      END;
    END
END; (*von Anhaengen*)


PROCEDURE Menue;
VAR
  Wahl: Char;
BEGIN
  REPEAT
    Write('Weiter mit Return'); ReadLn;
    WriteLn('=========================================================');
    WriteLn('0    Ende          Schließen aktive Datei = ',Dateiname);
    WriteLn('1    Suchen:       Sätze lesen und anzeigen');
    WriteLn('2    Auflisten:    Alle Sätze seriell lesen');
    WriteLn('3    Anhängen:     Satz auf die Datei speichern');
    WriteLn('4    Öffnen:       Neue Datei auf Diskette öffnen');
    WriteLn('=========================================================');
    ReadLn(Wahl);
    CASE Wahl OF
      '1': Suchen(NameSuch);
      '2': Auflisten;
      '3': Anhaengen;
      '4': Vorlauf;
    END
  UNTIL Wahl = '0';
END; (*von Menue*)


PROCEDURE Nachlauf;
BEGIN
  Close(KundenFil);
  WriteLn('Datei ',Dateiname,' geschlossen.')
END; (*von Nachlauf*)


BEGIN (*vom Programmtreiber zur Verwaltung der Kundendatei*)
  Vorlauf;
  Menue;
  Nachlauf;
  WriteLn('Programmende Kunden1.')
END.
```

3.8.2 Textdatei als typisierte Datei

Die *datensatzorientierte Datei* (Abschnitt 3.8.1) besteht aus Datensätzen als Komponenten gleicher Länge und wird durch FILE OF beschrieben. Die *Textdatei* besteht aus Zeilen variabler Länge als Komponenten und wird durch das reservierte Wort TEXT beschrieben.
 - Beispiel zur Vereinbarung: *VAR Textdatei: TEXT;*
 - Das Zeilenende wird durch die Ret-Taste, Chr(13) bzw. #13 als CR-LF-Sequenz markiert.
 - Das Dateiende wird durch Strg-Z, #26 bzw. Chr(26) markiert.

3.8.2.1 Textdatei zeilenweise beschreiben

Problemstellung zu Programm Text1:
Über das Programm Text1 sollen Strings Zeile für Zeile eingetippt und in eine Textdatei auf Diskette geschrieben werden.

Pascal-Quelltext zu Programm Text1:   **Ausführung zu Text1:**

```
PROGRAM Text1;
  (*Textdatei anlegen und beschreiben*)
  (*$B-*) (*Befehl zum Erkennen von EoF*)
VAR
  Dateiname: STRING[14];
  Textdatei: TEXT;
  Zeile:     STRING[255];

BEGIN
  WriteLn('Name der anzulegenden Textdatei?');
  ReadLn(Dateiname);
  Assign(Textdatei, Dateiname);
  ReWrite(Textdatei);                    (*Dateizeiger auf 0 setzen*)
  WriteLn('Ret=Zeilenende, Strg-Z=Textende:');
  REPEAT
    ReadLn(Zeile);
    WriteLn(Textdatei,Zeile)             (*Zeile mit #13 schreiben*)
  UNTIL EoF(Textdatei);                  (*Endemarke #26 abfragen*)
  Close(Textdatei);
  WriteLn('Programmende Text1.')
END.
```

```
Name der anzulegenden Textdatei?
Demo1.TXT
Ret=Zeilenende, Strg-Z=Textende:
Informatik mit
der Programmiersprache Pascal
macht Spaß.
Strg-Z
Programmende Text1.
```

3.8.2.2 Textdatei zeilenweise lesen

Problemstellung zu Programm Text2:
Ein Programm Text2 soll den Inhalt einer Textdatei Zeile für Zeile in den
RAM einlesen und am Bildschirm zeigen.

Pascal-Quelltext zu Programm Text2:   **Ausführung zu Text2:**

```
PROGRAM Text2;
  (*Textdatei zeilenweise lesen*)
VAR
  Dateiname: STRING[14];
  Textdatei: TEXT;
  Zeile:     STRING[255];

BEGIN
  Write('Textdateiname? ');
  ReadLn(Dateiname);
  Assign(Textdatei, Dateiname);      (*Dateivariable Textdatei verbinden*)
  Reset(Textdatei);                  (*Dateizeiger auf Position 0 stellen*)
  WHILE NOT EOF(Textdatei) DO
  BEGIN
    ReadLn(Textdatei,Zeile);         (*Zeichen bis zum CR nach Zeile einlesen*)
    WriteLn(Zeile)                   (*Zeichen am Bildschirm anzeigen*)
  END;
  Close(Textdatei);
  WriteLn('Programmende Text2.')
END.
```


Text von Diskette in dem RAM einlesen:
- *ReadLn(F,S)* liest von der Dateizeigerposition an Zeichen in den
  String S, bis *Ret* bzw. *Strg-Z* gelesen oder die Maximallänge von S
  erreicht ist.
- Die Steuerzeichen *Ret* bzw. *Strg-Z* werden in S nicht gespeichert.

3.8.3 Nicht-typisierte Datei

Bei der nicht-typisierten Datei kann man keine Komponenten mit bestimmten Datentypen vereinbaren. Grund: Das System nimmt die Ein-
und Ausgabe blockweise in Längen von 128 Bytes bzw. Vielfachen davon
vor:
- FILE als reserviertes Wort zur Vereinbarung. Beispiel:
  ```
  VAR Binaerdatei: FILE;
  ```

- Die Anweisungen *BlockRead* und *BlockWrite* dienen der blockweisen Übertragung in Längen von 128 Bytes oder Vielfachen davon.
- Kompatibilität: Eine typisierte Datei kann man nicht-typisiert verarbeiten (alle Sprachmittel außer *Read*, *Write* und *Flush* erlaubt).

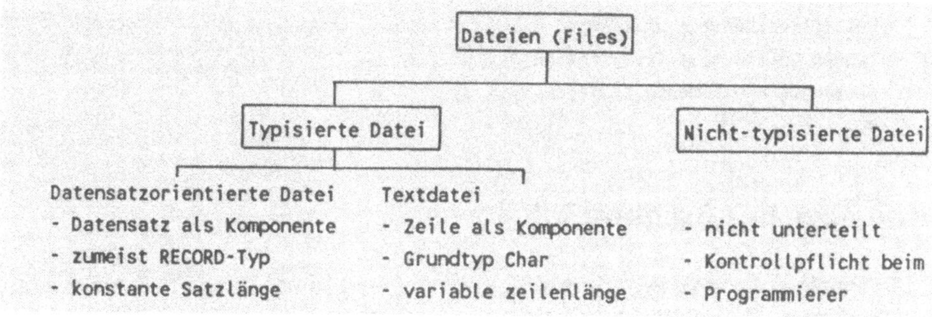

Typisierte und nicht-typisierte Dateien

Problemstellung zu Programm Kopieren:
Das Programm Kopieren soll als Utility genutzt werden können, um eine beliebige Datei von Diskette auf Diskette zu kopieren. Wie das Ausführungsbeispiel zeigt, umfaßt die Datei Text1.PAS (Abschnitt 3.8.2.2) fünf 128-Byte-Blöcke.

Pascal-Quelltext zu Programm Kopieren: **Ausführung zu Kopieren:**

```
PROGRAM Kopieren;
   (*Beliebige Textdatei auf Diskette kopieren*)
VAR
   Quelldatei, Zieldatei: FILE;
   nQuell, nZiel:         STRING[16
   Blocknummer:           Integer;
   Block:                 ARRAY[1..128] OF Byte;

BEGIN
   Write('Quelldateiname? '); ReadLn(nQuell);
   Assign(Quelldatei,nQuell);
   Reset(Quelldatei);
   Write('Zieldateiname? '); ReadLn(nZiel);
   Assign(Zieldatei,nZiel);
   ReWrite(Zieldatei);                          (*Datei neu anlegen*)
   Write('Block ');
```

```
FOR Blocknummer := 1 TO FileSize(Quelldatei) DO
BEGIN
  BlockRead(Quelldatei,Block,1);            (*Durch "1" wird jeweils ein*)
  BlockWrite(Zieldatei,Block,1);            (*128-Byte-Block übertragen*)
  Write(Blocknummer-1,' ');
  END;
  Write('kopiert.'); WriteLn;              (*Ausgabe von Kommentar*)
  Close(Quelldatei); Close(Zieldatei);
  WriteLn('Programmende Kopieren.')
END.
```

Aufgaben zu Abschnitt 3.8

1. Erweitern Sie das Programm Kunden1 (Abschnitt 3.8.1.5) so zu einem
   Programm Kunden2, daß im Menü zusätzlich die drei Prozeduren
   - *Aendern* (Menüwahl 4; einen Kunden über den Namen suchen, die
     Feldinhalte ändern und geänderten Satz zurückschreiben).
   - *LogischLoeschen* (Menüwahl 5; negativer Umsatz markiert einen Satz
     als logisch gelöscht).)
   - *PhysischLoeschen* (Menüwahl 6; Datei ohne logisch gelöschte Sätze
     auf eine Zieldatei kopieren).
   aufgerufen werden. Erweitertes Menü von Programm Kunden2:

```
===============================================================
   0   Ende          Schließen aktive Datei = Kunden.DAT
   1   Suchen:        Sätze lesen und anzeigen
   2   Auflisten:     Alle Sätze seriell lesen
   3   Anhängen:      Satz auf die Datei speichern
   4   Aendern:       Satzinhalt ändern bzw. aktualisieren
   5   Löschen:       Löschmarkierungen setzen/entfernen
   6   Entfernen:     Markierte Sätze physisch löschen
   7   Öffnen:        Neue Datei auf Diskette öffnen
===============================================================
```

2. Satzorientierte Datei: Entwickeln Sie ein Programm namens Artikel1,
   das eine wie folgt strukturierte Artikeldatei

```
TYPE
    Artikelsatz = RECORD
                    Nummer:       STRING[13];
                    Bezeichnung: STRING[20];
                    Bestand:      Integer;
                    Stueckpreis: Real;
                    LiefNr:       STRING[7]
                  END; (*von Stammsatz*)
    Artikeldatei = FILE OF Artikelsatz;
```

über ein Menü verwaltet und über die Menüwahl die Prozeduren Abfragen (einzelne Sätze suchen), Auflisten (Gesamtdatei seriell lesen), Anhaengen (Datenerfassung), Aendern, LogischLoeschen, PhysischLoeschen, Anlegen (neue Datei auf Diskette einrichten) und Vorlauf (Name für aktive Datei benennen) aufruft.

3. Oft fallen im Internspeicher Daten an (z.B. Zahlenreihen eines Versuches, die dann auf einem Externspeicher sicherzustellen sind. Entwikkeln Sie ein Programm Versuch1, das eine beliebige Zahlenreihe im RAM als Real-Array und auf Diskette als FILE OF Real speichert.
Ausführungsbeispiel zu Versuch1:   Strukturbaum zu Versuch1:

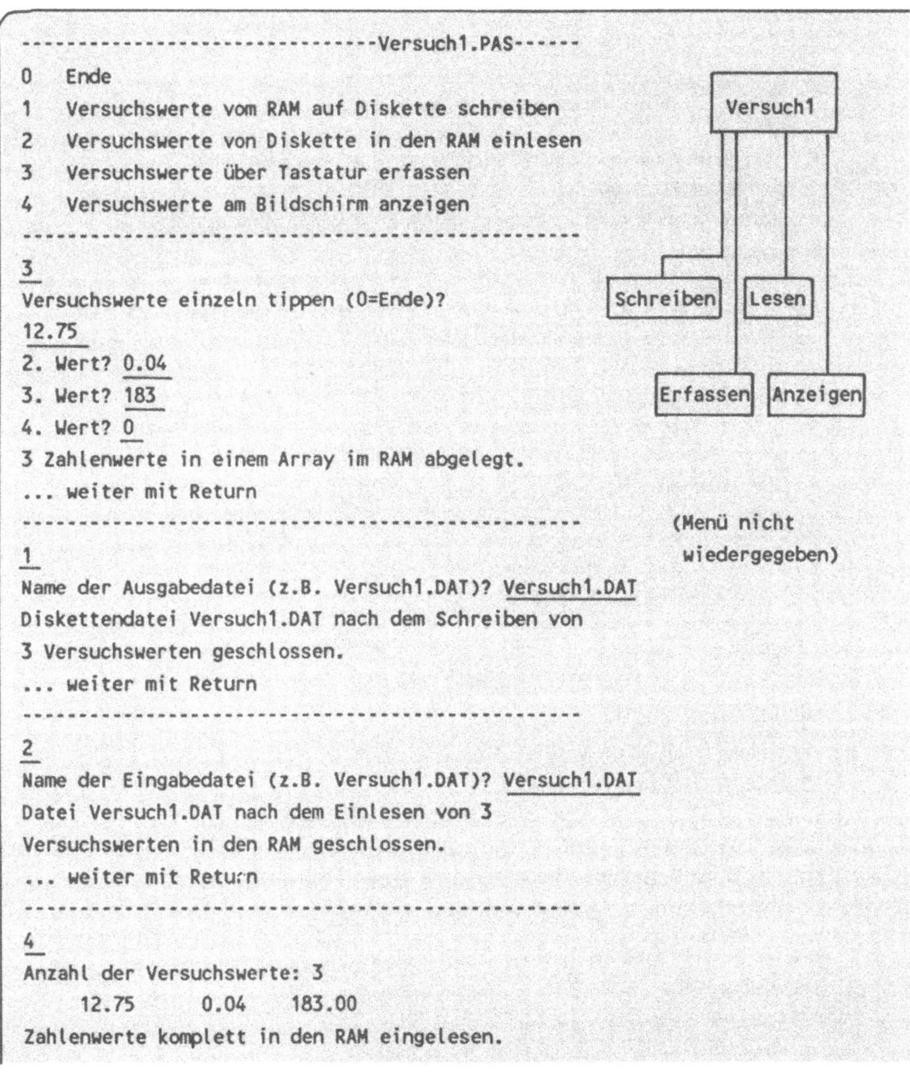

```
PROGRAM Versuch1;
   (*Versuchwerte als Real-Array erfassen, als FILE OF Real
     auf Diskette schreiben und von Diskette in den RAM einlesen*)
CONST
  MaxZahl = 100;          (*Annahme: bis zu 100 Zahlenwerte*)
TYPE
  Arraytyp = ARRAY[0..MaxZahl] OF Real;
VAR
  Versuchswerte: Arraytyp;
  Auswahl:       Char;


PROCEDURE Lesen(VAR ...
  ...

BEGIN  (*des Treibers*)
  REPEAT
    WriteLn('-------------------------------Versuch1.PAS------');
    WriteLn('0   Ende');
    WriteLn('1   Versuchswerte vom RAM auf Diskette schreiben');
    WriteLn('2   Versuchswerte von Diskette in den RAM einlesen');
    WriteLn('3   Versuchswerte über Tastatur erfassen');
    WriteLn('4   Versuchswerte am Bildschirm anzeigen');
    WriteLn('-------------------------------------------------');
    REPEAT
      ReadLn(Auswahl);
    UNTIL Auswahl IN ['0','1','2','3','4'];
    CASE Auswahl OF
      '1': Schreiben(Versuchswerte);
      '2': Lesen(Versuchswerte);
      '3': Erfassen(Versuchswerte);
      '4': Anzeigen(Versuchswerte)
    END;
    Write('... weiter mit Return'); ReadLn;
  UNTIL Auswahl = '0';
  WriteLn('Programmende Versuch1.')
END.  (*des Treibers*)
```


4. **Textdatei:** Aufbauend auf Programm Text2 (Abschnitt 3.8.2.2) ist ein
   Programm Text3 zu entwickeln, das eine Textdatei zeichenweise liest,
   um die Anzahl eines Zeichens z.B. wie folgt anzuzeigen:

```
Textdateiname? Demo1.TXT
ASCII-Nr. des zu lesenden Zeichens? 101
e 3 mal gefunden.
Programmende Text3.
```

3
Programmierkurs mit Turbo Pascal 5.0

3.9.1 Statische und dynamische Variablen

Statische Variablen:
Der Hauptspeicher ist durchnumeriert, wobei jede Nummer eine Adresse bezeichnet. Jeder Variablenname weist auf eine bestimmte Adresse bzw. auf den Wert, der ab dieser Adresse abgelegt ist. Da der Speicherplatzumfang während der Programmausführung gleich bleibt, spricht man von *statischen Variablen*. Man kann die Adressierung mit zwei Stufen wie folgt darstellen:

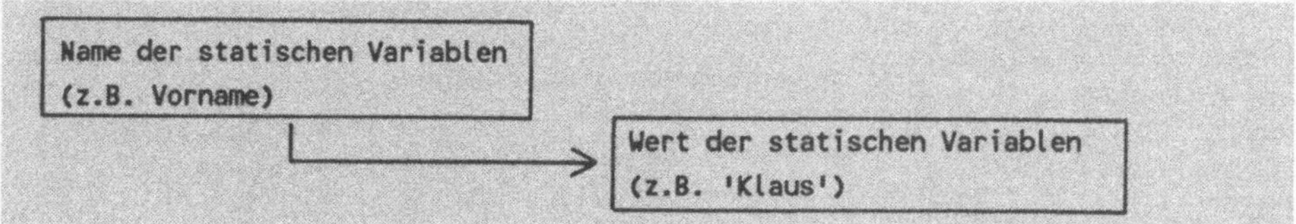

Beziehung Name - Wert bei einer statischen Variablen

Dynamische Variablen:
Man kann das zweistufige zu einem dreistufigen Vorgehen erweitern, in dem man eine Zeigervariable aufruft, in der eine Adresse als Verweis auf den eigentlichen (Nutz-)Wert gespeichert ist. Dieses auf den ersten Blick umständliche Vorgehen hat den Vorteil, daß man während der Programmausführung zusätzliche Variablen (z.B. für 'Lena' und 'Irene') *dynamisch* erzeugen kann, indem man Adreßzuweisungen in Zeigervariablen vornimmt:
- Die Zeigervariable P ist statisch im Vereinbarungsteil vereinbart.
- Die Variable P^ hingegen wird *dynamisch* mittels Zeigerverweis erzeugt. P^ liest man als "durch P angezeigt".

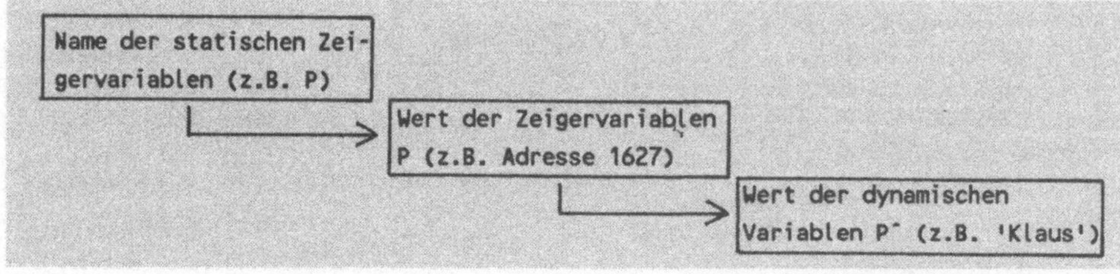

Beziehung "Name - Zeiger - Wert" bei dynamischen Variablen

3.9.2 Zeiger und dynamische Variable

Am Beispiel des Programmes Pointer1 soll der Zusammenhang zwischen Zeiger(-variable) (zum Beispiel P1) und dynamischer Variable (zum Beispiel P^) in sechs Schritten erklärt werden.

Schritt 1: Zeigervariable als statische Variable vereinbaren. Eine Zeigervariable ist eine "ganz normale" statische Variable. Durch die Vereinbarung

```
VAR P1: ^Integer;
```

wird eine Zeigervariable P1 eingerichtet, die auf Daten vom Typ Integer zeigt. Man sagt auch:

- P1 ist ein Zeiger auf eine Integer-Zahl; P1 kann später die Adresse einer Integer-Variablen enthalten.
- P1 ist ein Integer-Zeiger.

P1 kann als Integer-Zeiger nur auf Integer-Variablen zeigen, nicht aber zum Beispiel auf Boolean- oder Real-Variablen. Man bezeichnet dies als *Typbindung*. Die Typbindung erklärt sich daraus, daß eine Integer-Zahl zwei Bytes an Speicherplatz beansprucht, eine Real-Variable z. B. jedoch sechs Bytes. Ohne Typbindung würden die reservierten Speicherbereiche somit nicht mit dem Speicherplatzbedarf übereinstimmen.

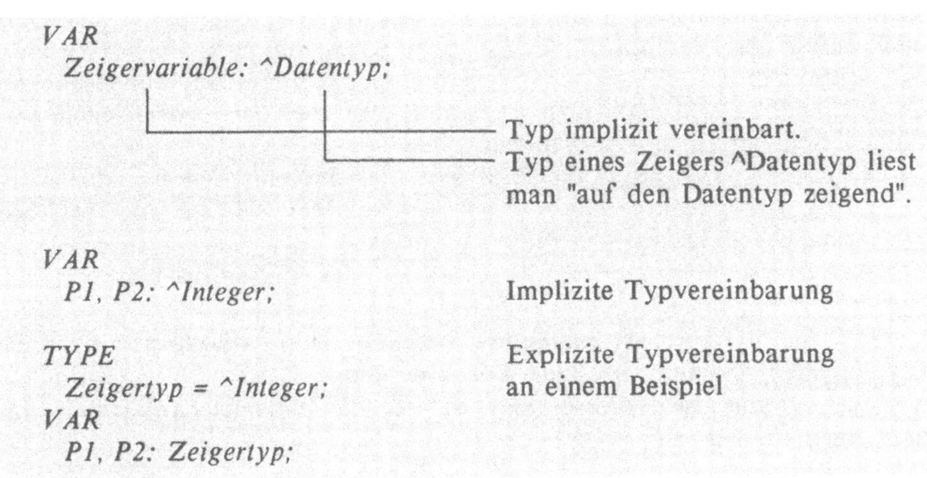

Zeigervariablen P1 und P2 mit impliziter und expliziter Typvereinbarung

Zeichen ^: Streng zu trennen ist, ob das Zeichen ^ (Caret, Hochpfeil) vor- oder nachgestellt geschrieben wird.

> 1. P1: ^Integer   für "Zeiger P1 auf Integer zeigend"
>
> 2. P1^   für "Wert des von Zeiger P1
>   angezeigten Speicherplatzes" als
>   *dynamische Variable*

Zwei Bedeutungen des Zeichens ^

Schritt 2: Prozedur New(Zeigervariable) reserviert Speicherplatz auf dem Heap. Mit der Vereinbarung der Zeigervariablen P1 ist noch kein Speicherplatz für *P1^* bereitgestellt. P1 enthält eine zufällige Adresse. Würde man etwas in *P1^* schreiben, so könnten wichtige Informationen im Speicher überschrieben werden. Mit

```
New(P1);
```

wird Speicherplatz in einem Speicherbereich bereitgestellt, den man *Heap (Haufen)* nennt; der Variablen P1 wird dabei die Adresse dieses Speicherplatzes zugewiesen.

- *P1^* ist der auf dem Heap reservierte Speicherbereich.
- Die Größe des reservierten Speicherbereichs entspricht dem Datentyp, auf den P1 zeigt (in Programm Pointer1 zwei Bytes).

Schritt 3: Dynamische Variable P1^ beschreiben und lesen. Nachdem man durch die Prozedur *New(P1);* zwei Bytes auf dem Heap reserviert hat, kann man die dynamische Variable P1^ beschreiben und lesen; zur Unterscheidung von statischen Variablen muß bei der dynamischen Variablen stets der Hochpfeil ^ folgen:

- *P1^ := 9999;* weist die Zahl 9999 der dynamischen Variablen P1^ zu. Anders ausgedrückt: 9999 wird an der Adresse abgelegt, auf die die Zeigervariable P1 gerade weist.
- *WriteLn(P1^);* gibt den Wert von P1^ am Bildschirm aus.

Dynamische Variable als namenlose Variable: Die Variable p1^ hat keinen (eigenen) Namen. Sie kann nur über einen Zeiger P1 angesprochen werden, der auf die Adresse zeigt, ab der die dynamische Variable auf dem Heap angelegt ist.

Schritt 4: Adreßzuweisung bei Zeigervariablen. Durch die Zuweisung

```
P2 := P1;
```

wird die im Zeiger P1 befindliche Adresse dem Zeiger P2 zugeweisen. P1 und P2 zeigen nun auf den gleichen Speicherplatz und damit auf die gleiche Integer-Zahl 9999. Die zwei Ausgabeanweisungen *WriteLn(P1^);* und *WriteLn(P2^);* sind somit identisch.

Schritt 5: Grenze des Heap nach oben verschieben Mit dem Aufruf
```
New(P2);
```
werden weitere zwei Bytes auf dem Heap reserviert, auf deren Anfangs-
adresse P2 zeigt. P2 beinhaltet jetzt eine um zwei Bytes höhere Speicheradresse als P1. Nach der Zuweisung *P2^ := 777;* bedindet sich die Zahl
777 "über" oder Zahl 9999 auf dem Heap.

Schritt 6: Heap-Speicherplatz mit Dispose(Zeigervariable) freigeben. Mit
```
Dispose(P1);
```
werden die über P1 adressierten zwei Bytes Speicherplatz auf dem Heap
freigegeben. Im Gegensatz zu statischen Variablen kann man dynamische
Variablen damit sozusagen "zur Ausführungszeit löschen".
Eine dynamische Variable kann zur Ausführungszeit durch die New-Pro-
zedur erschaffen und durch die Dispose-Prozedur gelöscht werden.

Pascal-Quelltext zu Programm Pointer1:   **Ausführung zu Pointer1:**

```
PROGRAM Pointer1;
   {Pointer auf dynamische Variable}


VAR
  P1,P2: ^Integer;                       {Schritt 1}


BEGIN
  New(P1);                               {Schritt 2: Variable dynamisch erzeugen}
  P1^ := 9999;                           {Schritt 3: Dynamische Variable}
  WriteLn('1. ',P1^);                            {beschreiben und lesen}
  P2 := P1;                              {Schritt 4: Adreßzuweisung}
  WriteLn('2. ',P2^);
  New(P2);                               {Schritt 5: Speicherplatz auf Heap}
  P2^ := 777;                                    {reservieren}
  WriteLn('3. ',P1^,' ',P2^);
  Dispose(P1); Dispose(P2);              {Schritt 6: Speicherplatz auf Heap}
  WriteLn('Programmende Pointer1.')              {freigeben}
END.
```

```
1. 9999
2. 9999
3. 9999 777
Programmende Pointer1.
```

Zusammenfassung zu dynamischen Variablen und Zeigervariablen:
- Statische Variablen existieren bereits vor Beginn des Anweisungs-
  teils, während dynamische Variablen erst im Zuge der Programm-
  ausführung erzeugt werden.
- Eine dynamische Variable hat keinen Namen und kann nur über
  Zeiger beschrieben bzw. gelesen werden.

- Mit New(P1) wird die dynamische Variable P1^ zur Ausführungszeit eingerichtet. Mit Dispose(P1) wird sie gelöscht.
- Eine Zeigervariable beinhaltet eine Adresse auf dem Heap, der als spezieller Speicherbereich des RAM zur Ablage dynamischer Variablen dient.

3.9.3 Array von Zeigern

Den Versuch, einen Integer-Array für 120000 Zahlen mit

```
VAR
    P1: ARRAY[1..120,1..1000] OF Integer;
```

zu vereinbaren, weist das Pascal 4.0-System mit der Fehlermeldung *"Error 22: Structure too large"*, zurück. Grund: Der Array ist zu groß, da er genau 120*1000*2 bzw. 240000 Bytes statisch an Speicherplatz beanspruchen würde (Integer belegt 2 Bytes). Das folgende Programm Pointer2 zeigt, wie man dieses Problem über einen Array von Zeigern lösen kann.

Pascal-Quelltext zu Programm Pointer2:   **Ausführung zu Pointer2:**

```
PROGRAM Pointer2;
   {Array von Zeigern mit 120000 Elementen}


TYPE
   Zeilentyp = ARRAY[1..1000] OF Integer;
VAR
   P: ARRAY[1..120] OF ^Zeilentyp;
   Z: Integer;
```



```
BEGIN
   FOR Z := 1 TO 120 DO
     New(P[Z]);
   P[116]^[890] := 2222;
   WriteLn('1. ',P[116]^[890]);
   WriteLn('2. ',P[1]^[1]);
   P[1]^[1] := P[116]^[890];
   WriteLn('3. ',P[1]^[1]);
   FOR Z := 1 TO 120 DO
     Dispose(P[Z]);
   WriteLn('Programmende Pointer2.')
END.
```

Zum Ablauf von Programm Pointer2:

- P wird als Array von 120 Zeigern vereinbart, von denen jeder einzelne Zeiger auf Daten vom Zeilentyp weist, das heißt auf einen Array mit 1000 Integer-Elementen.
- In der ersten FOR-Schleife wird auf dem Heap Speicherplatz für die 120 Zeilen des Arrays reserviert.
- Beim schreibenden wie lesenden Zugriff auf den Array ist zu beachten, daß das Spaltenelement dynamisch über Zeiger adressiert wird; aus diesem Grunde muß z. B. ^[890] anstelle von [890] geschrieben werden.
- Mit der Anweisung *WriteLn('2. ',P[1]^[1]);* wird ein schlimmer Fehler demonstriert: Auf das 1. Arrayelement wird lesend zugegriffen, ohne diesem Element zuvor einen Wert zugewiesen zu haben. Aus diesem Grunde erscheint bei der Programmausführung mit 164 ein "zufälliger Wert" - eben der Wert, der an dieser Adresse gerade zufälligerweise gespeichert ist.

Nutzung des Heap: Beim Arbeiten mit dem System kann der freie Speicher als Heap genutzt werden. Bei einem PC mit 640 KB sind dies ungefähr 550 KB: der Platzbedarf für Programm, Datenbereich und Stack wird von den 640 KB abgezogen. Dynamische Variablen werden auf dem Heap abgelegt bzw. verwaltet; für sie stehen somit ungefähr 550 KB zur Verfügung.

Sollen umfangreiche Datenstrukturen im RAM abgelegt werden, ist man auf die Verwendung dynamischer Variablen angewiesen. Nur über sie läßt sich auf dem Heap Speicherplatz reservieren.

3.9.4 Zeigerverkettete Liste

Im folgenden Programm Pointer3 wird gezeigt, wie Zeiger Elemente vom RECORD-Typ zu einer Liste verbinden bzw. verketten können.

```
Programm:  VAR-Vereinbarung von Zeiger:      Zeiger verweist auf : ...


Pointer1:  P1:  ^Integer;                    1 Zeiger auf vordefinierten Integer
Pointer2:  P:   ARRAY[1..120] OF ^Zeilentyp; 120 Zeiger auf benutzerdefinierten
                                              . ARRAY-Typ
Pointer3:  P:   ^SatzTyp;                     1 Zeiger auf benutzerdefinierten
                                              RECORD-Typ
```

Zeiger in den Programmen Pointer1, Pointer2 und Pointer3

Anfang und Ende der Liste: Eine verkettete Liste besteht aus Elementen, von denen jedes einen Zeiger auf seinen Nachfolger hat. Den Beginn der Liste hält man in einer Zeigervariablen fest, die man *Anker* nennt. Das Ende der Liste wird häufig dadurch markiert, daß der Zeiger auf den Nachfolger den Wert *Nil* (nichts) bekommt. Die Konstante *Nil* stellt einen Zeiger dar, der "nirgendwo hinzeigt".

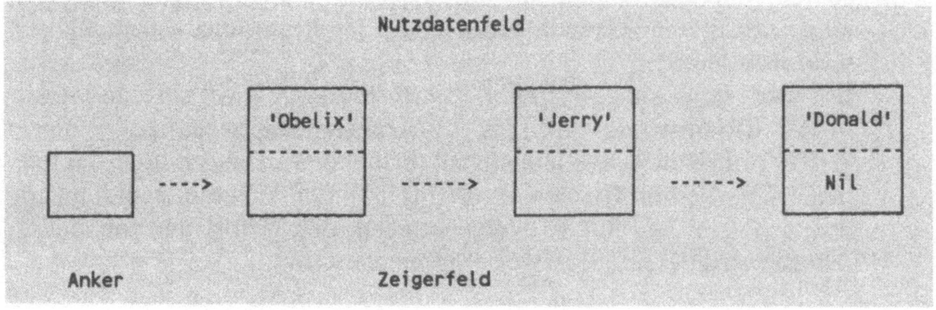

Lineare über Zeiger verkettete Liste

Verkettete Liste anhand Programm Pointer3: Das Programm Pointer3 erzeugt eine lineare Liste von Records. Jeder Record enthält einen Namen und einen Zeiger auf den Nachfolger. Anschließend wird die Liste ausgegeben.

Prozedur Ausgabe von Programm Pointer3:
- Zur Ausgabe der Liste stellt man durch *P := Anker;* einen Zeiger P auf den Anfang der Liste; damit läßt sich der Nachfolger mittels *WriteLn(P^.Name);* ausgeben.
- Mit *P := P^.Naechster;* zeigt P auf den nächsten Record. Diese Zuweisung wiederholt sich, bis mit *P = Nil* kein Nachfolger mehr vorhanden ist.
- *Release(Anker);* gibt den Heap ab der Stelle frei, auf die *Anker* zeigt. Der Prozeduraufruf ist hier im Grunde nicht erforderlich, da das Programm ohnehin zu Ende ist.

Prozedur Eingabe von Programm Pointer3:
Zur Erzeugung der Liste werden in der Prozedur Eingabe mit *New(P);* dynamische Variablen *P^* erzeugt. Die neue Variable *P^*, die den zuletzt eingegebenen Namen enthält, muß noch an die Liste angehängt werden. Dazu wird ein Zeiger namens Letzter geführt, der auf das jeweilige Ende der Liste zeigt. Das Anhängen erfolgt dann durch die Anweisungsfolge *Letzter^.Naechster := P; Letzter := P.* Mit *Letzter^.Naechster := Nil* wird dann noch das Listenende markiert.

Pascal-Quelltext zu Programm Pointer3:   **Ausführung zu Pointer3:**

```
PROGRAM Pointer3;
  {Liste von Records über Zeiger verketten}

TYPE
  StringTyp     = STRING[30];
  SatzZeigerTyp = ^SatzTyp;
  SatzTyp       = RECORD
                    Name: StringTyp;
                    Naechster: SatzZeigerTyp;
                  END;

VAR
  Anker, Letzter, P: SatzZeigerTyp;

PROCEDURE Initialisierung;
BEGIN
  New(P);
  Anker := P;
  P^.Naechster := Nil;
  Write('Erster Name? ');
  ReadLn(P^.Name);
  IF P^.Name = ''
    THEN Anker := Nil
    ELSE Letzter := P;
END;

PROCEDURE Eingabe;
BEGIN
  WHILE P^.Name <> 'Ende' DO
    BEGIN
      New(P);
      Write('Name (bzw. Ende)? ');
      ReadLn(P^.Name);
      IF P^.Name <> 'Ende'
        THEN
          BEGIN
            Letzter^.Naechster := P;
            Letzter := P;
            Letzter^.Naechster := Nil;
          END;
    END;
  Dispose(P);
END;
```

```
Erster Name? Obelix
Name (bzw. Ende)? Jerry
Name (bzw. Ende)? Donald
Name (bzw. Ende)? Lucky
Name (bzw. Ende)? Ende
Obelix
Jerry
Donald
Lucky
Programmende Pointer3.
```

```
    PROCEDURE Ausgabe;
    BEGIN
      P := Anker;
      WHILE P <> Nil DO
        BEGIN
          WriteLn(P^.Name);
          P := P^.Naechster;
        END;
    END;

    BEGIN
      Initialisierung;
      Eingabe;
      Ausgabe;
      IF Anker <> Nil
        THEN Release(Anker);
      WriteLn('Programmende Pointer3.')
    END.
```

Prozedur Initialisierung von Programm Pointer3:
Das erste Listenelement erfordert eine besondere Behandlung. Das geschieht in der Prozedur Initialisierung. Die Adresse des ersten Elements
wird im Zeiger Anker festgehalten.

Aufgaben zu Abschnitt 3.9

1. Problem des Dreieckstausches: Entwickeln Sie ein Programm TauschZ,
   das das Problem nicht durch direkten Austausch der beiden Varia-
   bleninhalte (Datentyp Integer), sondern durch Austausch von Zeigern
   auf ihre Inhalte löst.

2. Dynamische Variablen:
   a) Worin unterscheiden sich dynamische von statischen Variablen?
   b) Grenzen Sie voneinander ab: ^Word und W^.
   c) "Beim Systemstart ist der gesamte RAM Heap (z.B. 512 KByte).
      Nach Abzug von Speicherplatz für Datenbereich, Stack und Pro-
      gramm verbleibt ein Heap von ca. 400 KByte." Erklären Sie den
      Satz. Wie kann man den Heap nutzen?

3. Welchen Bildschirm ergibt das folgende Programmstück?

```
PROGRAM DemoPoin;              BEGIN P1 := Addr(Z1); Z1 := 7777;
VAR P1,P2: ^Integer;              WriteLn(Z1,'   ',P1^);
    Z1,Z2: Integer;               P2 := Addr(Z2); P2^ := 66; P1 := P2;
                                  WriteLn(Z2,'  ',P2^,'   ',Z1,'   ',P1^) END.
```

3.10.1 Modularisierung mit Units

3.10.1.1 Include und Unit

Prinzip der Modularisierung: Ein Modul ist ein Programmbaustein, der dem rufenden (Haupt-)Programm ausschließlich über das Interface (auch Schnittstelle genannt) bekannt ist. Die Interna der Implementation des Moduls hingegen sind als "Black Box" unbekannt. Die Trennung von *Interface* (Schnittstelle als Ein-/Ausgang) und *Implementation* (Vereinbarung von Prozeduren und Funktionen) bietet vier Vorteile:

1. **Keine Seiteneffekte:** Da die Einzelheiten der Implementation unbekannt sind, kann man sie nicht - unter Umgehung der Schnittstelle - verändern. Unliebsame Seiteneffekte sind somit ausgeschlossen.
2. **Änderbarkeit des Moduls:** Die Implementation des Moduls kann gezielt geändert werden, ohne daß die Programme, die das Modul rufen, angepaßt werden müssen. Das Innenleben einer Unit ist somit unabhängig änderbar.
3. **Lokalisierung von Namen:** Es können keine Namenskonflikte entstehen, da die Bezeichner im Modul lokal sind (Ausblenden-Regel). Durch die Modularisierung wird der Gültigkeitsbereich von Datenstrukturen eng gehalten.
4. **Getrennte Übersetzung:** Da die Einsprungstellen über das Interface klar definiert sind, kann jedes Modul getrennt compiliert werden. Der Linker kann die Objektcodes dann zusammenbinden.

Vier Vorteile der Modularisierung

Unechte Modularisierung über $Include in Turbo Pascal 3.0: Mit dem Compiler-Befehl $I wird dem rufenden Programm nicht nur die Schnittstelle, sondern die gesamte Implementation des Programteils bekannt gemacht. In der Abbildung wird somit der Quelltext von Prog1.PAS vom Compiler in den übrigen Quelltext eingefügt, um den gesamten Text dann in einem Zuge zu übersetzen. Der gesamte Quelltext hätte auch vorher schon im Arbeitsbereich bzw. RAM stehen können.

Echte Modularisierung über USES in Turbo Pascal 4.0:
Die Anweisung *USES Prog2* veranlaßt, daß im aktiven Laufwerk nach einer bereits übersetzen Unit Prog2.TPU gesucht wird, um diese dann in den übrigen Code einzubinden.

Programmteil Prog1.PAS inkludieren (Turbo Pascal 3.0):
```
PROGRAM DemoIncl;
{$I Prog1}                          Compiler fügt Quelltext Prog1.PAS
                                    an die Stelle von $I ein

{Vereinbarungsteil}

BEGIN
  {Anweisungsteil}
END.
```

Unit Prog2.TPU als Modul einbinden (Turbo Pascal 4.0):
```
PROGRAM DemoUni2:
USES Prog2;                         Compiler bindet Objektcode
                                    Prog2.TPU an die Stelle von USES
                                    ein
{Vereinbarungsteil}
BEGIN
  {Anweisungsteil}
END.
```

Gegenüberstellung von $Include ... und USES ...

3.10.1.2 Standard-Units

In Turbo Pascal 4.0 erscheint nach dem Aufruf von ClrScr, GotoXY, KeyPressed, Delay, Sound usw. die Meldung "Unknown identifier". Grund: Diese Sprachmittel werden nicht mehr in der Standard-Bibliothek bereitgestellt, sondern in Standard-Units. Diese Units müssen zuerst mit der USES-Anweisung aktiviert werden.

- Vor dem Aufruf von ClrScr muß diese Anweisung mit USES Crt erst aktiviert werden.
- Vor dem Aufruf der Grafikprozeduren von Turbo Pascal 3.0 ist der Compiler-Befehl *{$I Graph.P}* durch *USES Crt,Graph3* zu ersetzen.

Name:	Zweck bzw. Inhalt:
- Crt	Ein-/Ausgabe auf niedriger Ebene; z.B. ClrScr
- Dos	Schnittstelle zum Betriebssystem
- Graph	Neues Grafikpaket; z.B. GetPalette
- Graph3	Grafik-Paket von Turbo Pascal 3.0
- Printer	Drucksausgabe; z.B. Textdateivariable Lst
- System	Standardprozeduren und -funktionen; z.B. ReadLn
- Turbo3	Abwärtskompatibilität von Turbo Pascal 4.0 nach 3.0

Standard-Units von Turbo Pascal 4.0 (vgl. Abschnitt 2)

Zu den Standard-Units:
- Bis auf *Graph* sind alle Standard-Units in der Bibliotheksdatei Turbo.TPL (TPL für Turbo Pascal Library) abgelegt, die mit der Programmierumgebung automatisch in den RAM geladen wird.
- Eine USES-Anweisung sucht zunächst in Turbo.TPL nach einer entsprechenden Unit. Erst dann wird im aktiven Laufwerk nach einer benutzervereinbarten TPU-Datei gesucht.
- Die Standard-Unit *Graph* ist separat von Turbo.TPL als Graph.TPU zusammen mit den Grafiktreibern (Dateityp BGI) auf einer Systemdiskette gespeichert. Sie ermöglicht die Grafikansteuerung und arbeitet weitgehend unabhängig von der jeweiligen Hardware (EGA, VGA, MCGA, Hercules).
- Die Unit *System* wird automatisch aktiviert und darf nicht mit der Anweisung *USES System* aufgerufen werden. System enthält die Laufzeit-Bibliothek und den Standard-Sprachumfang.
- Die Unit Crt kontrolliert die direkten Zugriffe auf die Tastatur, das Verwalten von Videomodi, Farben und Sound.
- Die Unit Dos ist die Schnittstelle zu den Betriebssystemroutinen wie z.B. Dateifunktionen, Uhrzeit- und Datumangaben und Suchbefehlen.

3.10.1.3 Benutzerdefinierte Units

Jede Unit beginnt mit dem reservierten Wort UNIT und setzt sich aus den Teilen INTERFACE, IMPLEMENTATION und Initialisierung zusammen:

INTERFACE-Teil für die Schnittstelle:
- Die Unit exportiert Vereinbarungen aus ihrem INTERFACE-Teil.
- Alle Vereinbarungen von Datentypen, Funktionen und Prozeduren sind möglich.
- Von Funktionen und Prozeduren werden nur die Kopfzeilen genannt.
- Mit USES können weitere Units eingebunden werden. Die 64-KB-Grenze von Turbo Pascal 3.0 wird überwunden. Jede Unit kann das gesamte Code-Segment von 64 KB belegen.

IMPLEMENTATION-Teil:
- Dieser Teil ist der eigentliche "Anweisungsteil" der Unit; sein Inhalt geht nur den Programmierer der Unit etwas an, nicht aber die rufende Umwelt.

- IMPLEMENTATION könnte man auch als *Privatspäre der Unit* bezeichnen.
- Neben der Definition von Funktionen und Prozeduren können hier natürlich auch Konstanten und Variablen vereinbart werden; diese bleiben jedoch auf die Unit lokalisiert.
- Auch Parameterlisten können angegeben werden - vorausgesetzt, sie stimmen mit den Listen in INTERFACE exakt überein. Bei umfangreichem Quelltext braucht man somit nicht lange zurückzublättern.

Initialisierungs-Teil:
- Dieser Teil fängt mit BEGIN an und kann auch weggelassen werden. Die hier angegebenen Anweisungen bzw. Wertzuweisungen werden vor den Anweisungen des rufenden Programmes ausgeführt.
- Beispiel: In einer Unit namens *Daten* werden alle Konstanten und Variablen eines Programmes vereinbart; im Initialisierungs-Teil erhalten sie ihre Anfangswerte zugewiesen. Diese Zuweisungen erfolgen also vor dem "Start" des Hauptprogramms.
- Beispiel: In einer Unit namens *Drucker* werden die Anweisungen hinweingeschrieben, um den Drucker vor dem "Start" des Hauptprogramms anzupassen.

```
UNIT Name;

INTERFACE
  {- Vereinbarungen von Konstanten, Variablen und Datentypen
   - Kopfzeilen von Prozeduren und Funktionen mit den Listen der formalen Parameter
   - USES-Anweisungen zum Einbinden weiterer Units}


IMPLEMENTATION
  {- Vereinbarung aller im INTERFACE-Teil genannten Prozeduren und Funktionen
   - das Hinschreiben der Parameterlisten entfällt}


[BEGIN] (*der optionalen INITIALISIERUNG*)
  {- Die hinter BEGIN angegebenen Initialisierungen werden im rufenden Programm
     vor dessen Anweisungsteil ausgeführt
   - BEGIN kann auch entfallen}
END.
```

INTERFACE, IMPLEMENTATION und INITIALISIERUNG als Bestandteile einer Unit

3.10.2   Eine Unit entwickeln und einbinden

3.10.2.1   Unit editieren und übersetzt speichern

Problemstellung zur Unit Vielfach:
Zur Demonstration soll die Unit Vielfach entwickelt werden, die die beiden Prozeduren Doppelt und Dreifach zum Verdoppeln und Verdreifachen einer Zahl enthält.

- Da die Prozeduren Doppelt und Dreifach von anderen Programmen aus aufgerufen werden sollen, müssen beide im INTERFACE-Teil vereinbart sein.
- Dies geschieht, indem man den Prozedurkopf mit den formalen Parameter hinschreibt. Die eigentlichen Prozeduren befinden sich im IMPLEMENTATION-Teil; dort wird nur der Prozedurname ohne die formalen Parameter angegeben.

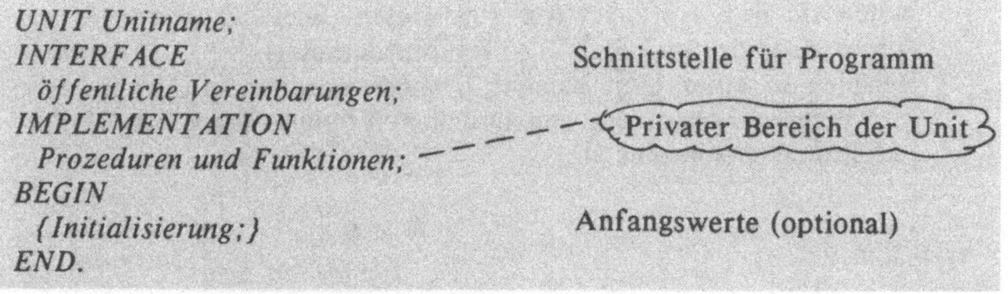

Allgemeiner Aufbau einer Unit

Schritt 1: Editieren der Unit
- Unit "wie ein normales Programm" mit *Edit* editieren und mit *File/Save* auf Diskette speichern.
- Vielfach.PAS als Quelltext auf Diskette verfügbar.

Schritt 2: Compilieren der Unit
- Quelltext der Unit mit *Compile/Compiler* auf Diskette übersetzen.
- Vielfach.TPU als Objektcode auf Diskette verfügbar.

Schritt 3: Einbinden der Unit
- Unit Vielfach.TPU durch die Anweisung *USES Vielfach* in den Objektcode eines rufenden Pascal-Programms einbinden.

Drei-Schritte-Vorgehen beim Einsatz einer Unit namens Vielfach

Unit editieren und als Quelltext Vielfach.PAS ablegen (Schritt 1):
- Zunächst wird die Unit editiert und über den *File/Save*-Befehl unter dem Namen Vielfach.PAS auf Diskette B: gespeichert.
- Der Versuch, den Quelltext der Unit mit dem *Run*-Befehl zu übersetzen und auszuführen, würde mit der Fehlermeldung "Cannot run a unit" abgewiesen: Eine Unit ist eine nicht selbständig ausführbare Einheit; sie muß von einem anderen Programm aus aufgerufen werden.

Unit compilieren und als Objektcode Vielfach.TPU ablegen (Schritt 2):
- Mit *Compile/Destination* wird der *Destination*-Schalter von *Memory* auf *Disk* gestellt.
- Nun kann durch den *Compile/Compile*-Befehl der Quelltext Vielfach.PAS übersetzt und dann als Objektcode unter dem Namen Vielfach.TPU auf Diskette sichergestellt werden. TPU steht für Turbo-Pascal-Unit.

Pascal-Quelltext zur Unit Vielfach.PAS:

```pascal
UNIT Vielfach;
   {Unit mit zwei Prozeduren zum
    Vervielfältigen einer Zahl}

INTERFACE
   PROCEDURE Doppelt(VAR Z: Real);
   PROCEDURE Dreifach(VAR Z: Real);
   VAR
     Drei: Integer;

IMPLEMENTATION
   PROCEDURE Doppelt;
   CONST
     Zwei = 2;
   BEGIN
     Z := Z * Zwei
   END;

   PROCEDURE Dreifach;
   BEGIN
     Drei := 3;
     Z := Z * Drei
   END;

BEGIN
   WriteLn('Unit Vielfach ausführen.')
END.
```

Quelltext zu Programm Unit1:

```pascal
PROGRAM Unit1;
   {Prozeduren Doppelt und Dreifach
    aus Unit Vielfach.TPU aufrufen}

USES
   Vielfach;
VAR
   X,Y: Real;

BEGIN
   X := 12.5;
   Doppelt(X);
   WriteLn('mal 2 = ',X:4:1);
   Write('Zahl? ');
   ReadLn(Y);
   Dreifach(Y);
   Write('mal ',Drei);
   WriteLn(' = ',Y:4:2);
   WriteLn('Programmende Unit1.')
END.
```

```
Unit Vielfach ausführen.
mal 2 = 25.0
Zahl? 77777.24
mal 3 = 233331.72
Programmende Unit1.
```

3.10.2.2 Unit aufrufen

Aufruf der Unit Vielfach.TPU vom Programm Unit1 aus:
Die compilierte Unit Vielfach.TPU ist kein direkt ausführbares Programm, sondern es kann nur mit der USES-Anweisung in ein anderes Programm wie z.B. in das Programm Unit1 aufgenommen werden.

- Der Compiler-Befehl *{$U B:Vielfach}* sagt dem Compiler, wo die Unit Vielfach zu suchen ist. Man kann den Compiler-Befehl auch weglassen, um stattdessen mit dem Befehl *O/D/U* (für *Options/-Directories/Unit directories*) B:\ als Suchpfad für die Units einzutragen.
- Compiliert man das Programm Unit1, dann erwartet der Übersetzer im Laufwerk B: die Existenz einer Datei Vielfach.TPU. Wird das Programm mit *Make* bzw. F9 compiliert, so wird ggf. aus einer Datei Vielfach.PAS die Datei Vielfach.TPU erzeugt. Wurde der Befehl *Options/Compile/Destination Disk* gewählt, wird auf die Diskette unter dem Namen Unit.EXE compiliert.
- Aus dem Ausführungsbeispiel zu Programm Unit1 ist ersichtlich, daß der Initialisierungsteil der Unit Vielfach vor dem Anweisungsteil des rufenden Programms Unit1 ausgeführt wird; die Meldung "Die Unit Vielfach wird ausgeführt." erscheint gleich zu Beginn. Ist der Initialisierungsteil leer, so kann auch das zugehörige BEGIN entfallen.
- Ohne explizite Angabe des Suchweges für eine Unit (entweder mit mit {$U} oder mit *O/D/U*) wird bei der Compilierung eine mit USES angegebene Unit zuerst in der Datei Turbo.TPL gesucht (hier stehen die Standardroutinen von Turbo Pascal).
- Mit dem Programm TPUMover kann man benutzerdefinierte Units in die Datei Turbo.TPL aufnehmen oder daraus entfernen (vgl. Abschnitt 3.10.2.4). Wenn die Datei Turbo.TPL sich nicht im selben Directory wie Turbo.EXE bzw. TPC.EXE befindet, muß man dies über *O/C/Turbo Directory* angeben.

3.10.3 Units in die Bibliothek integrieren

Anwendung des Dienstprogramms TPUmover.EXE:

Die Turbo-Bibliothek Turbo.TPL wird ständig im RAM gehalten; aus diesem Grunde kann der Compiler auf Units dieser Library sehr schnell zugreifen. Mit dem Programm TPUmover.EXE kann man eigene Units in die Bibliothek Turbo.TPL integrieren. Mit dem Aufruf

TPUMOVER TURBO AUSGABE1

kann man das Programm TPUmover.EXE von der Betriebssystem-Ebene
aufrufen, um etwa die benutzerdefinierte Unit Ausgabe1 in die Bibliothek
Turbo.TPL zu kopieren. Dazu müssen alle drei Dateien im aktiven Laufwerk gespeichert sein. Mit dem alternativen Aufruf

TPUMOVER

kann man das Speichern der Unit Ausgabe1 wie folgt vornehmen:
1. TPUmover versucht, Turbo.TPL zu laden und fordert dann einen
    Namen an.
2. Im linken aktiven Bildschirmfenster erscheinen alle Units der Bi-
    bliothek, im rechten Fenster wird die Unit Ausgabe1 angezeigt.
3. Mit *F6* wechselt man zum rechten Fenster, um die Unit Ausgabe
    mit "+" zu kennzeichnen; nun wird mit der *Ins*-Taste bzw. *Einfg*-
    Taste die Unit Ausgabe1 in Turbo.TPL kopiert werden.
4. Mit *F3* können andere Units geladen und dann kopiert werden.
5. Mit *F2* wird die aktualisierte Bibliothek auf Diskette bzw. Fest-
    platte gesichert.

Mit TPUmover.EXE lassen sich auch Units aus der Bibliothek entfernen
sowie mehrere Units zu einer neuen Unit zusammenfassen.

Qualifizierte Bezeichner: Bei gleichnamigen Bezeichnern kann man durch
Voranstellen des Punktes "." angeben, zu welcher Unit ein bestimmter Name gehören soll.
- Die Angaben *ClrScr;* und *Crt.ClrScr;* sind identisch, da die Prozedur *ClrScr* in der Standard-Unit *Crt* bereitgestellt wird.
- Auch bei der Qualifizierung mittels "." gilt die Ausblenden-Regel
   bzw. die Regel "... die letzte Vereinbarung hat Vorrang": Wurde
   eine Prozedur ClrScr vom Benutzer zusätzlich vereinbart, dann hat
   diese Vereinbarung Vorrang vor der Einbindung der Unit Crt.
   Beim Prozeduraufruf *ClrScr;* nimmt der Compiler die benutzervereinbarte Prozedur. Beim Prozeduraufruf *Crt.ClrScr;* hingegen
   wird die über USES eingebundene vordefinierte Prozedur genom-
   men.

3.10.4 Overlays

3.10.4.1 Hauptprogramm und Overlay-Unit

Overlaytechnik allgemein: Programmteile, die den zu verschiedenen Zeitpunkten den gleichen Speicherbereich im RAM belegen, bezeichnet man
als Overlays. Wird eine Routine (Prozedur bzw. Funktion) im Hauptprogramm benötigt, dann wird diese vom Externspeicher (Diskette) in den
Internspeicher (RAM) geladen und überschreibt dort die bislang abgeleg-
te, nun nicht mehr gebrauchte Routine.
  - *Vorteil:* Programme mit Overlaytechnik sind in ihrer Größe weit-
    gehend unabhängig vom verfügbaren Speicherplatz des RAM.
  - *Nachteil:* Wiederholtes Einlagern von Overlays erforderlich.

Overlaytechnik unter Turbo Pascal 5.0: Bei Turbo Pascal werden die Programmteile in einer Unit zusammengefaßt und übersetzt auf Diskette gespeichert; man spricht von der *Overlay-Unit*, die eine oder mehrere *Routinen als Overlays* enthält. Die Unit ist somit die kleinste einzulagernde
Programmeinheit, nicht jedoch die einzelne Routine (Prozedur, Funktion).
Zur Verwaltung der Overlays stellt Turbo Pascal die *Standard-Unit
Overlay* bereit, in der Routinen und Variablen zum Öffnen, Nachladen
bzw. Entfernen von Overlays zusammengefaßt sind (vgl. Abschnitt 2.2.4).

Anmerkung: Overlays unter Turbo Pascal 5.0 sind Units, das heißt fertig compilierte Programmteile. Diese Overlays unterscheiden sich damit grundsätzlich von den unter Turbo Pascal
3.0 möglichen Overlays (Quelltextbereiche, die bereits beim Compilieren einkopiert werden).

Hauptprogramm OvrDemo1 als Beispiel: Das Programm OvrDemo1 soll
mit der Overlaytechnik arbeiten. Beim Übersetzen von OvrDemo1.PAS
speichert der Compiler zwei Dateien auf Diskette ab:

  1. *OvrDemo1.EXE* als ausführbares Hauptprogramm
  2. *OvrDemo1.OVR* als Verwaltungsdatei, in der die Overlay-Unit ab-
     gelegt ist, die vom Hauptprogramm OvrDemo1.EXE gebraucht
     wird. Natürlich kann eine OVR-Datei auch mehrere Units umfas-
     sen.

Zum Aufbau des Hauptprogramms OvrDemo1:
  - *OVR als far codieren:* Der Compiler-Befehl {$F+} ist in jedem
    Fall erforderlich.
  - *Standard-Unit Overlay angeben:* Die Unit *Overlay* muß mit *USES
    Overlay;* als **erste** Unit vereinbart werden, d.h. vor allen anderen
    Units.

- *Benutzerdefinierte Unit OvrUnit1 einbinden:* Mit dem Compiler-Befehl {$O Unitname} bzw. {$O OvrUnit1} wird dem Compiler mitgeteilt, daß OvrUnit1 als Overlay-Unit OvrUnit1.OVR einzubinden ist.
- *OvrUnit1 öffnen:* Mit der OvrInit-Prozedur wird die Unit mit den Overlays zu Beginn des Anweisungsteils geöffnet. Der Prozeduraufruf *OvrInit('OvrDemo1.OVR');* erfolgt am besten unmittelbar hinter BEGIN.
  OvrInit initialisiert die Overlay-Verwaltung und belegt dazu Speicherplatz zwischen dem Stack und dem Heap; der Beginn des Heap verschiebt sich somit nach oben (zu höheren Adressen).

```
PROGRAM OvrDemo1;
    {Overlay Mehrfach aus der Overlay-Unit OvrUnit1.TPU aufrufen}


    {$F+}               {Overlay-Routinen müssen als far codiert sein}


USES
    Overlay,        {Standard-Unit mit Overlay-Routinen (wie OvrInit)}
    OvrUnit1,       {Benutzerdefinierte Overlay-Unit mit dem Overlay Mehrfach}
    Crt, Dos;       {Standard-Units mit Bibliotheksroutinen (wie ClrScr)}


    {$O OvrUnit1}    {OvrUnit1 als Overlay-Unit vereinbaren}


VAR
    X,F: Real;


BEGIN
    OvrInit('B:OVRDEMO1.OVR');           {Overlay-Verwaltung öffnen}
    ClrScr;
    Write('Zahl? Faktor?');
    ReadLn(X,F);
    Mehrfach(X,F);           {Overlay Mehrfach aus Overlay-Unit OvrUnit1 aufrufen}
    WriteLn('... ergibt: ',X:4:2);
    WriteLn('Programmende OvrDemo1.')
END.
```


Zum Aufbau der Overlay-Unit OvrUnit1:
- Die Unit enthält nur eine einzige Routine namens Mehrfach.
- Mit {$O+} wird die Unit als Overlay compiliert.
- Die Kopfzeile von Prozedur Mehrfach wird im INTERFACE-Teil öffentlich bekannt gemacht.

```
UNIT OvrUnit1;
  {Overlay-Unit mit einer Prozedur}
  {$F+,O+}


INTERFACE
  PROCEDURE Mehrfach(VAR Zahl,Faktor: Real);


IMPLEMENTATION
  PROCEDURE Mehrfach;
  BEGIN
    WriteLn('... Overlay Sechsfach');
    Zahl := Zahl * Faktor;
  END;


BEGIN
  WriteLn('Unit OvrUnit1 ausführen.')
END.
```

3.10.4.2 Vorgehen beim Erstellen von Overlays

Overlay-Unit OvrUnit1 erstellen (Schritt 1):
1. OvrUnit1 editieren und den Quelltext als OvrUnit1.PAS auf Diskette speichern.
2. OvrUnit1 mit *Compile/Compile* übersetzen und den Code unter dem Namen OvrUnit1.TPU auf Diskette speichern. Dazu müssen folgende Schalter gestellt sein:
    - *Options/Compile/Overlays allowed* auf *On* setzen
    - *Compile/Destination* auf *Disk* setzen

Hauptprogramm OvrDemo1 erstellen (Schritt 2):
1. Quelltext eingeben und als OvrDemo1.PAS speichern.
2. Mit *Compile/Compile* übersetzen. Auf Diskette werden die Dateien OvrDemo1.EXE und OvrDemo1.OVR erzeugt und gespeichert.

Programm OvrDemo1 auf der Betriebssystemebene aufrufen (Schritt 3):
- Turbo Pascal mit File/OS shell verlassen.
- OvrDemo1 eintippen. Am Bildschirm erscheint folgende Ausgabe:

```
Unit OvrUnit1 ausführen.
Zahl? Faktor? 20 3
... ergibt: 60.00
Programmende OvrDemo1.
```

OVRUNIT1 PAS	318	Vom Benutzer editiert
OVRDEMO1 PAS	752	
OVRUNIT1 TPU	816	Vom Compiler erzeugte Overlay-Unit
OVRDEMO1 EXE	6944	Vom Compiler erzeugtes Hauptprogramm
OVRDEMO1 OVR	193	mit Overlays

Fünf Dateien zum Overlay-Beispiel auf Diskette

Aufgaben zu Abschnitt 3.10

1. Welche Bestandteile hat eine Unit und wozu dienen diese?

2. Wie lauten die Units zu Programm T1 und welche Bezeichner liefern
   sie?

```
PROGRAM T1;
USES XX, Crt;
BEGIN
  Write('Wert? '); ReadLn(Wert);
  REPEAT YY UNTIL KEYPRESSED;
END:
```

3. Zur Overlay-Verwaltung:
   a) Welche Dateieinheit wird bei Turbo Pascal 5.0 Overlay eingelagert:
      Prozedur, Funktion, Programm oder Unit?
   b) Dürfen Overlay-Units einen Initialisierungsteil beinhalten?
   c) Durch welche Anweisung wird die Overlay-Unit im Hauptpro-
      gramm eingebunden?
   d) Welcher Aufruf muß den Anweisungsteil des Hauptprogramms
      einleiten?

4. Erstellen Sie ein Programm OvrDemo2, das die Prozeduren Ausgabe1
   und Ausgabe2 nacheinander als Overlays aus den Units OvrUnitX und
   OvrUnitY aufruft. Dabei soll nach dem Öffnen der Overlay-Verwaltung mittels OvrInit eine Fehlerkontrolle (Funktion OvrResult) vorgenommen werden.

```
UNIT OvrUnitX;
  {$F+,O+}
INTERFACE
  PROCEDURE Ausgabe1;
IMPLEMENTATION
  PROCEDURE Ausgabe1;
  BEGIN
    WriteLn('... Prozedur Ausgabe1 aus OvrUnitX.')
  END;
END.


UNIT OvrUnitY;
  {$F+,O+}
INTERFACE
  PROCEDURE Ausgabe2;
IMPLEMENTATION
  PROCEDURE Ausgabe2;
  BEGIN
    WriteLn('... Prozedur Ausgabe2 aus OvrUnitY.')
  END;
END.
```

3
Programmierkurs mit Turbo Pascal 5.0

3.11.1 Programmtest in Schritten

Success - press any key bzw. *Mit Erfolg - eine Tasten drücken*. Diese
Meldung des Compilers von Turbo Pascal 5.0 besagt nicht, daß bei der
anschließenden Ausführung des erfolgreich übersetzten Programmes kein
(Laufzeit-)Fehler mehr auftreten könnte:
- Der Compiler entdeckt nur *formale Fehler*.
- *Laufzeitfehler* können mit Hilfe des **Debuggers** entdeckt und be-
  seitigt werden. Ein solcher Debugger ist in das Turbo Pascal 5.0-
  System integriert und soll nun dargestellt werden.

Maschinensprachlicher Debugger (Maschinensprachen-Ebene):
Speicherbereiche ausgeben, Inhalt von Registern ändern bzw. Befehle pro-
zessornah Schritt für Schritt ausführen und kontrollieren. DEBUG.COM
von MS-DOS als Beispiel.

Symbolischer Debugger (Maschinensprachen-Ebene):
Namen von Prozeduren, Funktionen, Variablen usw. werden als Symbole
erkannt. Sonst wie maschinensprachliche Debugger.

Quelldatei-Debugger (Programmiersprachen-Ebene):
An die Stelle des Inhalts von Registern tritt die Anweisung der Programmiersprache. Der *Turbo Pascal 5.0-Debugger* ist hier einzuordnen.

Integrierter Turbo Pascal 5.0-Debugger als Quellcode-Debugger

3.11.1.1 Schritt 1: Einstellungen vornehmen

Vor dem Aktivieren des Debuggers sind folgende Schalter zu setzen:
- Schalter *Debug Information* und *Local Symbols* im Menü *Op-*

```
   File    Edit    Run    Compile    Options    Debug      Break/watch

                                 Edit
   Line 1      Col 1    Insert Indent       Evaluate          Ctrl-F4

                                            Call stack        Ctrl-F3

                                            Find procedure

                                            Integrated debugging  On

                                            Standalone debugging  Off

                                            Display swapping        Smart

                                            Refresh display
```

Debugger integrieren: Schalter D/I auf On

tions/Compiler auf *On.* Der Bugger wird später dann durch *Run/-Run* bzw. *Strg-F9* automatisch aktiviert.
- Schalter *Integrated Debugging* im Menü *Debug* auf *On.*

```
    File    Edit    Run    Compile    Options    Debug    Break/watch

 +--------------------------------------+  +--------------------+
 |     Line 1    Col 1    Insert Inde|  Compiler           |  C:NONAME.PAS      |
 |PROGRAM Debug1;                    |  +------------------+
 |  (Textprogramm zum Debugger)      |  | Range checking       Off        ||
 |CONST                             |  | Stack checking       On         ||
 |  n = 6;                          |  | I/O checking         On         ||
 |VAR                              |  | Force far calls      Off        ||
 |  M: ARRAY[1..n] OF Integer;      |  | Overlays allowed     Off        ||
 |  i: Integer;                     L--| Align data           Word       ||
 |BEGIN                             |  | Var-string checking  Strict     ||
 |  FOR i := 1 TO 5 DO              |  | Boolean evaluation   Short Circuit ||
 |    M[i] := i;                    |  | Numeric processing   Software   ||
 |  i := 0;                         |  | Emulation            On         ||
 |  REPEAT                          |  | Debug information    On         ||
 |    i := i + 1;                   |  | Local symbols        On         ||
 |    M[i+1] := M[i+1] + M[i]       |  | Conditional defines             ||
 |  UNTIL i = n-1;                  |  | Memory sizes                    ||
 |  WriteLn('Summe: ',M[n]);        |  +------------------+
 |END                              |
 |                                 |
 +--------------------------- Watch --------------------------+
 |                                                            |
 +------------------------------------------------------------+
```

Compiler aktiviert den Debugger: Schalter O/C/D und O/C/L auf On setzen (es wird gerade das Testprogramm Debug1 editiert)

3.11.1.2 Schritt 2: Programm ausführen

Die Möglichkeiten des Debuggers sollen anhand des Testprogramms Debug1 dargestellt werden. Aufgabe des Programms:

> In einen 6-Elemente-Array M die Anfangswerte 1,2,3,4,5,6 speichern und dann die Summe 21 im letzten Element speichern. Dabei soll im jeweiligen Element die Summe der "Vorelemente" abge-

legt werden; am Ende sollen im Array **M** die Werte 1,3,6,10,15,21 gespeichert sein.

Vorgehensweise zum Testen von Programm Debug1:
1. Programm editieren und als Debug1.PAS abspeichern.
2. Das Programm durch *Compile/Make EXE file* compilieren. Dabei muß der Schalter *Compile/Destination* zuvor von *Memory* auf *Disk* gestellt sein (der Debugger verlangt ein EXE-Datei auf Diskette).
3. Das Programm mit *Run/Run* ausführen lassen. Nach der Ausführung mit *Alt-F5* den DOS-Bildschirm aktivieren. Als Ergebnis der Ausführungen erscheinen zum Beispiel die fehlerhaften Summen 30870, dann 30885, dann 30900 usw. Sie haben es erkannt: Der Fehler liegt daran, daß das in M[6] kein Anfangswert zugewiesen wird.

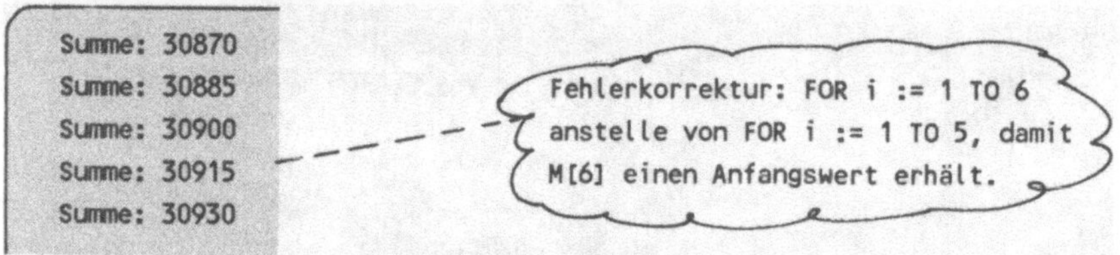

DOS-Bildschirm nach fünfmaligem Ausführen von Programm Debug1

3.11.1.3 Schritt 3: Variablenwerte anzeigen lassen

Die Ausführungen dokumentieren zwar das Ergebnis, nicht aber die Entwicklung der Ausführung. Dazu kann *Debug/Evaluate* genutzt werden. Man ein Fenster mit drei Feldern:
- Im Feld *Evaluate* tippt man den Variablennamen bzw. Ausdruck, dessen Wert vom Debugger auzuzeigen ist. Das System übernimmt dazu den vom Cursor gerade markierten Namen (mit der Taste -> lassen sich die anschließenden Zeichen übernehmen).
- Im Feld *Result* zeigt der Debugger den aktuellen Wert an.
- Über das Feld *New Value* kann man der im Feld *Evaluate* gezeigten Variablen einen neuen Wert zuweisen.

Tippt man (nach dem Beenden der Programmausführung) den Arraynamen M in das Feld *Evaluate* ein, erscheinen die Werte 1,3,6,10,15,30930. Das Programm arbeitet somit zunächst korrekt; erst beim Aufruf von M[i+1] für i=5 wird aus M[6] ein fehlerhafter, da nicht initialisierter Wert eingelesen.

```
┌──────────────────────────── Edit ────────────────────────────┐
│     Line 6      Col 9    Insert Indent        Unindent   B:DEBUG1.PAS  │
│PROGRAM Debug1;                                                         │
│   {Testprogramm zum Deb│┌──────────────── Evaluate ───────────────┐   │
│CONST                   ││ M                                       │   │
│  n = 6;                │└─────────────────────────────────────────┘   │
│VAR                     │┌───────────────── Result ────────────────┐   │
│  M: ARRAY[1..n] OF Int││ (1,3,6,10,15,30930)                      │   │
│  i: Integer;           │└─────────────────────────────────────────┘   │
│BEGIN                   │┌──────────────── New value ───────────────┐  │
│  FOR i := 1 TO 5 DO    ││                                          │  │
│    M[i]:=i;            │└──────────────────────────────────────────┘  │
│  i := 0;                                                              │
│  REPEAT                                                               │
│    i := i + 1;                                                        │
│    M[i+1] := M[i+1] + M[i]                                            │
│  UNTIL i = n-1;                                                       │
│  WriteLn ('Summe: ',M[n]);                                           │
│END.                                                                   │
│                                                                       │
├──────────────────────────── Watch ───────────────────────────┤
│                                                                       │
└───────────────────────────────────────────────────────────────┘
```

Werte von Arrayvariable M anzeigen lassen mit Debug/Evaluate

3.11.1.4 Schritt 4: Variablenwerte im Watch-Fenster

Mit *Debug/Evaluate* kann man sich den Inhalt einer Variablen nur zu einem bestimmten Zeitpunkt anzeigen. Über das Watch-Fenster hingegen lassen sich Variablenwerte fortwährend verfolgen. Als Beispielprogramm verwenden wir das Programm Debug1a, das mit dem korrigierten Programm Debug1 übereinstimmt, durch die Änderung von *UNTIL i = n-1;* zu *UNTIL i=n;* aber eine recht unschöne Endlosschleife aufweist. Zum Testen gehen wir wie folgt vor:

1. Mit *Run/trace into* wird ein Trace-Lauf begonnen. Mit jedem Tippen der F7-Taste wird die nächste Zeile ausgeführt. Wir tippen solange F7, bis der Cursor die Anweisung *i:=i+1;* markiert.

2. Durch *Break/watch/Add watch/i* wird in das bislang leere Watch-Fenster der Variablenname i eingetragen und als Wert 0 angezeigt. Durch Eintippen von *Break watch/Add watch/M* vergrößert sich

das Watch-Fenster um eine weitere Zeile, in der M mit den Werten (1,2,3,4,5,6) erscheint.

```
   File    Edit    Run    Compile    Options    Debug    Break/watch
                              Edit
|      Line 1      Col 1    Insert Indent           Unindent   B:DEBUG1A.PAS  |
|PROGRAM Debug1a;                                                             |
| {Testprogramm zum Debugger}                                                 |
|CONST                                                                        |
| n = 6;                                                                      |
|VAR                                                                          |
| M: ARRAY[1..n] OF Integer;                                                  |
| i: Integer;                                                                 |
|BEGIN                                                                        |
| FOR i := 1 TO 5                                                             |
|   DO M[i]:=i;                                                               |
| i := 0; M[6] := 0;                                                          |
| REPEAT                                                                      |
|   i := i + 1;                                                               |
|   M[i+1] := M[i+1] + M[i];                                                  |
| UNTIL i = n;                                                                |
| WriteLn ('Summe: ',M[n]);                                                   |
|END.                                                                         |
                             Watch
|M: (1,3,3,4,5,6)                                                             |
| i: 0                                                                        |
```


Ausgangspunkt zum Test von Debug1a: Cursur steht auf i:=i+1;

3. Durch wiederholtes Eintippen von F7 werden die Anweisungen

```
REPEAT
    i := i + 1;
    M[i+1] := M[i+1] + M[i]
UNTIL i = n;
```

endlos wiederholt. Die Ursache für diese Endlosschleife zeigt sich beim Verfolgen des Watch-Fensters; i erhöht sich von 1 auf 2, 3, 4, 5 und 6, um dann von 6 auf 27, 28, 29, ... hochgezählt zu werden.

4. Mit F10 kann die Endlosschleife abgebrochen, der Debugger verlassen und zum Hauptmenü zurückgekehrt werden.

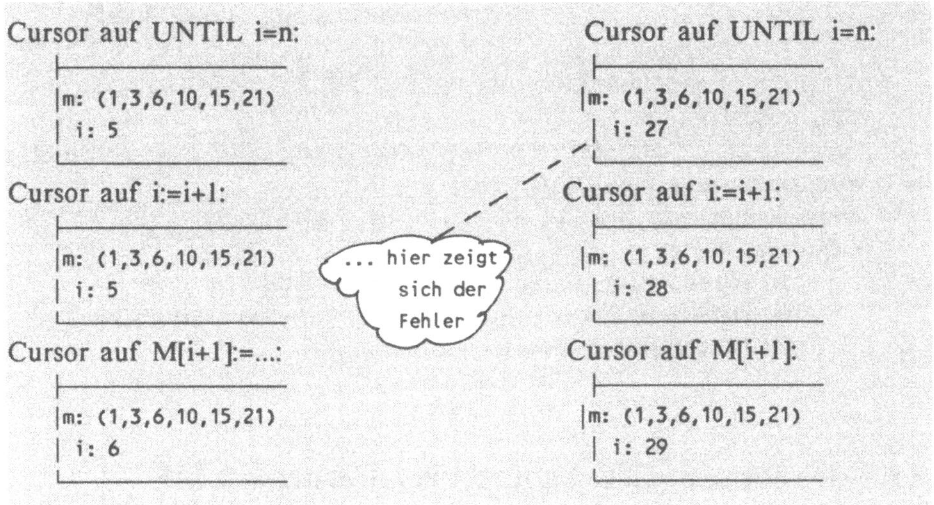

*Programm Debug1a: Trace-Lauf (über Run/Trace into) mit F7 Anweisung
für Anweisung ausführen und dabei M und i im Watch-Fenster verfolgen*

Ursache der Endlosschleife in Programm Debug1a: Für i=6 wird mit
M[i+1] := M[i+1] + M[i]; bzw. *M[7] := M[7] + M[6];* ein nicht defi-
nierter Wert von M[7] gelesen (M wurde ja nur als 6-Elemente-Array
vereinbart). Da im Vereinbarungsteil i **nach** M deklariert worden ist, liest
das System für M[7] den derzeitigen Wert von i (nämlich i=6) und addiert
ihn zu M[6]=21 hinzu. Das Ergebnis von 27 wird nach M[7] zugewiesen,
das heißt an die Adresse von i. Der Zähler i erhöht sich somit von i=6
auf i=27 und die Abbruchbedingung i=n der Schleife kann niemals wahr
werden. Dieser recht unangenehme Fehler kann über das Verfolgen des
Watch-Fensters lokalisiert werden.

Watch-Ausdrücke bearbeiten: Mit der F6-Taste kann man vom *Edit*-Fen-
ster ins *Watch*-Fenster wechseln. Nun kann der durch den Balken markierte Ausdruck bearbeitet werden; das Einfügen mit *Ins* bzw. *Einfg* entspricht somit dem Befehl *Break/watch/Add watch*. Mit F5 läßt sich das
Fenster vergrößern.

```
|—————————————————————— Watch ——————————————————————|
|M: (1,3,3,4,5,6)                                    |
| i: 0                                               |

   F1-Help  F5-Zoom  F6-Switch  F7-Trace  F8-Step  F9-Make  F01-Menü
```

Hot Keys des gerade aktivierten Watch-Fensters

Zum schrittweisen Verfolgen der Programmausführung (Trace-Lauf):
- *Run/Trace into* hält bei jeder Anweisung des Programms wie auch der aufgerufenen Funktion an, um erst mit F7 die nächste Anweisung auszuführen.
- *Run/Step over* arbeitet wie *Run/Trace into*, führt aber gerufene Funktionen in **einem** Schritt aus.
- Nach jedem Schritt kann man sich die Ausführungergebnisse wie folgt bearbeiten:
    - Mit Alt-F5 zum DOS-Bildschirm wechseln.
    - Mit *Debug/Evaluate* ins *Evaluate/Result/New value*-Fenster.
    - Mit F6 das Watch-Fenster aktivieren.

3.11.1.5 Schritt 5: Breakpoints als Abbruchpunkte

Ein Breakpoint ist ein Punkt, bei dem die Programmausführung unterbrochen werden soll. Dazu folgendes Beispiel zu Programm Debug5a:
1. Cursor auf *UNTIL i=n;* in Programm Debug1a setzen.
2. *Break/watch/Toggle breakpoint* wählen: Der Debugger stellt die markierte Zeile *UNTIL i=n;* fett dar, da er als Abbruchpunkt eingestellt ist.
3. *Run/Run eingeben:* Das Programm wird ab BEGIN (Position des Startbalkens) bis zum Abbruchpunkt ausgeführt. Der Debugger aktiviert das Edit-Fenster und zeigt den Quelltext an.

Befehle zum Verwalten von Abbruchpunkten im Menü Break/watch:
- *Toggle breakpoint* ist ein Schalter zum Setzen bzw. zum Löschen eines Abbruchpunktes. Ein Abbruchpunkt wird in der Zeile durch ein gesondertes Zeichenattribut dargestellt.
- *Clear all breakpoints* zum Zurücksetzen aller Abbruchpunkte. Hinweis: Ein Abbruchpunkt überlebt das Beenden und Neustarten des Debaggers, nicht aber das Löschen der entsprechenden Zeile im Quelltext.
- *View next breakpoint* zum Aktivieren des nächsten Abbruchpunktes ("nächster" Punkt gemäß Speicherung, nicht aber gemäß Ausführungs- bzw. Eingabereihenfolge der Punkte).

3.11.1.6 Schritt 6: Unterprogramme suchen

Direktes Suchen: Über den Befehl *Debug/Find function* läßt sich eine Prozedur bzw. eine Funktion suchen:

- Der Editor sucht und zeigt die erste **ausführbare** Anweisung der Routine.
- *Find function* wird in umfangreicheren Programmen verwendet, um eine Routine zu verändern, von der man nicht genau weiß, wo sie definiert ist.

Suchen über den Return-Stack: Durch den Befehl *Debug/Call stack* wird der Return-Stack in einem Fenster angezeigt.

- Das Hauptprogramm erscheint als unterster Name, und die Routinen, über die die aktuelle Cursorposition bei der Programmausführung erreicht wurde, werden darüber angegeben. Neben dem Namen werden auch die übergebenen Parameter genannt.
- Mit den Richtungstasten kann ein Name markiert werden, um mit Return die Anfangsposition des Quelltextets der Routine anzuzeigen.
- Der Befehl wird insbesondere bei tief geschachtelten Programmen verwendet.
- Im Gegensatz zu *Debug/Find Function* setzt *Debug/Call stack* voraus, das der Debugger aktiv ist.
- Wiedergegebenes Beispiel: Das Programm Versuch1 (Aufgabe 3.8/3) laden, den Cursor in eine Zeile der Prozedur Lesen positionieren und *Run/Go to cursor* eingeben. Nach der Eingabe des Befehls *Debug/Call stack* wird im *Call stack*-Fenster ein Stapel mit zwei Prozedurnamen angezeigt: Versuch1 als rufendes und Lesen1 als gerufenes Programm.

```
    File    Edit    Run    Compile    Options    Debug    Break/watch
┌──────────────────────────────── Edit ────────────────────────────────┐
│      Line 19   Col 1   Insert Indent         Unindent * B:VERSUCH1.PAS │
│PROCEDURE Lesen(VAR:Arr:ArrayTyp);                                      │
│BEGIN                                              ┌─ Call Stack ─┐     │
│  Write('Name der Eingabedatei (z.B. Versuch1.DAT)? ');  │ LESEN((...)) │ │
│  ReadLn(Dateiname);                               │ VERSUCH1     │ │
│  Assign(DiskFil,Dateiname);                       └──────────────┘ │
│  Reset(DiskFil);                                                       │
│  Read(DiskFil,n);             (*Anzahl als 0. Element auf Datei gespeicher │
│  Anzahl := Trunc(n);                                                   │
│  FOR z := 1 TO Anzahl DO                                               │
│     Read(DiskFil,Arr[z]);                                              │
│  Close(DiskFil);                                                       │
│  WriteLn('Datei ',Dateiname,' nach dem Einlesen von ',Anzahl);        │
│  WriteLn('Versuchswerten in den RAM geschlossen.')                    │
│END;                                                                    │
```

Return-Stapel bei Aufruf von Debug/Call stack in der Prozedur Lesen von Programm Versuch1

3.11.2 Befehle des Debuggers

Ergänzend zum Beispiel in Abschnitt 3.11.1 und zu den Menü-Befehlen
in Abschnitt 2.2.1 werden die vom Debugger bereitgestellten Befehle wie
folgt zusammengefaßt:

Break/Add watch, Break/Delete watch bzw. *Break/Edit watch*
- Watch-Ausdrücke in Watch-Fenster anfügen, löschen bzw. ändern.
- Mit Strg-6 (Switch) kann man alternativ direkt ins Watch-Fenster
  wechseln, um dort z.B. zu editieren.

Break/Reamove all watches
- Alle Watch-Ausdrücke nach Beenden der Fehlersuche löschen.

Break/Toggle breakpoint oder *Strg-F8*
- Abbruchpunkte setzen (zuerst mit Cursor auf die Quelltext-Zeile).
- Maximal 21 Abbruchpunkte im Programm.

Break/Clear all breakpoints bzw. *Break/View next breakpoint*
- Abbruchpunkte löschen bzw. nächsten Abbruchpunkt aktivieren.

Debug/Evaluate oder *Strg-F4*
- Variablen bzw. Ausdrücke berechnen, anzeigen und verändern.
- Fenster Evaluate, Result und Next value.

Debug/Call stack oder *Strg-F3*
- Den Return-Stack mit alle gerade gerufenen Routinen anzeigen.
- Das Hauptprogramm als unterster Name im Stack.

Debug/Find Function
- Eine Prozedur oder Funktion suchen.
- Programm muß mit O/C/Debug information..On compiliert sein.

Debug/Refresh display
- Turbo Pascal-Bildschirm löschen und neu aufbauen.

Debug/Ingetrated Debugging
- Muß bei integrierter Umgebung auf On gesetzt sein.

Debug/Standalone debugging bzw. *Debug/Display swapping*
- Standardmäßig auf *Off* bzw. *Smart* eingestellt belassen.

Run/Run oder *Strg-F9*
- Programmausführung bis zum ersten Abbruchpunkt.
- Fortsetzung des unterbrochenen Programms.

Run/Go to cursor, Run/step over und Run/Trace into:
- Gleiche Ablauflogik wie Run/Run.
- Programmausführung ab Cursorposition bzw. schrittweise.

Run/Program reset oder *Strg-F2*
- Fehlersuche mit dem Debugger beenden.
- Alle offenen Dateien schließen, Speicherbereiche freigeben, den Edit-Startbalken löschen.

Run/User screen oder *Strg-F5*
- Den DOS-Bildschirm aktivieren (identisch mit Alt-F5).
- Beliebige Teste führt zurück zum Bildschirm von Turbo Pascal.

Formatangaben für Watch und Evaluate: Im *Watch*-Fenster und im *Debug/Evaluate*-Fenster werden Formate wie folgt abgekürzt:

```
Zeichen:   Darstellung als:
C          für Character. ASCII-Steuerzeichen 0-31 als Bildschirmzeichen
           ($03 als Spielkarte)
S          Für String. ASCII-Steierzeichen 0-31 im Format #nn.
D          Für Decimal. Ganze Zahlen in dezimaler Form.
H oder X   Für Hexadezimal. Ganze Zahlen mit vorangestelltem $.
Fn         Für Sloating point. Fließkommazahlen mit Nachkommastellen n=2-18.
M          Für Memory dump. Speicherauszug ab der genannten Adresse. Beispiel:
           Ausdruck,MH zur Ausgabe des Speicherauszugs (Ausdruck muß eine
           Speicheradresse ergeben) in hexadezimaler Form.
P          Für Pointer. Ausgabe im Format Segment:Offset.
R          Für Record. Für Records und Varianten.
```

Abkürzungen für Formate in Watch- bzw. Debug/Evaluate-Fenstern

3
Programmierkurs mit Turbo Pascal 5.0

Aufgaben zu Abschnitt 3.1

1. Befehlsfolge: Edit, Run, File/Write to.

Aufgaben zu Abschnitt 3.2

1. Ausführung zu Programm Klein1:

```
Ein
   kleines                    (nach "kleines" einmal die Glocke)
          Programm.
```

2. Programm Dreieck1 zur "Methode des Dreieckstauschs":

```
PROGRAM Dreieck1;
VAR
   z1, z2, Hilf: Integer;
BEGIN
   Write('Zwei Zahlen? ');
   ReadLn(z1,z2);
   Hilf := z1; z1 := z2; z2 := Hilf;
   WriteLn('Zahlen jetzt: ',z1,' ',z2);
   WriteLn('Programmende Dreieck1.')
END.→
```

3. Programm Konstant:

```
PROGRAM Konstant;
CONST
   Womit = 'Mit Turbo Pascal ';
   Was = 'formulieren '; Wer = 'wir';
   Wen = 'Probleme ';
   Wie = 'computerverständlich.';
BEGIN
   WriteLn(Womit, Was, Wer);
   WriteLn(Wen, Wie);
   WriteLn('Programmende Konstant.')
END.
```

4. Programm GanzDiv1:

```
PROGRAM GanzDiv1;
VAR
   Zahl, Teiler, Quotient, Rest: Integer;
BEGIN
   Write('Zahl Teiler? ');
   ReadLn(Zahl, Teiler);
   Quotient := Zahl DIV Teiler;
   Rest := Zahl MOD Teiler;
   writeLn('Division = ',Quotient,' Rest ',Res
   WriteLn('Programmende GanzDiv1.')
END.
```

```
Zahl Teiler? -3 2
-1 -1
Programmende GanzDiv1.
```

5. Ausführung zu Programm Real1:

```
Running
1.    9.8246000000E+01
2. 98.246
3.   98.25
4. 98
5. 0.2460
6. 98.25
7. 98
8. 98
9. 0.3134312504000
Programmende Real1.
```

Aufgaben zu Abschnitt 3.3

1. Quelltext zu Programm Skonto2:

```pascal
PROGRAM Skonto2;
   (*Skontoermittlung. Einseitige Auswahlstruktur mit IF-THEN*)
VAR
   Tage: Integer;
   Rechnungsbetrag, Prozentsatz, Skontobetrag: Real;

BEGIN
   WriteLn('Rechnungsbetrag, Tage nach Erhalt? ');
   ReadLn(Rechnungsbetrag, Tage);
   ProzentSatz := 1.5
   IF Tage <= 8
     THEN
       BEGIN
         ProzentSatz := 4;
         WriteLn('... sogar ',ProzentSatz:3:1,' % Skonto.')
       END;
   Skontobetrag := Rechnungsbetrag * Prozentsatz / 100;
   Rechnungsbetrag := Rechnungsbetrag - Skontobetrag;
   WriteLn(Skontobetrag:5:2,' DM Skonto bei ',Rechnungsbetrag:5:2,' DM
Zahlung.');
   WriteLn('Programmende Skonto1.')
END.
```

2. Verfügbaren Speicherplatz nennen:

```
Verfügbarer Speicherplatz = 22003
Programmende Speicher.
```

3. **Quelltext zu Programm Ungerade:**

```pascal
PROGRAM Ungerade;
VAR
  z: Integer;
BEGIN
  Write('Eine Zahl? '); ReadLn(z);
  IF 1 = z MOD 2
    THEN WriteLn('Unerade Zahl.')
    ELSE WriteLn('Gerade Zahl.')
END.
```

4. **Quelltext Programm Ferien1:**

```pascal
PROGRAM Ferien1;
  (*Ferientage in Abhängigkeit von Alter und Jahren im Betrieb*)
VAR
  Alter, BetriebsJahre, Tage: Integer;
BEGIN
  Write('Alter? Jahre der Betriebszugehörigkeit? ');
  ReadLn(Alter,BetriebsJahre);
  IF Alter < 18
    THEN Tage := 30
    ELSE IF Alter < 40
            THEN Tage := 28
            ELSE Tage := 31;
  IF BetriebsJahre >=25
    THEN Tage := Tage + 2
    ELSE IF BetriebsJahre >= 10
            THEN Tage := Tage + 1;
  WriteLn('Ferientage = ',Tage);
  WriteLn('Programmende Ferien1.')
END.→
```

5. **Quelltext zu Programm Funktion:**

```pascal
PROGRAM Funktion;
  (*Funktion f(x) mit y=3x-2 für x<1 und y=2x+1 für x>=1 *)
VAR
  x,y: Real;
BEGIN
  Write('x-Wert? ');
  ReadLn(x);
  IF x < 1
    THEN y := 3*x - 2
```

```
        ELSE y := 2*x + 1;
    WriteLn('x-Wert=',x:3:2,', y-Wert=',y:3:2);
    Write('Programmende Funktion.')
 END.
```

6. Quelltext zu Programm Quadrat1:

```
PROGRAM Quadrat1;
    (*Quadratische Gleichung lösen. Mehrseitige Auswahlstruktur*)
VAR
    a, b, c, D, x1, x2: Real;
BEGIN
  WriteLn('Gleichung a*x^2 + b*x + c lösen:');
  Write('Eingabe: a b c? ');
  ReadLn(a,b,c);
  D := Sqr(b) - 4*a*c;
  IF D < 0
    THEN WriteLn('Keine reelle Lösung.')
    ELSE BEGIN
          x1 := (-b + Sqrt(D)) / (2*a);
          x2 := (-b - Sqrt(D)) / (2*a);
          IF D = 0
            THEN WriteLn('x1 = x2 = ',x1:5:4)
            ELSE WriteLn('x1 = ',x1:5:4,' und x2 = ',x2:5:4)
        END;
  WriteLn('Programmende Quadrat1.')
END.
```

```
Gleichung a*x^2 + b*x + c lösen:
Eingabe: a b c? 2 2 1
Keine reelle Lösung.
Programmende Quadrat1.
```

```
Gleichung a*x^2 + b*x + c lösen:
Eingabe: a b c? 1 1 -1
x1 = 0.6180 und x2 = -1.6180
Programmende Quadrat1.
```

7. Programm TagJeMon:

```
PROGRAM TagJeMon;
    (*Tage je Monat. Fallabfrage mit Integer*)
VAR
    Tage, Monat: Integer;
BEGIN
  Write('Monatszahl? ');
  ReadLn(Monat);
```

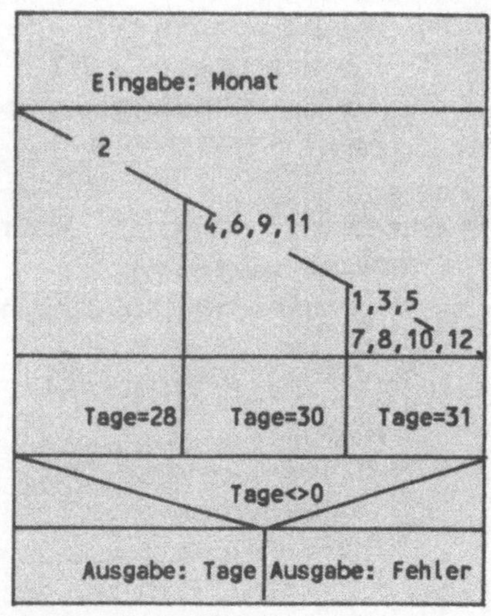


```
    CASE Monat OF
      2:              Tage := 28;
      4,6,9,11:       Tage := 30;
      1,3,5,7,8,10,12: Tage := 31
      ELSE Tage := 0;
    END;
    IF Tage <> 0
      THEN WriteLn('= ',Tage,' Tage')
      ELSE WriteLn('Eingabefehler');
    WriteLn('Programmende TagJeMon.')
  END.
```

Aufgaben zu Abschnitt 3.4

1. Quelltext zu Programm Euklid1:

```
PROGRAM Euklid1;
   (*Größter gemeinsamer Teiler. Euklidischer Algorithmus*)
VAR
   a, b, Rest: Integer;
BEGIN
  Write('Zwei Zahlen? ');
  ReadLn(a,b);
  Rest := a MOD b;
  WHILE Rest > 0 DO
  BEGIN
    a := b;
    b := Rest;
    Rest := a MOD b
  END;
  WriteLn('ggT = ',b)
  WriteLn('Programmende Euklid1.')
END.
```

2. Programm Mittel1 mit WHILE ändern:
    a) Quelltext zu Programm Mittel2 mit REPEAT-Schleife:

```
PROGRAM Mittel2;
   (*Mittelwert berechnen. Nicht-abweisende Schleife mit REPEAT*)
VAR
   Anzahl: Integer;
   Zahl, Summe, Mittelwert: Real;
BEGIN
  Summe := 0;
```

```
    Anzahl := -1;
    REPEAT
      Write('Zahl (0=Ende)? ');
      ReadLn(Zahl);
      Summe := Summe + Zahl;
      Anzahl := Anzahl + 1;
    UNTIL Zahl = 0;
    IF Anzahl > 0 THEN
      BEGIN
        Mittelwert := Summe / Anzahl;
        WriteLn('Mittelwert von ',Anzahl,' Zahlen');
        WriteLn('beträgt ',Mittelwert:4:2);
      END;
    WriteLn('Programmende Mittel2.')
  END.↵
```

b) **Quelltext zu Programm Mittel2 mit IF-THEN-Schleife:**

```
PROGRAM Mittel3;
  (*Mittelwert berechnen. Schleife mit IF-THEN GOTO*)
LABEL
  Schleifenanfang, Schleifenende;
VAR
  Anzahl: Integer;
  Zahl, Summe, Mittelwert: Real;
BEGIN
  Summe := 0;
  Anzahl := 0;
    Schleifenanfang:
    Write('Zahl (0=Ende)? ');
    ReadLn(Zahl);
    IF Zahl = 0
      THEN GOTO Schleifenende;
    Summe := Summe + Zahl;
    Anzahl := Anzahl + 1;
    GOTO Schleifenanfang;
  Schleifenende:
  IF Anzahl > 0 THEN
    BEGIN
      Mittelwert := Summe / Anzahl;
      WriteLn('Mittelwert von ',Anzahl,' Zahlen');
      WriteLn('beträgt ',Mittelwert:4:2);
    END;
  WriteLn('Programmende Mittel3.')
END.
```

3. Quelltext zu Programm FiFolge1:

```
PROGRAM FiFolge1;
  (*Die ersten 40 Elemente der Fibonacci-Folge*)
VAR
  F1, F2, F3: Real;
  Z: Integer;
BEGIN
  Write('Welche zwei Startwerte für die Fibonacci-Folge? ');
  ReadLn(F1,F2);
  FOR Z := 1 TO 32 DO
  BEGIN
    F3 := F1 + F2;
    Write(F3:9:0);
    IF Z MOD 8 = 0 THEN WriteLn;
    F1 := F2;
    F2 := F3
  END;
  WriteLn(^J^M,'Programmende FiFolge1.')
END.
```

4. Quelltext zu Programm WertTab1:

```
PROGRAM WertTab1;
  (*Wertetabelle. FOR-Schleife mit variabler Schrittweite*)
VAR
  Zaehler: Integer;
  Anfang, Ende, Schritt, x, y: Real;
BEGIN
  WriteLn('Anfangswert Endwert Schrittweite für x? ');
  ReadLn(Anfang,Ende,Schritt);
  WriteLn('      x           y = x^2 + 5');
  FOR Zaehler := 0 TO Trunc((Ende-Anfang)/Schritt) DO
  BEGIN
    x := Anfang + Zaehler * Schritt;
    y := sqr(x) + 5;
    WriteLn(x:10:2, y:15:2)
  END;
  WriteLn('Programmende WertTab1.')
END.
```

5. Programm Wahrheit.
a)   Ausführung:

```
Tillmann sagt: Jakob hat Recht.
Jakob sagt: Tillmann hat gelogen.
Programmende Wahrheit.
```

b)   FOR ErSagtEtwas :=False TO True DO ...

6. Pascal-Quelltext zu den Programmen Design1, Design2 und Design3:

```
PROGRAM Design1;
VAR
  Z, S: Byte;
BEGIN
  FOR Z := 1 TO 5 DO
    BEGIN
      FOR S :=1 TO Z DO
        Write('= ');
        WriteLn
    END;
  WriteLn('Programmende Design1.')
END.


PROGRAM Design2;
VAR
  Z, S: Byte;
BEGIN
  FOR S := 1 TO 5 DO Write('= ');
  WriteLn;
  FOR Z := 1 TO 3 DO WriteLn('=        =');
  FOR S := 1 TO 5 DO Write('= ');
  WriteLn;
  WriteLn('Programmende Design2.')
END.


PROGRAM Design3;
VAR
  Z, ZHilf, S, SHilf: Byte;
BEGIN
  ZHilf := 0;
  SHilf := 9;
  FOR Z := 1 TO 5 DO
    BEGIN
      FOR S :=1 TO SHilf DO
        Write('=');
      WriteLn;
      FOR S :=0 TO ZHilf DO
        Write(' ');
      SHilf := SHilf - 2;
      ZHilf := ZHilf + 1;
    END;
  WriteLn(^M,'Programmende Design3.')
END.
```

Aufgaben zu Abschnitt 3.5

1. Pascal-Quelltext zu Programm Euklid2 mit Prozedur ggT:

```pascal
PROGRAM Euklid2;
  (*Euklidischer Algorithmus zum ggT. Prozedur mit Werteparametern*)
VAR
  z1,z2,x,y: Integer;

PROCEDURE ggT(a,b:Integer);
  VAR
    Rest: Integer;
  BEGIN
    Rest := a MOD b;
    WHILE Rest > 0 DO
    BEGIN
      a := b;
      b := Rest;
      Rest := a MOD b
    END;
    WriteLn('ggT = ',b)
  END;

BEGIN
  Write('Zwei Zahlen? ');
  ReadLn(z1,z2);
  ggt(z1,z2);
  Write('Noch zwei Zahlen? ');
  ReadLn(x,y);
  ggt(x,y);
  WriteLn('Programmende Euklid2.')
END.
```

2. Quelltext zu Programm Euklid3 mit Funktion ggT:

```pascal
PROGRAM Euklid3;
  (*Euklidischer Algorithmus zum ggT als Integer-Funktion*)
VAR
  z1,z2,x,y: Integer;

FUNCTION ggT(a,b:Integer): Integer;
  VAR
    Rest: Integer;
```

```pascal
    BEGIN
      Rest := a MOD b;
      WHILE Rest > 0 DO
      BEGIN
        a := b;
        b := Rest;
        Rest := a MOD b
      END;
      ggT := b
    END;


BEGIN
  Write('Zwei Zahlen? ');
  ReadLn(z1,z2);
  WriteLn('ggT = ',ggt(z1,z2));
  Write('Noch zwei Zahlen? ');
  ReadLn(x,y);
  WriteLn('ggt = ',ggT(x,y));
  WriteLn('Programmende Euklid3.')
END.
```

3. **Pascal-Quelltext zu Programm Euklid4:**

```pascal
PROGRAM Euklid4;
  (*Euklidischer Algorithmus zum ggT. Geschachtelte Integer-Funktion*)
VAR
  z1,z2,z3: Integer;


FUNCTION ggT(a,b:Integer): Integer;
  VAR
    Rest: Integer;
  BEGIN
    Rest := a MOD b;
    WHILE Rest > 0 DO
    BEGIN
      a := b;
      b := Rest;
      Rest := a MOD b
    END;
    ggT := b
  END;


BEGIN
  Write('Drei Zahlen? ');
  ReadLn(z1,z2,z3);
  WriteLn('ggT = ',ggt(ggt(z1,z2),z3));
```

```
          WriteLn('Programmende Euklid4.')
      END.
```

4. **Quelltext zu Programm Potenz1 mit Funktion Pot:**

```
      PROGRAM Potenz1;
        (*Potenzieren. Integer-Funktion*)
      VAR
        Basis, Exponent: Integer;

      FUNCTION Pot(Bas,Exp: Integer): Integer;
        VAR
          z, Ergebnis: Integer;
        BEGIN
          Ergebnis := 1;
          FOR z := 1 TO Abs(Exp) DO
            Ergebnis := Ergebnis * Bas;
            Pot := Ergebnis
        END;

      BEGIN
        Write('Basis Exponent? ');
        ReadLn(Basis,Exponent);
        Write('Potenz = ');
        IF Exponent > 0
          THEN WriteLn(Pot(Basis,Exponent))
          ELSE IF Basis = 0
                  THEN WriteLn('nicht möglich.')
                  ELSE WriteLn(1/Pot(Basis,Exponent));
        WriteLn('Programmende Potenz1.')
      END.
```

5. **Quelltext zu Programm DemoEnd1:**

```
      PROGRAM DemoEnd1;
        (*Schleifenende über Boolean-Funktion*)

      FUNCTION Beenden: Boolean;
        VAR
          Zeichen: Char;
        BEGIN
          Write('Schleife beenden (j/n)? ');
          ReadLn(Zeichen);
          Beenden := Zeichen IN ['j','J']
        END;

      BEGIN
```

```
    WHILE NOT Beenden DO
    BEGIN
      WriteLn('...');
      WriteLn('... Anweisungen der Schleife')
    END;
    WriteLn('Programmende DemoEnd1.')
END.
```

Aufgaben zu Abschnitt 3.6

1. Quelltext und Ausführungsbeispiel zu Programm CodeTab2:

```
PROGRAM CodeTab2;
  (*ASCII-Code als Tabelle. Zählervariable vom Char-Typ*)
VAR
  z: Char;
  i: Integer;
BEGIN
  Write('        ');
  FOR i := 0 TO 15 DO
    Write(i:3); WriteLn;
  i := 32;
  FOR z := ' ' TO #255 DO
  BEGIN
    IF i MOD 16 = 0
      THEN BEGIN
             WriteLn;
             Write(i:3,':  ')
           END;
    Write(z:3);
    i := i + 1;
  END;
  WriteLn; WriteLn('Programmende CodeTab2.')
END.
```

```
         0  1  2  3  4  5  6  7  8  9 10 11 12 13 14 15

  32:        !  "  #  $  %  &  '  (  )  *  +  ,  -  .  /
  48:     0  1  2  3  4  5  6  7  8  9  :  ;  <  =  >  ?
  64:     @  A  B  C  D  E  F  G  H  I  J  K  L  M  N  O
  80:     P  Q  R  S  T  U  V  W  X  Y  Z  [  \  ]  ^  _
  96:     `  a  b  c  d  e  f  g  h  i  j  k  l  m  n  o
 112:     p  q  r  s  t  u  v  w  x  y  z  {  |  }  ~  ▮
 128:     Ç  ü  é  â  ä  à  å  ç  ê  ë  è  ï  î
```

```
144:   É  ■  Æ  ô  ö  ò  û  ù  ÿ  Ö  Ü  ¢  £  ¥  R  ƒ
160:   á  í  ó  ú  ñ  Ñ  ª  º  ¿  ⌐  ¬  ½  ¼  ¡  «  »
176:      ▒  ▓  │  ┤  ╡  ╢  ╖  ╕  ╣  ║  ╗  ╝  ╜  ╛  ┐
192:   └  ┴  ┬  ├  ─  ┼  ╞  ╟  ╚  ╔  ╩  ╦  ╠  ═  ╬  ╧
208:   ╨  ╤  ╥  ╙  ╘  ╒  ╓  ╫  ╪  ┘  ┌  █  ▄  ▌  ▐  ▀
224:   α  β  Γ  π  Σ  σ  µ  τ  Φ  Θ  Ω  δ  ∞  φ  ε  ∩
240:   ≡  ±  ≥  ≤  ⌠  ⌡  ÷  ≈  °  ∙  ·  √  η  ²  ■
Programmende CodeTab2.
```

2. Quelltext und Ausführung zu Programm ISBNumm1:

```pascal
PROGRAM ISBN1;

   (*Pruefziffer zur Internationalen-Standard-Buch-Nummer (ISBN)*)
TYPE
   Stellen = 1..10;
VAR
   Nummer:         ARRAY[Stellen] OF Integer;
   n:              Stellen;
   ElferDivision, ElferRest: Real;
   Summe:          Integer;
   Pruefziffer:    STRING[7];


BEGIN
  ClrScr;
  WriteLn('Die ersten 9 Ziffern durch Leerstellen getrennt tippen:');
  FOR n := 1 TO 9 DO
    Read(Trm,Nummer[n]);
  Summe := 0;
  FOR n := 1 TO 9 DO
    Summe := Summe + n*Nummer[n];
    ElferDivision := Summe/11;
    ElferRest := Int(Summe - (Int(ElferDivision)*11));
    IF ElferRest < 10
      THEN Str(ElferRest:1:0,PruefZiffer)
      ELSE PruefZiffer := 'X';
    WriteLn('1. Summe 1-9 gewichtet: ',Summe);
    WriteLn('2. Division durch 11:   ',ElferDivision:1:2);
    WriteLn('3. Rest als Modulo 11:  ',Int(ElferRest):1:0);
    WriteLn('4. Pruefziffer:         ',PruefZiffer);
  WriteLn('Programmende ISBNumm1.')
END.
```

```
Die ersten 9 Ziffern durch Leerstellen getrennt tippen:
3 5 2 8 0 4 2 9 4
1. Summe 1-9 gewichtet: 197
2. Division durch 11:   17.91
```

```
3. Rest als Modulo 11:   10
4. Pruefziffer:           X
Programmende ISBNumm1.
```

3. Quelltext zu Programm Analyse1:

```pascal
PROGRAM Analyse1;

   (*Textanalyse durchführen: Anzahl von Vokalen in einem Text*)

CONST
   VokaleLaenge = 5;
   ZeilenLaenge = 80;

VAR
   Text:                            STRING[ZeilenLaenge];
   ZeichenAnzahl, VokaleAnzahl, Z:  1..ZeilenLaenge;
   Index:                           1..VokaleLaenge;
   Zei:                             Char;
   Vokale:                          STRING[VokaleLaenge];
   Absolut:                         ARRAY[1..VokaleLaenge] OF Integer;
   Relativ:                         ARRAY[1..VokaleLaenge] OF Real;


PROCEDURE Eingabe;
   BEGIN
      WriteLn('Zu analysierender String? '); ReadLn(Text);
      ZeichenAnzahl := Length(Text);
      FOR Z := 1 TO ZeichenAnzahl DO
         Text[Z] := Upcase(Text[Z]);
      FOR Z := 1 TO VokaleLaenge DO
        Absolut[Z] := 0;
      Vokale := 'AEIOU';
      VokaleAnzahl := 0
   END;


PROCEDURE HaeufigkeitAbsolut;
   BEGIN
      FOR Z := 1 TO ZeichenAnzahl DO
      BEGIN
        Zei := Copy(Text,Z,1);
        Index := Pos(Zei,Vokale);
        IF Index <> 0
           THEN BEGIN
                   Absolut[Index] := Absolut[Index] + 1;
                   VokaleAnzahl := VokaleAnzahl + 1
                END
      END
   END;
```

```
      PROCEDURE HaeufigkeitRelativ;
        BEGIN
          FOR Z := 1 TO VokaleLaenge DO
            Relativ[Z] := Absolut[Z]/VokaleAnzahl
        END;


      PROCEDURE Ausgabe;
        BEGIN
          WriteLn('Vokal:  Absolute Häufigkeiten:  Relative Häufigkeiten:');
          WriteLn('-----------------------------------------------------------');
          FOR Z := 1 TO VokaleLaenge DO
            WriteLn(Vokale[Z]:5,Absolut[Z]:15,Relativ[Z]:25:3)
          END;


      BEGIN
        Eingabe;
        HaeufigkeitAbsolut;
        HaeufigkeitRelativ;
        Ausgabe;
        WriteLn('Programmende Analyse1.')
      END.
```

Aufgaben zu Abschnitt 3.7

1. Programmtests zu Programm Array2:

```
Running
Zahl? 1
15 10 6 3 1
Programmende Array2.
```

```
Running
Zahl? 7
17673 2524 360 51 7
Programmende Array2.
```

```
Running
Zahl? 2
73 34 15 6 2
Programmende Array2.
```

```
Running
Zahl? 8
-31515 4252 531 66 8
Programmende Array2.
```

2. Ausführungsbeispiel und Quelltext zu Programm Sort1:

```
    Ekkehard Tillmann  Severin    Lena     Klaus    Anita
x=2 y=6  Ekkehard Tillmann  Severin    Lena     Anita    Klaus
x=2 y=5  Ekkehard Tillmann  Severin    Anita    Lena     Klaus
x=2 y=4  Ekkehard Tillmann  Anita Severin    Lena     Klaus
```

```
x=2 y=3    Ekkehard     Anita Tillmann   Severin      Lena      Klaus
x=2 y=2         Anita Ekkehard Tillmann  Severin      Lena      Klaus
x=3 y=6         Anita Ekkehard Tillmann  Severin     Klaus       Lena
x=3 y=5         Anita Ekkehard Tillmann    Klaus   Severin       Lena
x=3 y=4         Anita Ekkehard     Klaus Tillmann  Severin       Lena
x=3 y=3         Anita Ekkehard     Klaus Tillmann  Severin       Lena
x=4 y=6         Anita Ekkehard     Klaus Tillmann     Lena    Severin
x=4 y=5         Anita Ekkehard     Klaus      Lena Tillmann   Severin
x=4 y=4         Anita Ekkehard     Klaus      Lena Tillmann   Severin
x=5 y=6         Anita Ekkehard     Klaus      Lena  Severin  Tillmann
x=5 y=5         Anita Ekkehard     Klaus      Lena  Severin  Tillmann
x=6 y=6         Anita Ekkehard     Klaus      Lena  Severin  Tillmann
           Anita Ekkehard     Klaus      Lena  Severin  Tillmann
Programmende Sort1.
```

```pascal
PROGRAM Sort1;
  (*Bubble Sort in einem String-Array. Initialisierte Arrayvariable*)
CONST
  Anzahl = 6;
TYPE
  Elementtyp = STRING[20];
  Arraytyp = ARRAY[1..Anzahl] OF Elementtyp;        (*Name als
initialisierte Variable*)
CONST
  Name: Arraytyp = ('Ekkehard', 'Tillmann', 'Severin', 'Lena', 'Klaus',
'Anita');

PROCEDURE Ausgabe(Nam:Arraytyp);
VAR
  i: Integer;
BEGIN
  FOR i := 1 TO Anzahl DO
    Write(Nam[i]:9); WriteLn
END;

PROCEDURE Tausch(VAR a,b:Elementtyp);
VAR
  Hilf: Elementtyp;
BEGIN
  Hilf := b; b := a; a := Hilf
END;

PROCEDURE Bubble(VAR Nam:Arraytyp);
VAR
  x,y: Integer;
```

```
BEGIN
  FOR x := 2 TO Anzahl DO
    FOR y := Anzahl DOWNTO x DO
    BEGIN
      IF Nam[y-1] > Nam[y]
        THEN Tausch(Nam[y],Nam[y-1]);
      Write('x=',x,' y=',y,'  ');
      Ausgabe(Nam);
    END
  END;

BEGIN
  Ausgabe(Name);
  Bubble(Name);
  Ausgabe(Name);
  WriteLn('Programmende Sort1.')
END.
```

3. Quelltext und Ausführung zu Programm PasDrei1:

```
Zeilenanzahl des Pascalschen Dreiecks? 14
                            1
                          1   1
                        1   2   1
                      1   3   3   1
                    1   4   6   4   1
                  1   5  10  10   5   1
                1   6  15  20  15   6   1
              1   7  21  35  35  21   7   1
            1   8  28  56  70  56  28   8   1
          1   9  36  84 126 126  84  36   9   1
        1  10  45 120 210 252 210 120  45  10   1
      1  11  55 165 330 462 462 330 165  55  11   1
    1  12  66 220 495 792 924 792 495 220  66  12   1
  1  13  78 286 71512871716171612871 715 286  78  13   1
Programmende PasDrei1.
```

```
PROGRAM PasDrei1;
  (*Ausgabe des Pascalschen Dreiecks*)
VAR
  x, y, z: Integer;
  Zahl: ARRAY[1..20] OF Integer;
BEGIN
  Write('Zeilenanzahl des Pascalschen Dreiecks? ');
  ReadLn(z);
  FOR x := 1 TO z DO
```

```pascal
      BEGIN
        Zahl[x]:=1;
        FOR y := (x-1) DOWNTO 2 DO
           Zahl[y] := Zahl[Y-1] + Zahl[Y];
        Write(' ':2 * (z - x) + 2);
        FOR y := 1 TO x DO
          Write(Zahl[y]:4);
        WriteLn;
      END;
      WriteLn('Programmende PasDrei1.')
    END.
```

4. Reihenfolgesuche in einem String-Array.
a) Quelltext zu Programm SuchNam1:

```pascal
PROGRAM SuchNam1;

   (*Suchen nach Namen in einem unsortierten String-Array*)
TYPE
   Stri30 = STRING[30];
CONST
   MaxAnzahl = 20;
VAR
   Name:        ARRAY[1..MaxAnzahl] OF Stri30;
   NameSuch:    Stri30;
   i, Anzahl:   1..MaxAnzahl;
   Vorhanden:   Boolean;

PROCEDURE Eingabe;
BEGIN
  REPEAT
    Write('Wieviele Namen (maximal 20)? ');
    ReadLn(Anzahl);
  UNTIL Anzahl <= MaxAnzahl;
  FOR i := 1 TO Anzahl DO
  BEGIN
    Write(i,'. Name? '); ReadLn(Name[i]);
  END
END;

PROCEDURE SerielleSuche;
BEGIN
  Write('Suchbegriff? '); ReadLn(NameSuch);
  Vorhanden := False; i := 1;
  WHILE NOT ((i>Anzahl) OR Vorhanden) DO
    IF Name[i] = NameSuch
      THEN Vorhanden := True
```

```
          ELSE i := i + 1;
    END;


PROCEDURE Ausgabe;
BEGIN
  IF Vorhanden
    THEN WriteLn(NameSuch,' an ',i,'. Position gefunden.')
    ELSE WriteLn('Fehler. Nicht gefunden.')
END;


BEGIN
  Eingabe;
  SerielleSuche;
  Ausgabe;
  WriteLn('Programmende SuchNam1.')
END.
```

b) **Quelltext zu Programm SuchNam2 ohne Seiteneffekte:**

```
PROGRAM SuchNam2;
  (*Suchen nach Namen in einem unsortierten String-Array*)
  (*Wie SuchNam1, aber mit Array als Prozedur-Parameter*)
CONST
  MaxAnzahl = 20;
TYPE
  Stri30 =   STRING[30];
  tElement = 1..MaxAnzahl;
  tName =   ARRAY[tElement] OF Stri30;
VAR
  Name:                 tName; (*t weist auf TYPE bzw. Datentyp hin*)
  Anzahl, VorhandenPos: tElement;
  Vorhanden:            Boolean;


PROCEDURE Eingabe(VAR Nam:tName; VAR Anz:tElement);
VAR
  i: tElement;
BEGIN
  REPEAT
    Write('Wieviele Namen (maximal 20)? ');
    ReadLn(Anz);
  UNTIL Anz <= MaxAnzahl;
  FOR i := 1 TO Anz DO
  BEGIN
    Write(i,'. Name? '); ReadLn(Nam[i]);
  END
END;
```

```pascal
PROCEDURE SerielleSuche(Nam:tName; Anz:tElement;
                        VAR Ok:Boolean; VAR OkPos:tElement);
VAR
  i:        tElement;
  NameSuch: Stri30;
BEGIN
  Write('Suchbegriff? '); ReadLn(NameSuch);
  Ok := False; i := 1;
  WHILE NOT ((i>Anz) OR Ok) DO
    IF Nam[i] = NameSuch
      THEN BEGIN
             Ok := True;
             OkPos := i
           END
      ELSE i := i + 1;
END;


PROCEDURE Ausgabe(Vorhanden:Boolean; VorhandenPos: tElement);
BEGIN
  IF Vorhanden
    THEN WriteLn('Suchbegriff an ',VorhandenPos,'. Position gefunden.')
    ELSE WriteLn('Fehler. Nicht gefunden.')
END;


BEGIN
  ClrScr;
  Eingabe(Name,Anzahl);
  SerielleSuche(Name,Anzahl,Vorhanden,VorhandenPos);
  Ausgabe(Vorhanden,VorhandenPos);
  WriteLn('Programmende SuchNam2.')
END.
```

Aufgaben zu Abschnitt 3.8

1. Quelltext zu Programm Kunden2:

```pascal
PROGRAM Kunden2;
   (*Verwaltung einer Kundendatei über ein Menü. Erweiterung mit Löschen*)
TYPE
  Str20 = STRING[20];
  Kundensatz = RECORD
                 Nummer: Integer;
                 Name:   Str20;
```

```pascal
                    Umsatz: Real;
                END;
    Kundendatei = FILE OF Kundensatz;
VAR
  KundenRec: Kundensatz;
  KundenFil: Kundendatei;
  Dateiname: STRING(.14.);
  NameSuch:  Str20;


PROCEDURE Vorlauf;
VAR
  Eingabefehler: Integer;
BEGIN
  Write('Name der Datei (z.B. B:Kunden.DAT)? '); ReadLn(Dateiname);
  Assign(KundenFil,Dateiname);
  (*$I- ermöglicht Fehlerabfrage*) Reset(KundenFil); (*$I+*)
  Eingabefehler := IOResult;
  IF EingabeFehler = 1
    THEN BEGIN
            WriteLn('Datei neu eingerichtet, da nicht vorhanden.');
            Rewrite(KundenFil)
         END
END; (*von Vorlauf*)


PROCEDURE SatzAnzeigen;
BEGIN
  WITH KundenRec DO
  BEGIN
    WriteLn('  Kundennummer:  ',Nummer);
    WriteLn('  Name:          ',Name);
    WriteLn('  Umsatz bisher: ',Umsatz:4:2);
  END (*von WITH*)
END; (*von SatzAnzeigen*)


PROCEDURE Suchen(VAR NameSuch:Str20);
VAR
  Gefunden: Boolean;
BEGIN
  Seek(KundenFil,0);
  Write('Kundenname als Suchbegriff? '); ReadLn(NameSuch);  (*Satz über den
Namen suchen*)
  Gefunden := False;
  WHILE NOT (Eof(KundenFil) OR Gefunden) DO
  BEGIN
    Read(KundenFil,KundenRec);
```

```pascal
        IF NameSuch = KundenRec.Name THEN Gefunden:=True
      END;
    IF Gefunden
      THEN SatzAnzeigen
      ELSE BEGIN
             WriteLn('Satz ',NameSuch,' nicht vorhanden.');
             NameSuch := '0'
           END
END; (*von Suchen*)


PROCEDURE Auflisten;
VAR
  SatzNr: Integer;
BEGIN
  Seek(KundenFil,0);
  SatzNr := -1;
  WriteLn('Satznummer:  Kundennummer:               Name:    Umsatz:');
  WHILE NOT Eof(KundenFil) DO
  BEGIN
    Read(KundenFil,KundenRec);
    SatzNr := SatzNr + 1;
    WITH KundenRec DO
    BEGIN
      WriteLn(SatzNr:6,': ',Nummer:15,Name:21,Umsatz:11:2)
    END
  END
END; (*von Auflisten*)


PROCEDURE Anhaengen;
BEGIN
  Seek(KundenFil,FileSize(KundenFil));
  WITH KundenRec DO
    BEGIN
      Write('Kundennummer (0=Ende)? '); ReadLn(Nummer);
      WHILE Nummer <> 0 DO
      BEGIN
        Write('Name?              '); ReadLn(Name);
        Write('Umsatz?            '); ReadLn(Umsatz);
        Write(KundenFil,KundenRec);
        Write('Nummer (0=Ende)? '); ReadLn(Nummer)
      END; (*von WHILE*)
    END (*von WITH*)
END; (*von Anhaengen*)
```

```pascal
PROCEDURE Aendern;
VAR
  NameAend: Str20;
BEGIN
  Suchen(NameSuch);
  IF NameSuch <> 'O' THEN
    BEGIN
      WriteLn('Zu ändernde Feldinhalte eintippen (Ret = beibehalten):');
      WITH KundenRec DO
      BEGIN
        Write('  Nummer? '); ReadLn(Nummer);
        Write('  Name?   '); ReadLn(NameAend);
        IF NameAend <> '' THEN Name := NameAend;
        Write('  Umsatz? '); ReadLn(Umsatz);
      END;
      Seek(KundenFil,FilePos(KundenFil)-1);       (*da der Satz zu
überschreiben ist*)
      Write(KundenFil,KundenRec);
    END
END; (*von Aendern*)


PROCEDURE LogischLoeschen;
VAR
  Wahl: Char;
BEGIN
  Suchen(NameSuch);
  IF NameSuch <> 'O' THEN
    BEGIN
      Write('Löschmarkierung setzen/entfernen (s/e)? '); ReadLn(Wahl);
      IF Wahl IN (.'s','S','e','E'.)
        THEN BEGIN
                KundenRec.Umsatz := - KundenRec.Umsatz;      (*negativer
Umsatz bedeutet*)
                Seek(KundenFil,FilePos(KundenFil)-1);        (*"als gelöscht
markiert*)
                Write(KundenFil,KundenRec);
                WriteLn('Löschmarkierung geändert.')
             END
        ELSE WriteLn('... Löschmarkierung bleibt unverändert.')
    END
END; (*von LogischLoeschen*)


PROCEDURE PhysischLoeschen;
VAR
  DateinameNeu: STRING[14];
  KundenFilNeu: Kundendatei;
```

```pascal
BEGIN
  WriteLn('Alle logisch gelöschten Sätze (Umsatz negativ) physisch
löschen.');
  Write('Name der neuen Zieldatei? '); ReadLn(DateinameNeu);
  Assign(KundenFilNeu,DateinameNeu);
  Rewrite(KundenFilNeu);
  Seek(KundenFil,0);
  REPEAT
    Read(KundenFil,KundenRec);
    IF KundenRec.Umsatz >= 0
      THEN Write(KundenFilNeu,KundenRec);
  UNTIL Eof(KundenFil);
  Close(KundenFilNeu)
END; (*von PhysischLoeschen*)


PROCEDURE Menue;
VAR
  Wahl: Char;
BEGIN
  REPEAT
    Write('Weiter mit Return'); ReadLn;
    WriteLn('=========================================================');
    WriteLn('0   Ende           Schließen aktive Datei = ',Dateiname);
    WriteLn('1   Suchen:        Sätze lesen und anzeigen');
    WriteLn('2   Auflisten:     Alle Sätze seriell lesen');
    WriteLn('3   Anhängen:      Satz auf die Datei speichern');
    WriteLn('4   Aendern:       Satzinhalt ändern bzw. aktualisieren');
    WriteLn('5   Löschen:       Löschmarkierungen setzen/entfernen');
    WriteLn('6   Entfernen:     Markierte Sätze physisch löschen');
    WriteLn('7   Öffnen:        Neue Datei auf Diskette öffnen');
    WriteLn('=========================================================');
    ReadLn(Wahl);
    CASE Wahl OF
      '1': Suchen(NameSuch);
      '2': Auflisten;
      '3': Anhaengen;
      '4': Aendern;
      '5': LogischLoeschen;
      '6': PhysischLoeschen;
      '7': Vorlauf;
    END
  UNTIL Wahl = '0';
END; (*von Menue*)
```

```pascal
    PROCEDURE Nachlauf;
    BEGIN
      Close(KundenFil);
      WriteLn('Datei ',Dateiname,' geschlossen.')
    END; (*von Nachlauf*)


    BEGIN (*vom Programmtreiber zur Verwaltung der Kundendatei*)
      Vorlauf;
      Menue;
      Nachlauf;
      WriteLn('Programmende Kunden2.')
    END.
```

2. Quelltext zu Programm Artikel1 zur Verwaltung einer Artikeldatei.

```pascal
    PROGRAM Artikel1;

      (*Verwaltung einer Artikeldatei über ein Menü*)


    TYPE
      Artikelsatz = RECORD
                       Nummer:       STRING[13];
                       Bezeichnung:  STRING[20];
                       Bestand:      Integer;
                       Stueckpreis:  Real;
                       LiefNr:       STRING[7]
                  END; (*von Stammsatz*)
      Artikeldatei = FILE OF Artikelsatz;


    VAR
      ArtikelRec, ArtikelNruRec:     Artikelsatz;
      ArtikelFil, ArtikelNeuFil:     Artikeldatei;
      Dateiname, DateinameNeu:       STRING(.14.);
      Wahl:                          Char;
      Satzanzahl,Eingabefehler:      Integer;
      SatzNr, SatzNrSuch, ArtNrSuch: Integer;


    PROCEDURE Vorlauf;
    BEGIN
      Write('Name der Datei (z.B. B:Art2.DAT)? '); ReadLn(Dateiname);
      Assign(ArtikelFil,Dateiname);
      (*$I-  ermöglicht Fehlerabfrage*) Reset(ArtikelFil); (*$I+*)
      Eingabefehler := IOResult;
      IF EingabeFehler = 1
        THEN BEGIN
               WriteLn('Datei neu eingerichtet, da nicht vorhanden.');
               Rewrite(ArtikelFil)
             END
    END; (*von Vorlauf*)
```

```pascal
PROCEDURE DateizeigerZumAnfang;
BEGIN
  Seek(ArtikelFil,0)              (*Satz 0 als erster Nutzdatensatz*)
END;


PROCEDURE DateizeigerZumEnde;
BEGIN
  Seek(ArtikelFil,FileSize(ArtikelFil))
END;


PROCEDURE SatzAnzeigen;
BEGIN
  WITH ArtikelRec DO
  BEGIN
    SatzNr := FilePos(ArtikelFil);
    WriteLn(' Artikelnummer: ',Nummer);
    WriteLn(' Bezeichnung:   ',Bezeichnung);
    WriteLn(' Lagerbestand:  ',Bestand);
    WriteLn(' Stückpreis:    ',Stueckpreis:4:2);
    WriteLn(' Lieferant:     ',LiefNr)
  END (*von WITH*)
END; (*von SatzAnzeigen*)


PROCEDURE Abfragen(VAR ArtNrSuch:Integer);
  (*Einen Artikel über die EAN-Artikelnummer suchen*)
VAR
  Gefunden: Boolean;
BEGIN
  DateizeigerZumAnfang;
  Write('EAN-Artikelnummer als Suchbegriff? '); ReadLn(ArtNrSuch);
  IF ArtNrSuch > 0
    THEN BEGIN
            Gefunden := False;
            WHILE NOT (Eof(ArtikelFil) OR Gefunden) DO
            BEGIN
              Read(ArtikelFil,ArtikelRec);
              IF ArtNrSuch = ArtikelRec.Nummer THEN Gefunden:=True
            END;
            IF Gefunden
                THEN SatzAnzeigen
                ELSE BEGIN
                        WriteLn('Satz ',ArtNrSuch,' nicht vorhanden.');
                        ArtNrSuch := -1
                     END
         END
END; (*von Abfragen*)
```

```pascal
PROCEDURE Auflisten;
VAR
  SatzNr: Integer;
BEGIN
  WriteLn('Alle Sätze seriell lesen und anzeigen.');
  DateizeigerZumAnfang;
  SatzNr := -1;
  WriteLn(' Nr:     Artikelnr:     Bezeichnung: Bestandsmenge:
Stückpreis:');
  WHILE NOT Eof(ArtikelFil) DO
  BEGIN
    Read(ArtikelFil,ArtikelRec);
    SatzNr := SatzNr + 1;
    WITH ArtikelRec DO
    BEGIN
      Write(SatzNr:3,': ',Nummer:9);
      WriteLn(Bezeichnung:19,Bestand:12,Stueckpreis:14:2)
    END (*von WITH*)
  END (*von WHILE*)
END; (*von Auflisten*)


PROCEDURE Anhaengen;
BEGIN
  DateizeigerZumEnde;
  WriteLn('Erfassung zusätzlicher Artikelsätze.');
  WITH ArtikelRec DO
    BEGIN
      Write('Nummer (0=Ende)?  '); ReadLn(Nummer);
      WHILE Nummer <> 0 DO
      BEGIN
        Write('Bezeichnung?     '); ReadLn(Bezeichnung);
        Write('Bestandsmenge?    '); ReadLn(Bestand);
        Write('Preis je Einheit? '); ReadLn(Stueckpreis);
        Write(ArtikelFil,ArtikelRec);
        WriteLn; Write('Nummer?          '); ReadLn(Nummer)
      END; (*von WHILE*)
    END (*von WITH*)
END; (*von Anhaengen*)
```

```pascal
PROCEDURE Aendern;
VAR
  BezAend: STRING(.18.);
BEGIN
  WriteLn('Bestandsfortschreibung bzw. Änderung ohne Bewegungsdatei.');
  AbfragenArtikelnummer(ArtNrSuch);
  IF ArtNrSuch > 0 THEN
    BEGIN
      WriteLn('Zu ändernde Feldinhalte eintippen (Ret=beibehalten):');
      WITH ArtikelRec DO
      BEGIN
        Write('  EAN-Nummer?  '); ReadLn(Nummer);
        Write('  Bezeichnung? '); ReadLn(BezAend);
        IF BezAend <> '' THEN Bezeichnung := BezAend;
        Write('  Bestand?     '); ReadLn(Bestand);
        Write('  Stückpreis?  '); ReadLn(Stueckpreis)
        Write('  Lieferernr?  '); ReadLn(LiefNr);
      END; (*von WITH*)
      Seek(ArtikelFil,SatzNr-1);          (*da TURBO Sätze ab 0 numeriert*)
      Write(ArtikelFil,ArtikelRec);
      WriteLn('Geänderten Satz auf Datei überschrieben.')
    END (*von THEN*)
END; (*von Aendern*)


PROCEDURE LogischLoeschen;
  (*Negativer Stückpreis bedeutet "als gelöscht markiert"*)
BEGIN
  WriteLn('Einzelne Sätze logisch löschen (0=Ende):');
  REPEAT
  AbfragenArtikelnummer(ArtNrSuch);
  IF ArtNrSuch>0 THEN
    BEGIN
      Write('Löschmarkierung setzen/entfernen (s/e)? ');
      Read(Kbd,Wahl); WriteLn(Wahl);
      IF Wahl IN (.'s','S','e','E'.)
        THEN BEGIN
              ArtikelRec.Stueckpreis := - ArtikelRec.Stueckpreis;
              Seek(ArtikelFil,SatzNr-1);
              Write(ArtikelFil,ArtikelRec);
              WriteLn('Löschmarkierung geändert.')
            END
        ELSE WriteLn('... Löschmarkierung bleibt unverändert.')
    END
  UNTIL ArtNrSuch = 0;
END; (*von LogischLoeschen*)
```

```
PROCEDURE PhysischLoeschen;
BEGIN
  WriteLn('Alle logisch gelöschten Sätze (Stückpreise negativ)');
  WriteLn('physisch löschen, d.h. tatsächlich aus Datei entfernen.');
  Write('Name der neuen Zieldatei? '); ReadLn(DateinameNeu);
  Assign(ArtikelNeuFil,DateinameNeu);
  Rewrite(ArtikelNeuFil);
  DateizeigerZumAnfang;
  SatzNr := 0;
  REPEAT
    Read(ArtikelFil,ArtikelRec);
    IF ArtikelRec.Stueckpreis >= 0
      THEN BEGIN
             Write(ArtikelNeuFil,ArtikelRec);
             SatzNr := SatzNr + 1
           END
  UNTIL Eof(ArtikelFil);
  Close(ArtikelNeuFil);
  WriteLn(DateinameNeu,' mit ',SatzNr,' Sätzen geschlossen.')
END; (*von PhysischLoeschen*)


PROCEDURE Anlegen;
BEGIN
  Write('Alte Datei (falls vorhanden) zerstören (j/n)? ');
  ReadLn(Wahl);
  IF Wahl IN (.'J','j'.) THEN
    BEGIN
      Write('Name der neuen Datei? '); ReadLn(Dateiname);
      Assign(ArtikelFil,Dateiname);
      Rewrite(ArtikelFil);
      WriteLn('Datei leer angelegt.')
    END (*von THEN*)
END; (*von Anlegen*)


PROCEDURE Menue;
BEGIN
  REPEAT
    Write('Weiter mit Return'); ReadLn;
    ClrScr;
    WriteLn('Sequentielle Dateiverwaltung: Aktive Datei ',Dateiname);
    WriteLn('-----------------------------------------------------------');
    WriteLn('0   Ende');
    WriteLn('1   Abfragen:      Sätze lesen und anzeigen');
    WriteLn('2   Auflisten:     Alle Sätze seriell lesen');
    WriteLn('3   Anhängen:      Satz auf die Datei speichern');
    WriteLn('4   Aendern:       Satzinhalt ändern bzw. aktualisieren');
```

```
        WriteLn('5   Löschen:        Löschmarkierungen setzen/entfernen');
        WriteLn('6   Entfernen:      Markierte Sätze physisch löschen');
        WriteLn('7   Anlegen:        Neue Datei auf Diskette einrichten');
        WriteLn('8   Benennen:       Name für die aktive Datei nennen');
        WriteLn('------------------------------------------------------------');
        Read(Kbd,Wahl); WriteLn(Wahl);
        CASE Wahl OF
          '1': Abfragen;
          '2': Auflisten;
          '3': Anhaengen;
          '4': Aendern;
          '5': LogischLoeschen;
          '6': PhysischLoeschen;
          '7': Anlegen;
          '8': Vorlauf
        END (*von CASE*)
      UNTIL Wahl = '0';
    END; (*von Menue*)


    PROCEDURE Nachlauf;
    BEGIN
      Close(ArtikelFil);
      WriteLn(Dateiname,' geschlossen.')
    END;


    BEGIN
      WriteLn('Artikeldatei über ein Menü verwalten.');
      Vorlauf;
      Menue;
      Nachlauf;
      WriteLn('Programmende Artikel1.')
    END.
```

3. Quelltext zu Programm Versuch1:

```
    PROGRAM Versuch1;
      (*Versuchwerte als Real-Array erfassen, als FILE OF Real
         auf Diskette schreiben und von Diskette in den RAM einlesen*)

    CONST
      MaxZahl = 100;         (*Annahme: bis zu 100 Zahlenwerte*)
    TYPE
      Arraytyp = ARRAY[0..MaxZahl] OF Real;
    VAR
      Versuchswerte: Arraytyp;
      Auswahl:       Char;
```

```pascal
PROCEDURE Lesen(VAR Arr:Arraytyp);
VAR
  z, Anzahl: Integer;
  n:         Real;
  Dateiname: STRING[16];
  DiskFil:   FILE OF Real;
BEGIN
  Write('Name der Eingabedatei (z.B. Versuch1.DAT)? ');
  ReadLn(Dateiname);
  Assign(DiskFil,Dateiname);
  Reset(DiskFil);
  Read(DiskFil,n);                 (*Anzahl als 0. Element auf Datei
gespeichert*)
  Anzahl := Trunc(n);
  FOR z := 1 TO Anzahl DO
      Read(DiskFil,Arr[z]);
  Close(DiskFil);
  WriteLn('Datei ',Dateiname,' nach dem Einlesen von ',Anzahl);
  WriteLn('Versuchswerten in den RAM geschlossen.')
END;


PROCEDURE Schreiben(Arr:Arraytyp);
VAR
  z, Anzahl: Integer;
  Dateiname: STRING[16];
  DiskFil:   FILE OF Real;
BEGIN
  Write('Name der Ausgabedatei (z.B. Versuch1.DAT)? ');
  ReadLn(Dateiname);
  Assign(DiskFil,Dateiname);
  Rewrite(DiskFil);
  Write(DiskFil,Arr[0]);
  Anzahl := Trunc(Arr[0]);
  FOR z := 1 TO Anzahl DO
    Write(DiskFil,Arr[z]);
  Close(DiskFil);
  WriteLn('Diskettendatei ',Dateiname,' nach dem Schreiben von');
  WriteLn(Anzahl,' Versuchswerten geschlossen.')
END;


PROCEDURE Erfassen(VAR Arr:Arraytyp);
VAR
  z:    Integer;
  Wert: Real;
```

```pascal
BEGIN
  z := 0;
  WriteLn('Versuchswerte einzeln tippen (0=Ende)?');
  ReadLn(Wert);
  WHILE Wert <> 0
  BEGIN
    z := z + 1;
    Arr[z] := Wert;
    Write(z+1,'. Wert? '); ReadLn(Wert)
  END;
  Arr[0] := z;
  WriteLn(z,' Zahlenwerte in einem Array im RAM abgelegt.')
END; (*von Erfassen*)


PROCEDURE Anzeigen(Arr:Arraytyp);
VAR
  z, i, Anzahl: Integer;
BEGIN
  i := 0;
  Anzahl := Trunc(Arr[0]);
  WriteLn('Anzahl der Versuchswerte: ',Anzahl);
  FOR z := 1 TO Anzahl DO
  BEGIN
    i := i + 1;
    Write(Arr[z]:10:2);
    IF i MOD 7 = 0
      THEN BEGIN
             i := 0;
             WriteLn
           END
  END;
  WriteLn; WriteLn('Zahlenwerte komplett am Bildschirm angezeigt.')
END; (*von Anzeigen*)


BEGIN
  REPEAT
    WriteLn('-----------------------------Versuch1.PAS------');
    WriteLn('0   Ende');
    WriteLn('1   Versuchswerte vom RAM auf Diskette schreiben');
    WriteLn('2   Versuchswerte von Diskette in den RAM einlesen');
    WriteLn('3   Versuchswerte über Tastatur erfassen');
    WriteLn('4   Versuchswerte am Bildschirm anzeigen');
    WriteLn('-------------------------------------------------');
    REPEAT
      ReadLn(Auswahl);
```

```
                UNTIL Auswahl IN ['0','1','2','3','4'];
                CASE Auswahl OF
                  '1': Schreiben(Versuchswerte);
                  '2': Lesen(Versuchswerte);
                  '3': Erfassen(Versuchswerte);
                  '4': Anzeigen(Versuchswerte)
                END;
                Write('... weiter mit Return'); ReadLn;
              UNTIL Auswahl = '0';
              WriteLn('Programmende Versuch1.')
          END.
```

4. Programm Text3:

```
PROGRAM Text3;
  (*Textdatei zeichenweise lesen*)
VAR
  Dateiname:        STRING[14];
  Textdatei:        TEXT;
  Zeichen:          Char;
  ASCIINr, Anzahl: Integer;

BEGIN
  Write('Textdateiname? '); ReadLn(Dateiname);
  Assign(Textdatei, Dateiname);
  Reset(Textdatei);
  Write('ASCII-Nr. des zu lesenden Zeichens? ');
  ReadLn(ASCIINr);
  Anzahl := 0;
  REPEAT
    Read(Textdatei,Zeichen); Write(Zeichen);
    IF Zeichen = Chr(ASCIINr)
      THEN Anzahl := Anzahl + 1;
  UNTIL Zeichen = #26;        (* #26 bzw. Chr(26) für Strg-Z als Endemarke*)
  WriteLn; WriteLn(Chr(ASCIINr),' ',Anzahl,' mal gefunden.');
  Close(Textdatei);
  WriteLn('Programmende Text3.')
END.
```

Aufgaben zu Abschnitt 3.9

1. Programm TauschZ mit Dreieckstausch über Zeiger:

```
PROGRAM TauschZ;
  {Dreieckstausch durch Zeigertausch}
VAR
  Pi,Qi: ^Integer;
  A,B:   Integer;
  Pr,Qr: ^Real;
  C,D:   Real;

PROCEDURE Tausch(VAR X,Y: Pointer);
VAR Hilf: Pointer;
BEGIN
  Hilf := X; X := Y; Y := Hilf;
END;

BEGIN
  A := 3; B := 5; C := 999.9; D := 22.22;
  Pi := @A; Qi := @B; Pr := @C; Qr := @D;
  WriteLn('A B vor dem Tausch:  ',Pi^:4,Qi^:7);
  WriteLn('C D vor dem Tausch:  ',Pr^:7:2,Qr^:7:2);
  Tausch(Pointer(Pi),Pointer(Qi));
  Tausch(Pointer(Pr),Pointer(Qr));
  WriteLn('A B nach dem Tausch: ',Pi^:4,Qi^:7);
  WriteLn('C D nach dem Tausch: ',Pr^:7:2,Qr^:7:2);
  WriteLn('Programmende TauschZ.')
END.
```

2. Dynamische Variablen:
   a) Eine dynamische Variable wird erst im Laufe der Programmausführung erzeugt.
   b) Mit VAR W:^Word; wurde eine Variable W vereinbart, die als Zeiger auf Daten vom Typ Word zeigen kann.
      Mit W^ wird der Wert des von der Zeigervariablen W angezeigten Speicherplatzes benannt.
   c) Der gesamte freie Heapbereich kann durch dynamisch erzeugte Variablen genutzt werden.

3. Die Funktion Addr(Z) gibt die Adresse der Variablen Z an.

Aufgaben zu Abschnitt 3.10

1. INTERFACE-Teil für die Schnittstelle und IMPLEMENTATION-Teil als "Anweisungsteil im engeren Sinne".

2. Zu Programm T1:
   - Die Standard-Unit Crt unterstützt die Bildschirmausgabe und stellt dazu Funktionen wie KeyPressed zur Verfügung.
   - XX ist eine benutzerdefinierte Unit. In ihrem INTERFACE-Teil wird die Variable Wert vereinbart, auf die das Programm T1 zugreifen kann. Auch die Kopfzeile der Prozedur YY muß im INTERFACE-Teil der Unit XX stehen; im IMPLEMENTATION-Teil kann sie dann vereinbart sein.

3. Zur Overlay-Verwaltung:
   a) Die Unit.
   b) Initialisierungsteil bei Overlay-Units nicht erlaubt.
   c) USES OVERLAY.
   d) OvrInit(Dateiname.OVR).

4. Hauptprogramm OvrDemo2:

```
PROGRAM OvrDemo2;

  {Zwei Prozeduren aus zwei Overlay-Units als Units aufrufen}
  {F+}                        {... als far codieren}


USES
  Overlay, OvrUnitX, OvrUnitY;
  {$O OvrUnitX}               {Compiler soll OvrUnitX in OvrDemo2.OVR einbinden}
  {$O OvrUnitY}


BEGIN
  OvrInit('OvrDemo2.OVR');  {Overlay-Verwaltung öffnen}
  IF OvrResult <> 0
    THEN BEGIN
         WriteLn('OvrResult = ',OvrResult);
         Halt;
      END
    ELSE
       WriteLn('... Overlay-Verwaltung geöffnet.');
  Ausgabe1;
  Ausgabe2;
  WriteLn('Programmende OvrDemo2.');
END.
```

ASCII-Code

Hex-Ziffer (1.↓ 2.→)	-0	-1	-2	-3	-4	-5	-6	-7	-8	-9	-A	-B	-C	-D	-E	-F
0-		☺	☻	♥	♦	♣	♠	•	◘	○	◙	♂	♀	♪	♫	☼
1-	►	◄	↕	‼	¶	§	▬	↨	↑	↓	→	←	∟	↔	▲	▼
2-		!	"	#	$	%	&	'	(	)	*	+	,	-	.	/
3-	0	1	2	3	4	5	6	7	8	9	:	;	<	=	>	?
4-	@	A	B	C	D	E	F	G	H	I	J	K	L	M	N	O
5-	P	Q	R	S	T	U	V	W	X	Y	Z	[	\	]	^	_
6-	`	a	b	c	d	e	f	g	h	i	j	k	l	m	n	o
7-	p	q	r	s	t	u	v	w	x	y	z	{	|	}	~	⌂
8-	Ç	ü	é	â	ä	à	å	ç	ê	ë	è	ï	î	ì	Ä	Å
9-	É	æ	Æ	ô	ö	ò	û	ù	ÿ	Ö	Ü	¢	£	¥	₧	ƒ
A-	á	í	ó	ú	ñ	Ñ	ª	º	¿	⌐	¬	½	¼	¡	«	»
B-	░	▒	▓	│	┤	╡	╢	╖	╕	╣	║	╗	╝	╜	╛	┐
C-	└	┴	┬	├	─	┼	╞	╟	╚	╔	╩	╦	╠	═	╬	╧
D-	╨	╤	╥	╙	╘	╒	╓	╫	╪	┘	┌	█	▄	▌	▐	▀
E-	α	ß	Γ	π	Σ	σ	µ	τ	Φ	Θ	Ω	δ	∞	φ	ε	∩
F-	≡	±	≥	≤	⌠	⌡	÷	≈	°	∙	·	√	ⁿ	²	■	

Programmverzeichnis (nach Alphabet)

Programmverzeichnis (nach Abschnitten)

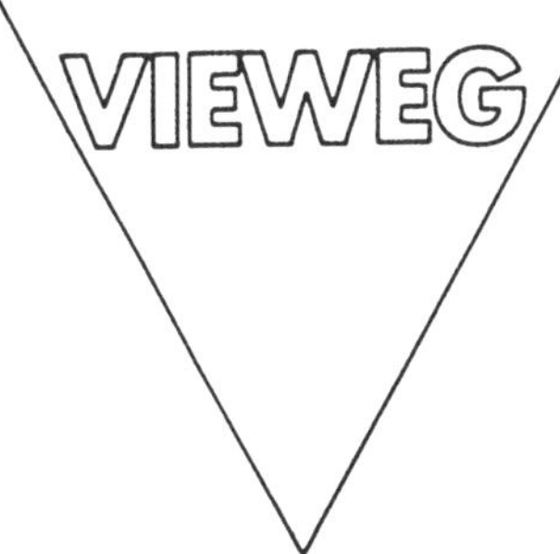

Van Wolverton

MS DOS

Das optimale Benutzerhandbuch von Microsoft für das Standardbetriebssystem des IBM PC und mehr als 50 andere Personal-Computer für alle MS-DOS-Versionen bis 4.0. (Running MS-DOS, dt.) Aus dem Amerik. übers. von Gerald Pommranz. Ein Microsoft Press/Vieweg-Buch. 3., überarb. und erw. Aufl. 1989. XX, 580 S. 18,5 x 23,5 cm. Kart.
Nunmehr liegt die 3., überarbeitete und erweiterte Auflage des erfolgreichen Benutzerhandbuches zum Betriebssystem MS-DOS von Microsoft Press vor. Die Presse schreibt zur 1. Auflage des Buches:

„Die ausführliche Beschreibung aller Problembereiche und der dazugehörigen Befehle, zahlreiche Anregungen und viele Beispiele machen auch die deutsche Ausgabe des hervorragend ausgestatteten Buchs zu einem Lesevergnügen, wie es nicht allzuoft im Mikrocomputerbereich zu finden ist."
(micro)

„Der Unterschied dieses Buches zu den mit den Systemen mitgelieferten Handbüchern? Keine Befehlsauflistung, sondern ein strukturierter Aufbau mit didaktischem Flair. Kein Buch zum Lesen – ein Buch zum Anwenden!"
(Faszination)

Aufbaukurs MS-DOS

Das Microsoft-Handbuch zum professionellen Programmieren für den fortgeschrittenen Anwender. (Supercharging MS-DOS, dt.) Aus dem Amerik. übers. und bearb. von G. Pommranz. Ein Microsoft Press / Vieweg-Buch. 1988. XIV, 369 S. 18,5 x 23,5 cm. Kart.
Nach den beiden Erfolgsbüchern zu MS-DOS (MS-DOS, MS-DOS griffbereit) hat V. Wolverton nun ein Buch geschrieben, das dem fortgeschrittenen DOS-Benutzer eine umfangreiche Tool-Bibliothek mit Routinen liefert, die zu einer optimalen Anwendungsumgebung zusammengefügt werden können. Die Programme sind unverzichtbare Hilfsmittel für eine effiziente Arbeit unter MS-DOS. Das Buch „MS-DOS Aufbaukurs" ist die Fortsetzung des Erfolgstitels „MS-DOS" von V. Wolverton.

Die Software zum Buch:
5 1/4"-Diskette für IBM PC und Kompatible unter MS-DOS.

MS-DOS griffbereit

(Quick Reference Guide to MS-DOS Commands, dt.) Aus dem Amerik. übers. von Andreas Dripke und Angelika Schätzel. Ein Microsoft Press/Vieweg-Buch. 2., verb. und erw. Aufl. 1987. X, 44 S. 10,8 x 27,8 cm. Kart.
Für alle Versionen 2.0 bis 3.2 des Betriebssystems MS-DOS wird ein alphabetisches Nachschlagewerk in Kurzform vorgelegt. Jeder Eintrag umfaßt die vollständige Form des Befehls, eine Beschreibung mit Erläuterungen zu den Parameterangaben und schließt mit einer Beispielanwendung ab. Diese jederzeit griffbereite Kurzübersicht über alle wichtigen MS-DOS Befehle ist ein unverzichtbarer Begleiter für jeden PC-Benutzer.

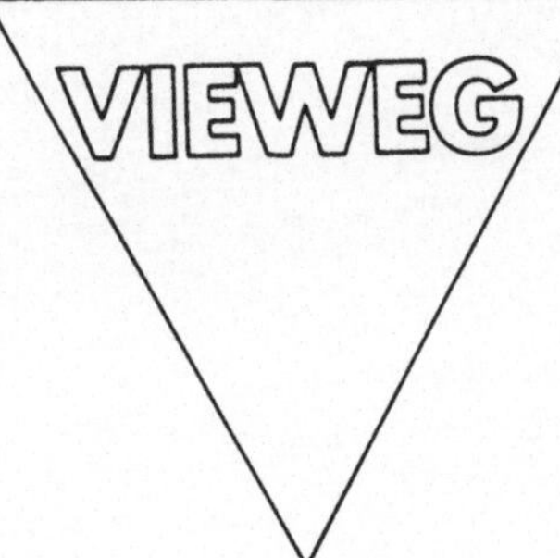

Ekkehard Kaier

Turbo Pascal griffbereit

Alle Turbo-Pascal-Versionen einschließlich 4.0. 1988. X, 87 Seiten. 10,8 x 27,8 cm. Kartoniert.

Das Buch enthält kurze Beschreibungen der Turbo Pascal-Befehle in alphabetischer Reihenfolge. Jeder Eintrag besteht aus einer vollständigen Syntaxbeschreibung, einer kurzen Erläuterung und der Angabe der Parameter, sowie aus einem Beispiel. *Turbo Pascal griffbereit* ist für jeden professionellen Anwender und Programmierer geeignet. Es ist eine nützliche und zuverlässige Arbeitshilfe.

Zur Reihe „griffbereit":

Die Bücher der Reihe „griffbereit" geben prägnante Beschreibungen der jeweiligen Befehle in alphabetischer Reihenfolge. Zusammen mit einem Schlüsselverzeichnis, das dem Benutzer den Weg vom konkreten Problem zum entsprechenden Befehl weist, stellt jeder Band eine sinnvolle Programmierhilfe dar.

Bereits erschienen sind in der Reihe „griffbereit":

MS-DOS, dBASE III Plus, Word 4.0, Microsoft Multiplan, Turbo Pascal 4.0, Lotus 1 – 2 – 3 Bedienung, Lotus 1 – 2 – 3 Makroprogrammierung, OS/2, Framework III, Word 4.0 für den fortgeschrittenen Benutzer, HyperCard.

In Vorbereitung sind:

WordPerfect, Festplattenorganisation.